统计学

——Stata应用与分析

陈舒艳　编

机 械 工 业 出 版 社

Stata 是一个全面而综合的统计软件包，计量统计功能非常强大，目前已经成为欧美高校和研究机构最为推崇的计量统计软件之一，国内的用户也越来越广泛，由最初的医学领域向经济、金融、管理、统计和社会学等其他学术领域快速扩散。本书将统计学的一般原理与 Stata 的具体应用相结合，运用大量经济、统计分析案例，比较适合经管类专业本科学生学习使用。

全书共分八章，内容涉及统计数据的管理、数据的图示、统计数据的描述统计、参数估计与假设检验、变量间统计关联性分析、时间序列、主成分分析与因子分析、聚类分析等。

本书是福建省教育厅 2017 年高等学校创新创业教育改革项目（创新创业教育改革试点专业——金融工程）的成果之一。

图书在版编目（CIP）数据

统计学：Stata 应用与分析/陈舒艳编．—北京：机械工业出版社，2019.12（2023.6 重印）

ISBN 978-7-111-64101-8

Ⅰ.①统…　Ⅱ.①陈…　Ⅲ.①统计分析-应用软件-高等学校-教材　Ⅳ.①C819

中国版本图书馆 CIP 数据核字（2019）第 242015 号

机械工业出版社（北京市百万庄大街 22 号　邮政编码 100037）
策划编辑：汤　嘉　责任编辑：汤　嘉　贾　婧　刘　静
责任校对：张晓蓉　封面设计：张　静
责任印制：张　博
北京雁林吉兆印刷有限公司印刷
2023 年 6 月第 1 版第 3 次印刷
169mm×239mm · 16.5 印张 · 201 千字
标准书号：ISBN 978-7-111-64101-8
定价：43.00 元

电话服务	网络服务
客服电话：010-88361066	机　工　官　网：www.cmpbook.com
010-88379833	机　工　官　博：weibo.com/cmp1952
010-68326294	金　　书　　网：www.golden-book.com
封底无防伪标均为盗版	机工教育服务网：www.cmpedu.com

前　言

当前，我们所处的社会、经济、生活环境中，到处存在着基于调查数据通过统计方法研究得到结论的情况，因此对数据进行统计、分析和学习变得尤为重要。统计学是通过收集、整理、分析数据等手段，以推断所研究分析对象的本质，甚至预测该对象未来的一门综合性学科，其思想和各种统计数据对政府、社会乃至我们的工作和日常生活，都有着不可忽视的影响。Stata是一个全面而综合的统计软件包，计量统计功能非常强大，应用越来越广泛，由最初的医学领域向经济、金融、管理、统计和社会学等其他学术领域快速扩散。本书从经管类专业课程的实用性出发，将统计学的一般原理与 Stata 的具体应用相结合，使学生在掌握社会经济统计的一般原理和方法的同时，利用 Stata 软件对数据进行系统的统计分析，了解数据描述及统计推断的基本概念，熟悉实际工作中需要用到的统计方法，以培养和锻炼学生分析问题、解决问题的能力。

全书共八章。第一章主要介绍了统计学的一些基本问题，目的是使读者对统计学有一个基本的了解。第二章介绍了统计数据的图示法，主要通过不同的图示，对不同类型的数据进行图形展示和分析。第三章介绍了统计的基本描述方法，主要讨论如何使用一些数据统计量对数据进行概括性的度量。第四章参数估计与假设检验是统计推断的重要内容，主要介绍了各参数的估计方法以及对参数的假设检验方法。第五章主要内容是随机变量的统计关联性，区分了变量之间的关系，通过列联分析与方差分析，考察变量间的统计关联性。第六章介绍时间序列，包括时间序列的分析与预测，以及几个常见的时间序列模型的应用。第七章介绍了主成分分析与因子分析，主要通过对多变量数据进行分析，在减少分析指标的同时，避免信息损失。第八章是聚类分析，主要介绍了聚类分析的应用领域及具体的分析过程。

本书的编写特别感谢福建师范大学协和学院经济与法学系金融教研室的支持，感谢 2008～2017 级学生在统计教学上的配合，以及学院各部门领导和老师在写作过程中提供的各种支持与帮助。

由于编者水平所限，书中难免有疏漏之处，请读者多提宝贵意见，以便我们进一步修改和完善。

编者

目　录

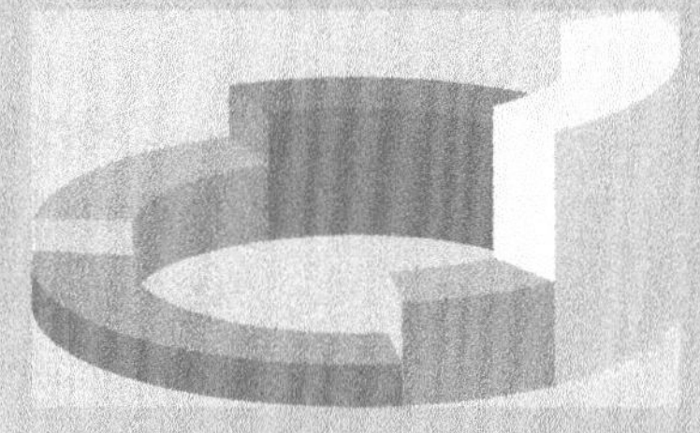

第一章

统计数据的管理

什么是统计学？统计数据的管理有什么意义？其实，统计学在社会生活中随处可见，如当前最普遍的移动支付工具支付宝和微信，占据了第三方支付市场90%以上的份额，是什么原因使得用户在选择移动支付工具时，选择了支付宝和微信，两者的优势在哪里？要回答上述问题，不可避免地需要通过大量的统计分析，对数据进行归类处理。

统计学是处理数据的一门科学。人们给统计学下的定义很多，比如："统计学是收集、分析、表述和解释数据的科学"，"统计是一种方法，用来设计实验、获得数据，然后在这些数据的基础上组织、概括、演示、分析、解释和得出结论"。综合地说，统计学（Statistics）是关于数据的科学，是收集、处理、分析、解释数据并从数据中得出结论的科学。

第一节 统计学概述

一、统计数据的类型

统计数据是对现象进行测量的结果。例如，对经济活动总量的测量可以得到国内生产总值（GDP）数据，对股票价格变动水平的测量可以得到股票价格指数的数据。下面从不同角度说明统计数据的分类。

（一）按计量尺度分类

按照所采用的计量尺度不同，可以将统计数据分为分类数据、顺序数据和数值型数据。

1. *分类数据* 分类数据（categorical data）是指用于区别不同类别的非数字型数据。它是对事物进行分类的结果，数据表现为类别，是用文字来表述的。例如，用1表示“男性”，0表示“女性”；用1表示“亚洲”，2表示“欧洲”，3表示“美洲”等。

2. *顺序数据* 顺序数据（rank data）是指按照一定的等级顺序进行分类的非数字型数据。顺序数据虽然也是类别，但这些类别是有序的。例如，将产品分为一等品、二等品、三等品、次品等；考试成绩可以分为优、良、中、及格、不及格等。可以根据序列顺序对不同的类别进行赋值，如用5表示“优”，4表示“良”，3表示“中”，2表示“及格”，1表示“不及格”。

3. *数值型数据* 数值型数据（metric data）是按数字尺度测量的观察值，其结果表现为具体的数值。社会经济生活中所处理的大多数数据都是数值型数据，如营业收入、能源消耗、交通客运量等。

（二）按收集方法分类

按照统计数据的收集方法，可以将数据分为观测数据和实验数据。

1. *观测数据*　观测数据（observational data）是通过调查或观测而收集到的数据，这类数据是在没有对事物进行人为控制的条件下得到的，有关社会经济现象的统计数据几乎都是观测数据。

2. *实验数据*　实验数据（experimental data）则是在实验中因控制实验对象而收集到的数据。例如，一种新药疗效的实验数据，一种新的农作物品种的实验数据。

（三）按时间与对象的关系分类

按照被描述的时间与对象的关系，可以将统计数据分为截面数据和时间序列数据。

1. *截面数据*　截面数据（cross－sectional data）是指在不同的空间，但在相同或近似相同的时间点上收集的数据，用于描述对象在某一时刻的差异。例如，2018 年我国福建省 9 地区的 GDP 是截面数据。

2. *时间序列数据*　时间序列数据（time series data）是指在同一观测点，按照时间顺序进行收集的数据，用于所描述对象随时间推移的变化情况。例如，2010～2018 年我国的 GDP 是时间序列数据。

二、基本概念

在统计分析中，首先要了解总体和样本、参数和统计量之间的关系与区别，以及统计研究的基本特征——变量。

（一）总体和样本

1. *总体*　总体（population）是包括所研究的全部个体（数据）的集合。它通常由所研究的一些个体组成，如由多个企业构成的集合、多个居民构成的集合、多个人构成的集合等。总体根据其所包含的单位数量是否可数可以分为有限总体和无限总体。有限总体是指总体的范围能够明确确定，而且元素的数目是有限可数的。

2. 样本　样本（sample）是从总体中抽取的一部分元素的集合。

（二）参数和统计量

1. 参数　参数（parameter）是用来描述总体特征的概括性数字度量。它是研究者想要了解的总体的某种特征值。研究者所关心的参数主要有总体均值、标准差、总体比例等。

2. 统计量　统计量（statistic）是用来描述样本特征的概括性数字度量。统计量是根据样本数据计算出来的一个量，由于抽样是随机样本的函数，研究者所关心的样本统计量有样本均值、样本标准差等。

（三）变量

变量（variable）是说明现象的某种特征的概念。其特点是从一次观察到下一次观察结果可能会呈现出差别或变化，如“降雨量”、“某行业的工资收入”等都是变量。离散型变量（discrete variable）是所有取值可以一一列出的随机变量，在一个区间或区间中，它只能取有限个值。连续型变量（continuous variable）是可以在一个或多个区间中取任何值的变量，它的取值是连续不断的。

第二节　Stata 的数据管理

Stata 最初由美国计算机资源中心（computer resource center）开发，现在为 Stata 公司产品，其最新版本为 16.0 版，它操作灵活、简单、易学易用，是一个非常轻便的统计分析软件。Stata 软件中能便捷地实现多种先进的统计方法，其最突出的特点是短小精悍、功能强大，因此越来越受到用户的推崇。自 1985 年推出至今，Stata 不断更新、日趋完善。它的安装文件容量小，但包含全部的统计分析、数据管理和绘图等功能。Stata 不仅操作方式简捷，而且它的数据格式也非常简单，分析结果输出简洁明快，易于阅读，这些都使得 Stata 成为极其适用于统计教学的软件之一。

一、变量命名原则与取值

统计变量的命名应当简洁易懂，方便区分；同时，变量取值类型的划分将有助于提高数据分析的效率。

（一）命名原则

在数据处理的过程中，变量是由变量名称（简称变量名）来代表的。Stata 有着自己特殊的命名原则：

1）变量名可长达 32 个字符，字符组成部分为 A ~ Z、a ~ z、0 ~ 9 与下划线“_”，这些字符之外的其他符号不可以出现在变量名中。

2）变量名不能以数字开头，所以 5income 是不合法的，而 income5 是合法的。

3）变量名区分大小写，所以 SUNNY 和 Sunny 以及 sunny 是 3 个不同的变量名。

4）Stata 自身保留了以下名称供系统使用，所以它们也不可以被当成变量名：

_all　_b　_coef　_cons　_n　_N　_pi　_pred　_rc　_se
_skip　byte　double　float　if　in　int　long　using　with

因此在给变量命名时，应避免这些名称，可选择简单易懂的变量名，如把英文缩写或汉语拼音作为变量的名称。

（二）变量的取值类型

Stata 数据主要分为字符型数据和数值型数据。在 Stata 中字母是字符型数据，颜色显示红色，但是数字则不一定，比如 211 当作为班级人数时是数值型数据，显示为黑色，当作为 211b（贝克街的门牌号）时就是字符，以红色显示。如果将字符型变量转换为数值型变量，有可能显示蓝色，这是由于显示数字与实际取值不同造成的。因此在数据分析时，确认变量的类型尤为重要。

二、数据的管理

与大部分程序窗口类似，Stata 也有菜单栏、状态栏，如图 1-1 所示。

图 1-1　Stata 主页面

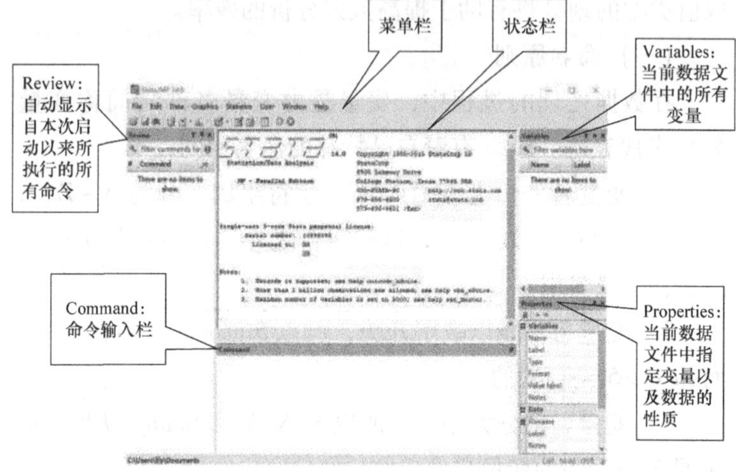

（一）数据录入

在 Stata 统计分析过程中，最常用到的数据文件格式是 Excel 格式，需要自己创建数据集的情形较少。本书将重点介绍 Stata 利用 Excel 格式的数据文件。表 1-1 所示为 1997 ~ 2017 年我国财产保险保费收入及其影响因素的相关数据，现在创建 Stata 格式的数据文件。

表 1-1　1997 ~ 2017 年我国财产保险保费收入及其影响因素的相关数据

年份 year	财产保险保费收入（亿元） cbsr	国内生产总值（亿元） gdp	民用汽车拥有量（万辆） myqc	全社会固定资产投资（亿元） gdzc
1997	382	79715	1219.09	24941.1
1998	506	85195.5	1319.3	28406.2
1999	527	90564.4	1452.94	29854.7
2000	608	100280.1	1608.91	32917.7
2001	685	110863.1	1802.04	37213.5
2002	780	121717.4	2053.17	43499.9

（续）

年份 year	财产保险保费收入（亿元） cbsr	国内生产总值（亿元） gdp	民用汽车拥有量（万辆） myqc	全社会固定资产投资（亿元） gdzc
2003	869	137422	2382.93	55566.6
2004	1125	161840.2	2693.71	70477.4
2005	1283	187318.9	3159.66	88773.6
2006	1579	219438.5	3697.35	109998.2
2007	2087	270232.3	4358.36	137323.9
2008	2446	319515.5	5099.61	172828.4
2009	2993	349081.4	6280.61	224598.8
2010	4027	413030.3	7801.83	251683.8
2011	4779	489300.6	9356.32	311485.1
2012	5530	540367.4	10933.09	374694.7
2013	6481	595244.4	12670.14	446294.1
2014	7544	643974	14598.11	512020.7
2015	8423	689052.1	16284.45	561999.8
2016	9265.7	743585.5	18574.5	606465.7
2017	10541.4	827121.7	20906.7	641238.4

注：数据来源于《中国统计年鉴 2018》。

1. 复制数据

打开 Stata 软件主页面，在菜单栏选择“Data”→“Data Editor”→“Data Editor（Edit）”，出现如图 1-2 所示的类似 Excel 格式的空白页面。

直接复制 Excel 的数据粘贴在该页面上，如图 1-3 所示。系统自动根据数据的列数 n 生成 n 个变量，默认变量名为 var1，var2，…，以此类推。如果原有 Excel 文件数据包含变量名，见表 1-1，则可以将变量连同数据同时复制，在 Stata 粘贴时，将会弹出一个对话框询问是否将第一行数据视为数据（treat first row as data）或变量名（treat first row as variable）。

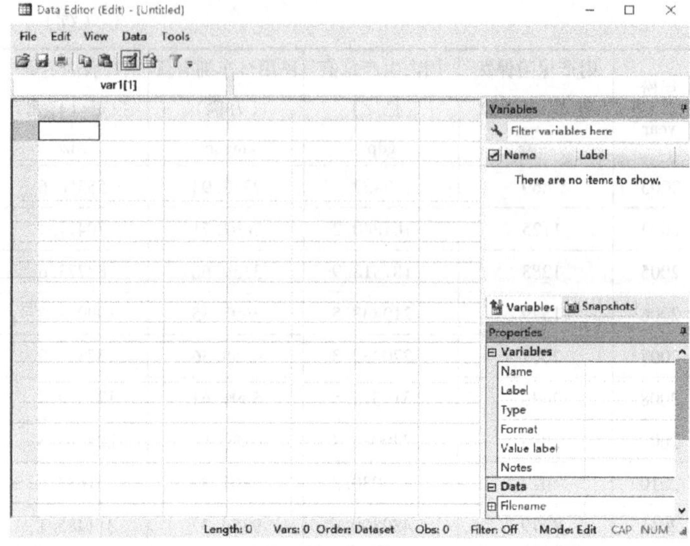

图 1-2 数据编辑页面

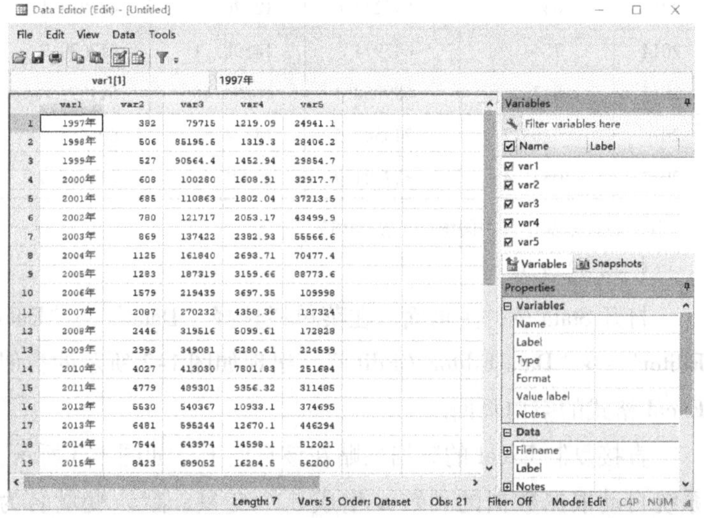

	var1	var2	var3	var4	var5
1	1997年	382	79715	1219.09	24941.1
2	1998年	506	85195.5	1319.3	28406.2
3	1999年	527	90564.4	1452.94	29854.7
4	2000年	608	100280	1608.91	32917.7
5	2001年	685	110863	1802.04	37213.5
6	2002年	780	121717	2053.17	43499.9
7	2003年	869	137422	2382.93	55566.6
8	2004年	1125	161840	2693.71	70477.4
9	2005年	1283	187319	3159.66	88773.6
10	2006年	1579	219439	3697.35	109998
11	2007年	2087	270232	4358.36	137324
12	2008年	2446	319516	5099.61	172828
13	2009年	2993	349081	6280.61	224599
14	2010年	4027	413030	7801.83	251684
15	2011年	4779	489301	9356.32	311485
16	2012年	5630	540367	10933.1	374695
17	2013年	6481	595244	12670.1	446294
18	2014年	7544	643974	14598.1	512021
19	2015年	8423	689052	16284.5	562000

图 1-3 粘贴到 Stata 的数据

2. 变量名变更

如图 1-4 所示，在主页面的命令栏（Command）输入命令 rename var1 year，即可将变量名 var1 改名为 year。

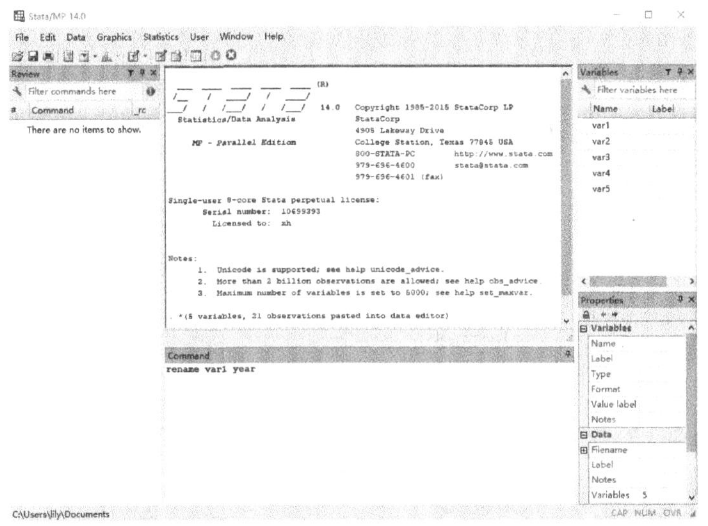

图 1-4　对变量 var1 更名

除此之外，Stata 的数据编辑表（Data Editor）Properties 面板也可以直接更改变量名，如图 1-5 所示。

Data Editor (Edit) - [Untitled]

File Edit View Data Tools

year[1]　1997年

	year	var2	var3	var4	var5
1	1997年	382	79715	1219.09	24941.1
2	1998年	506	85195.5	1319.3	28406.2
3	1999年	527	90564.4	1452.94	29854.7
4	2000年	608	100280	1608.91	32917.7
5	2001年	685	110863	1802.04	37213.5
6	2002年	780	121717	2053.17	43499.9
7	2003年	869	137422	2382.93	55566.6
8	2004年	1125	161840	2693.71	70477.4
9	2005年	1283	187319	3159.66	98773.6
10	2006年	1579	219439	3697.35	109998
11	2007年	2087	270232	4358.36	137324
12	2008年	2446	319516	5099.61	172828
13	2009年	2993	349081	6280.61	224599
14	2010年	4027	413030	7801.83	251684
15	2011年	4779	489301	9366.32	311485
16	2012年	5530	540367	10933.1	374695
17	2013年	6481	595244	12670.1	446294
18	2014年	7544	643974	14598.1	512021
19	2015年	8423	689052	16284.5	562000

Variables: Name / Label — year, var2, var3, var4, var5

Properties — Variables: Name, Label, Type, Format, Value label, Notes; Data: Filename, Label, Notes

Ready　Length: 7　Vars: 5　Order: Dataset　Obs: 21　Filter: Off　Mode: Edit　CAP　NUM

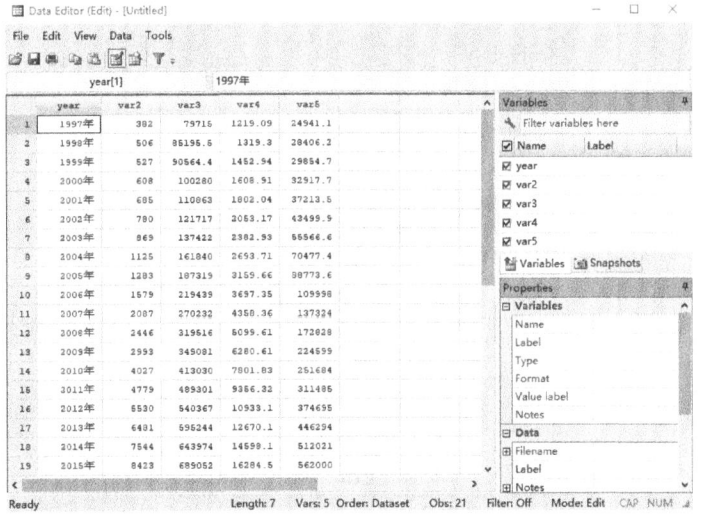

图 1-5　Properties 面板更改变量名

3. 变量标签、类型、格式的调整

数据编辑表的 Properties 面板除了直接更改变量名，还可以为数据添加 Label（标签）、Type（类型）、Format（格式）等，如图 1-6、图 1-7、图 1-8 所示。

完成数据的录入及格式类型的确定，保存 Stata 数据文件，文件后缀为“. dta”格式。

图 1-6　添加标签

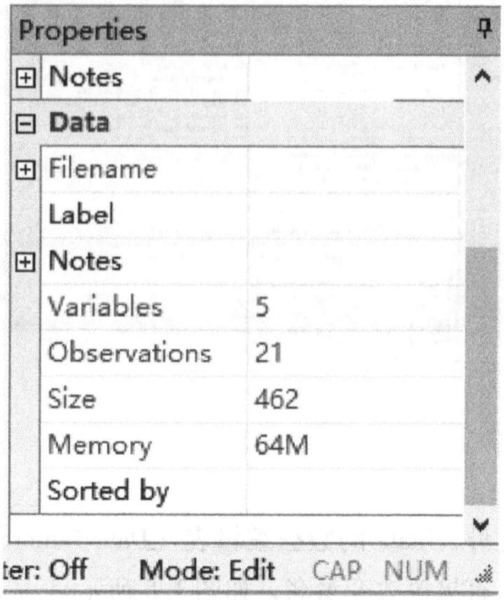

图 1-7　变更变量类型

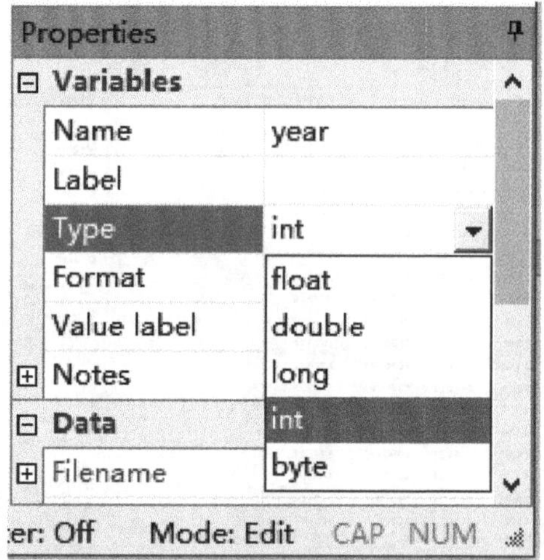

（二）新建变量与变量变更替换

1. 新建变量

如果要在现有的 dta 文件下新建一个变量，可以使用 generate 命令。

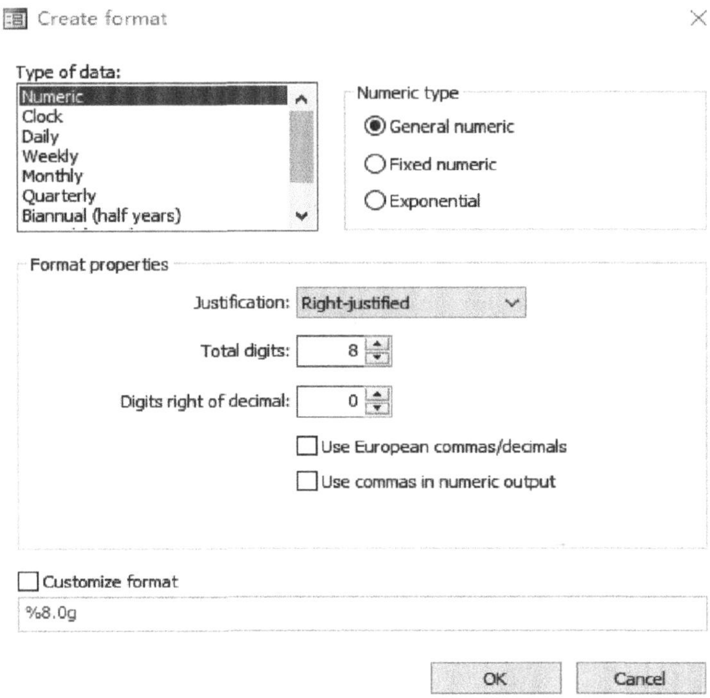

图 1-8　变量格式的选择

输入下列命令：

generate gdp2 = gdp^2

命令含义：生成新的变量，命名为“gdp2”，数据内容为 gdp 的平方，其中命令 generate 可以简化为 gen。

结果如图 1-9 所示，在数据编辑表的最右边新增了一列变量名为“gdp2”的数据。

2. 变量的变更替换

replace 命令是利用现有变量生成一个新的变量替换原有变量。

输入下列命令：

replace gdp = gdp/10000

命令含义：对生成的变量 gdp 均做除以 10000 的处理。

结果如图 1-10 所示，gdp 的数值已经发生了变更，同时刚才新建的 gdp2 数据也随之变化。

图 1-9　新建一个变量

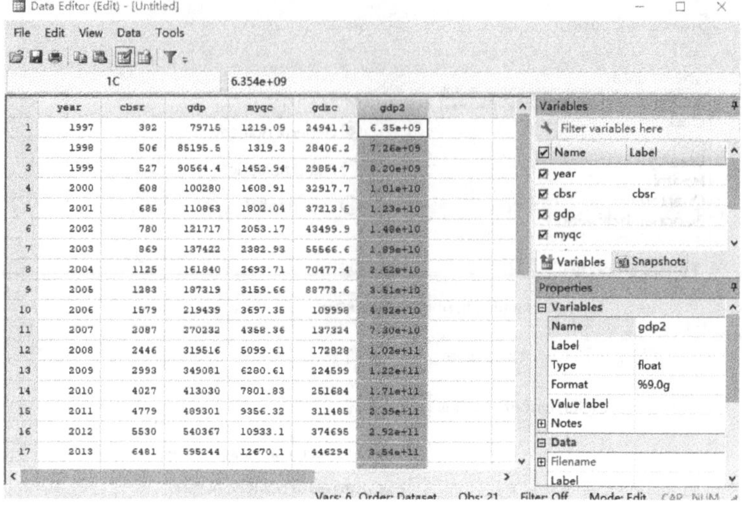

图 1-10　变量的变更替换

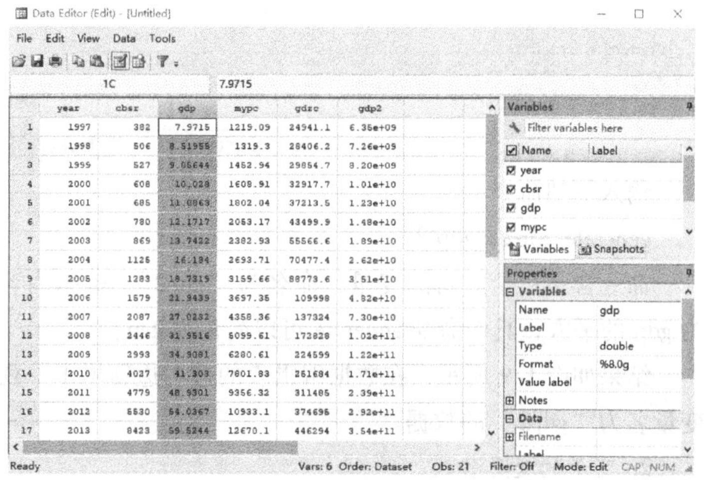

（三）创建分类变量和定序变量

最简单的分类变量是取值为 0 和 1 的分类变量，或称为虚拟变量。例如，一个命名为 female 的分类变量，当 female =1 时，表明是女性，当 female =0 时，表明是男性。分类变量的取值非此即彼，正是由于这个特征，它在统计分析和回归分析中的用途非常广泛。下面介绍两种方法生成虚拟变量：一种是利用 generate 和 replace 命令组合生成虚拟变量，另一种是使用 generate newname = （varname > #）生成分类变量，表 1-2 为 2017 年部分地区电力消费量。

表 1-2　2017 年部分地区电力消费量

地区	消费量/kW·h	地区类别
北京	1067	直辖市
天津	806	直辖市
上海	1527	直辖市
重庆	993	直辖市
河北	3442	省
江苏	5808	省
福建	2113	省
广东	5959	省
海南	305	省
青海	687	省

注：数据来源于《中国统计年鉴 2018》。

1. 分类变量

在用 Stata 进行分析之前，要把数据录入到 Stata 中。本例中有 3 个变量，分别是地区、消费量以及地区类别。把地区变量设定为 place，把消费量设定为 consumption，把地区类别变量设定为 type，变量类型及长度采取系统默认方式，录入相关数据，如图 1-11 所示。

先保存数据，然后开始分析。

输入下列命令：

tabulatc typc，gcncratc（typc）

命令含义：生成新的分类变量来描述地区类别。

结果如图 1-12 所示，第一行即为输入命令，下方可以看到地区类别的频次（Freq.）、占比（Percent）等。同时如图 1-13 所示，可以在数据编辑表中看到新增了两列数值型分类数据，变量名为 type1 和 type2，变量的类型赋值为“0”和“1”，新增变量的个数由原分类变量类型的个数决定，如本例中分类变量 type 有两类数据 city 和 province，因此新生成的分类变量共有 type1 和 type2 两个。

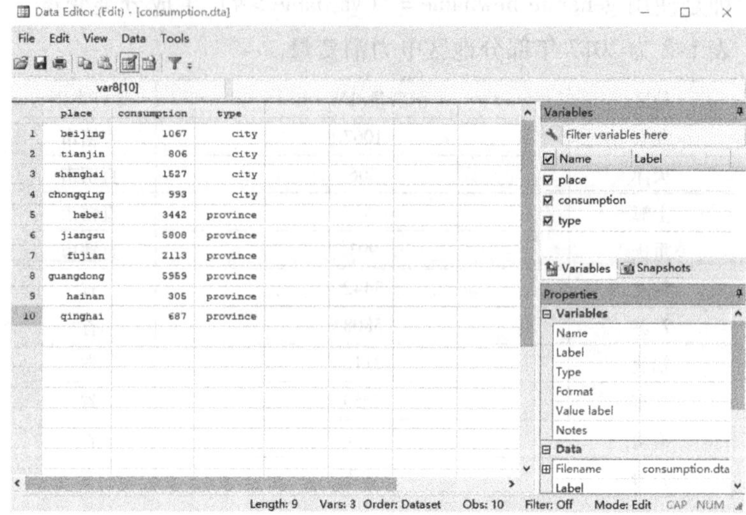

图 1-11　分类数据录入

图 1-12　分类结果

```
. tabulate type,generate(type)

        type |      Freq.     Percent        Cum.
-------------+-----------------------------------
        city |          4       40.00       40.00
    province |          6       60.00      100.00
-------------+-----------------------------------
       Total |         10      100.00
```

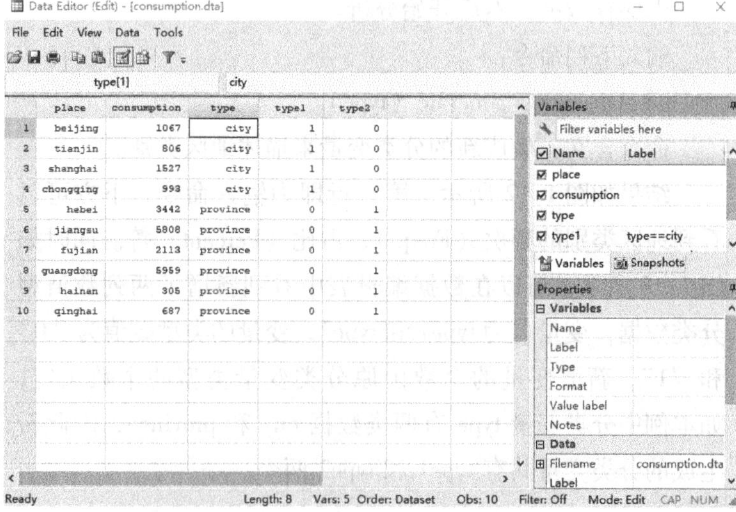

图 1-13　生成分类数据变量

2. 定序变量

根据表 1-2 中的数据，2017 年电力消费量最多的是广东省 5959kW·h，最少的是海南省 305kW·h。为了将各地区电力消费量按数量进行区间分类，根据实际消费的数据（305～5959）设定相同间隔的区间范围（1～2001，2001～4001，4001～6001）。

输入下列命令：

generate consumption1 = autocode(consumption，3，1，6001)

命令含义：生成新的定序变量对消费量进行定序，分成 3 组，每组间隔 2000，1 和 6001 分别是分组过程中的最小值和最大值，其中“2001～4001”表示“2001 < comsumption ≤4001”，如果数据超出了上下限的范围，则会被归入最接近的一组。

结果如图 1-14 所示。

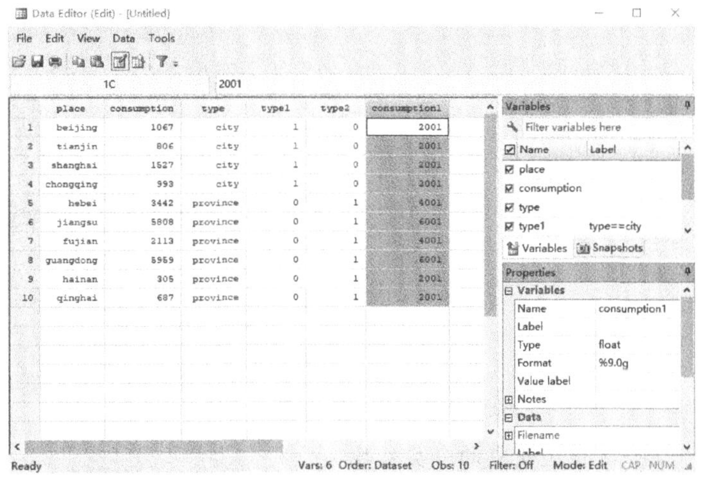

	place	consumption	type	type1	type2	consumption1
1	beijing	1067	city	1	0	2001
2	tianjin	806	city	1	0	2001
3	shanghai	1527	city	1	0	2001
4	chongqing	993	city	1	0	2001
5	hebei	3442	province	0	1	4001
6	jiangsu	5808	province	0	1	6001
7	fujian	2113	province	0	1	4001
8	guangdong	5959	province	0	1	6001
9	hainan	305	province	0	1	2001
10	qinghai	687	province	0	1	2001

图 1-14　生成新的定序分类变量

输入下列命令：

tabulate consumption1

命令含义：列出 consumption1 的频数表。

命令结果如图 1-15 所示。

3. 排序

在数据分析过程中，经常需要先对数据大小进行排序，然后才能进行下一个步骤的分析，sort 为升序排序，gsort 为降序排序。

图 1-15　变量频数表

```
. tabulate consumption1

consumption
          1 |      Freq.     Percent        Cum.
------------+-----------------------------------
       2001 |          6       60.00       60.00
       4001 |          2       20.00       80.00
       6001 |          2       20.00      100.00
------------+-----------------------------------
      Total |         10      100.00
```

输入下列命令：

sort consumption

命令含义：将变量 consumption 按从小到大的顺序排列。

结果如图 1-16 所示，变量“consumption”的取值已经完成按从升序顺序排列。

图 1-16　按变量的大小取值重新排序

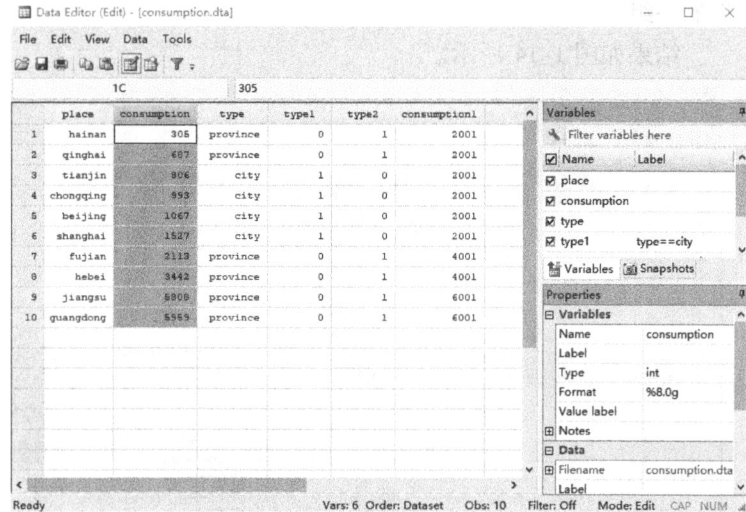

4. 数值型变量的分类处理

对于数值型变量，经常会根据取值的大小对样本观测值进行分类处理。

基于表 1-2 的数据，根据 consumption 的取值，生成新的分类变量“consumption2”，要求按数值大小对消费量进行 4 类定序分类。

输入下列命令：

generate consumption2 = group（4）

命令含义：将变量“consumption2”按取值大小分为4个序列。

结果如图1-17所示。

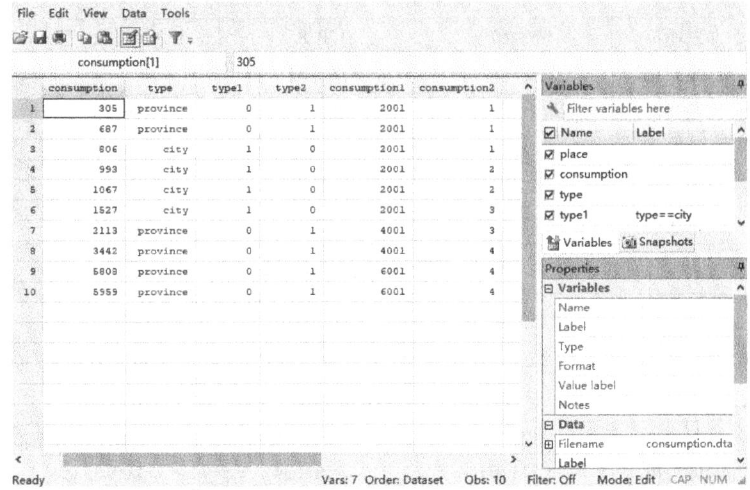

图1-17　生成新的分类变量

（四）Stata文件管理

如果原始数据存放在不同的文件里，在进行处理和分析之前，需要把不同的数据文件合并为一个综合的数据文件，包括横向合并、纵向合并以及交叉合并等。

1. 横向合并

横向合并是指将两个数据文件的变量加总在一起。合并后数据的样本不变，但变量的数目增加了，也就是使得数据文件变宽了。将表1-3（2017年福建省各市主要社会保险参保数据1）与表1-4（2017年福建省各市主要社会保险参保数据2）分别保存为insurance1. dta和insurance2. dta。

表1-3　2017年福建省各市主要社会保险参保数据1

地区 place	参加城镇基本养老保险人数（万人） urban	参加城乡居民社会养老保险人数（万人） rural	参加基本医疗保险人数（万人） X1
福州市	198. 14	232. 33	657. 4
厦门市	250	23. 79	381. 81
莆田市	41. 98	154. 99	327. 94

（续）

地区 place	参加城镇基本养老保险人数（万人） urban	参加城乡居民社会养老保险人数（万人） rural	参加基本医疗保险人数（万人） X1
三明市	58.67	120.85	261.42
泉州市	158.34	364.62	721.64
漳州市	91.83	208.5	479.13
南平市	64.53	128.91	294.13
龙岩市	55.91	132.34	290.88
宁德市	51.15	127.41	316.94

注：数据来源于《中国人力资源和社会保障年鉴 2018》。

表 1-4　2017 年福建省各市主要社会保险参保数据 2

地区 place	参加失业保险人数（万人） X2	参加工伤保险人数（万人） X3	参加生育保险人数（万人） X4
福州市	123.22	158.36	106.17
厦门市	211.09	211.34	200.3
莆田市	32.85	49.72	33.9
三明市	33.08	40.45	25.88
泉州市	68.41	113.38	97.94
漳州市	41.19	64.48	43.27
南平市	37.15	53.51	27.51
龙岩市	39.34	46	43.74
宁德市	26	37.42	29.21

注：数据来源于《中国人力资源和社会保障年鉴 2018》。

首先打开文件“insurance1”，输入下列命令：

merge m:m place using insurance2

命令含义：place 是要合并的索引变量，merge 表明以该变量为索引变量，using 后面跟需要合并的数据集名称，即 insurance2 是需要与之合并的数据集名称。

结果如图 1-18 所示，以 place 作为索引变量的两个文件合并，数据全部匹配，同时打开“数据编辑表”，如图 1-19 所示，两个数据集已完成合并。

2. 纵向合并

纵向合并指的是把两个数据的样本加总在一起，合并后

```
. merge m:m place using insurance2

    Result                           # of obs.
    -----------------------------------------
    not matched                              0
    matched                                  9  (_merge==3)
    -----------------------------------------
```

图 1-18　合并结果匹配

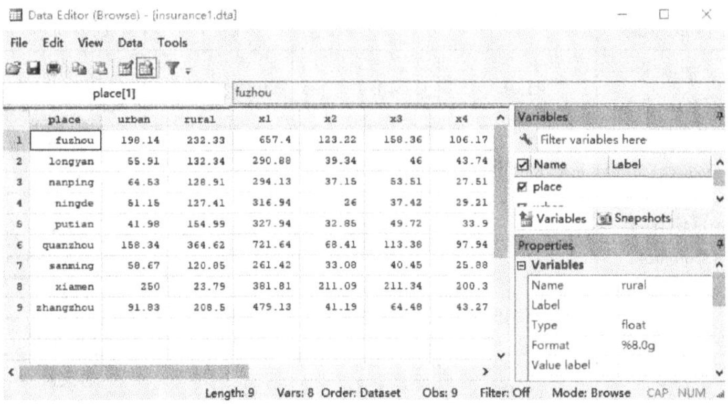
Data Editor (Browse) - [insurance1.dta]
File Edit View Data Tools
place[1]
fuzhou
place urban rural x1 x2 x3 x4
1 fuzhou 198.14 232.33 657.4 123.22 158.36 106.17
2 longyan 55.91 132.34 290.88 39.34 46 43.74
3 nanping 64.53 128.91 294.13 37.15 53.51 27.51
4 ningde 61.15 127.41 316.94 26 37.42 29.21
5 putian 41.98 154.99 327.94 32.85 49.72 33.9
6 quanzhou 158.34 364.62 721.64 68.41 113.38 97.94
7 sanming 58.67 120.85 261.42 33.08 40.45 25.88
8 xiamen 250 23.79 381.81 211.09 211.34 200.3
9 zhangzhou 91.83 208.5 479.13 41.19 64.48 43.27
Variables
Filter variables here
Name Label
place
Variables Snapshots
Properties
Variables
Name rural
Label
Type float
Format %8.0g
Value label
Length: 9 Vars: 8 Order: Dataset Obs: 9 Filter: Off Mode: Browse CAP NUM

图 1-19　合并 Stata 文件

的数据变量数目不变，但样本数增加了，这也就使得数据变长了。纵向合并要求两个数据文件中相同变量的变量名和变量类型要一致，个案序号不能重复，每个数据要生成一个新的变量来辨别合并后该数据的样本。表 1-5（2003 年样本国家每百人手机用户、每百人个人计算机用户与人均收入）的数据保存为 Stata 格式文件 phone and pc. dta。

表 1-5　2003 年样本国家每百人手机用户、每百人个人计算机用户与人均收入

phone and pc				
国家 country	每百人手机用户 cellphone	每百人个人计算机用户 pcs	人均收入 pcapincome	所在大洲 continent
阿根廷 (Argentina)	17.76	8.2	11410	南美洲 (South America)
澳大利亚 (Australia)	71.95	60.18	28780	大洋洲 (Oceania)
比利时 (Belgium)	79.28	31.81	28920	欧洲 (Europe)
巴西 (Brazil)	26.36	7.48	7510	南美洲 (South America)

（续）

phone and pc				
国家 country	每百人手机用户 cellphone	每百人个人计算机用户 pcs	人均收入 pcapincome	所在大洲 continent
保加利亚（Bulgaria）	46.64	5.19	75.4	欧洲（Europe）
加拿大（Canada）	41.9	48.7	30040	北美洲（North America）
中国（China）	21.48	2.76	4980	亚洲（Asia）
哥伦比亚（Colombia）	14.13	4.93	6410	南美洲（South America）
捷克（Czech Rep）	96.46	17.74	15600	欧洲（Europe）
厄瓜多尔（Ecuador）	18.92	3.24	3940	南美洲（South America）
埃及（Egypt）	8.45	2.91	3940	非洲（Africa）
法国（France）	69.59	34.71	27640	欧洲（Europe）
德国（Germany）	78.52	48.47	27610	欧洲（Europe）
希腊（Greece）	90.23	8.17	19900	欧洲（Europe）
危地马拉（Guatemala）	13.15	1.44	4090	北美洲（North America）
匈牙利（Hungary）	76.88	10.84	13840	欧洲（Europe）
印度（India）	2.47	0.72	2880	亚洲（Asia）
印度尼西亚（Indonesia）	8.74	1.19	3210	亚洲（Asia）
意大利（Italy）	101.76	23.07	26830	欧洲（Europe）
日本（Japan）	67.9	38.22	28450	亚洲（Asia）

（续）

phone and pc				
国家 country	每百人手机用户 cellphone	每百人个人计算机用户 pcs	人均收入 pcapincome	所在大洲 continent
墨西哥 (Mexico)	29.47	8.3	8980	北美洲 (North America)
荷兰 (Netherlands)	76.76	46.66	28560	欧洲 (Europe)
巴基斯坦 (Pakistan)	1.75	0.42	2040	亚洲 (Asia)
波兰 (Poland)	45.09	14.2	11210	欧洲 (Europe)
俄罗斯 (Russia)	24.93	8.87	8950	欧洲 (Europe)
沙特阿拉伯 (Saudi Arabia)	32.11	13.67	13230	亚洲 (Asia)
南非 (South Africa)	36.36	7.26	10130	非洲 (Africa)
西班牙 (Spain)	91.61	19.6	22150	欧洲 (Europe)
瑞典 (Sweden)	98.05	62.13	26710	欧洲 (Europe)
瑞士 (Switzerland)	84.34	70.87	32220	欧洲 (Europe)
泰国 (Thailand)	39.42	3.98	7450	亚洲 (Asia)
英国 (UK)	91.17	40.57	27690	欧洲 (Europe)
美国 (USA)	54.58	65.98	37750	北美洲 (North America)
委内瑞拉 (Venezuela)	27.3	6.09	4750	南美洲 (South America)

（1）保留变量

输入下列命令：

```
keep if continent ==1
```

命令含义：保存 continent 取值为 1 的样本观测值（dta 文件已将变量 continent 做数值型变量处理）。

结果如图 1-20 所示，数据编辑器里的数据仅剩 2 组样本观测值，该观测值对于变量 continent 的取值为 1。

图 1-20 保留取值为 1 的部分样本

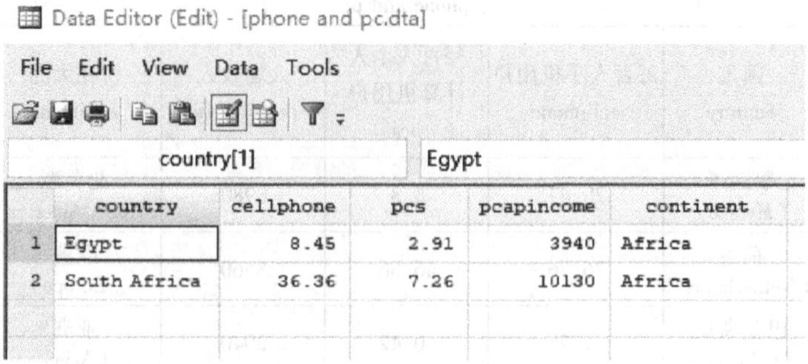

Data Editor (Edit) - [phone and pc.dta]

File Edit View Data Tools

country[1] Egypt

	country	cellphone	pcs	pcapincome	continent
1	Egypt	8.45	2.91	3940	Africa
2	South Africa	36.36	7.26	10130	Africa

（2）保存数据文件

输入下列命令：

save p1

命令含义：将当前数据保存为文件名为“p1. dta”的文件。

再重新打开原文件（phone and pc. dta），输入下列命令：

keep if continent ==2

命令含义：保留 continent 取值为 2 的样本观测值。

结果如图 1-21 所示。

图 1-21 保留取值为 2 的部分样本

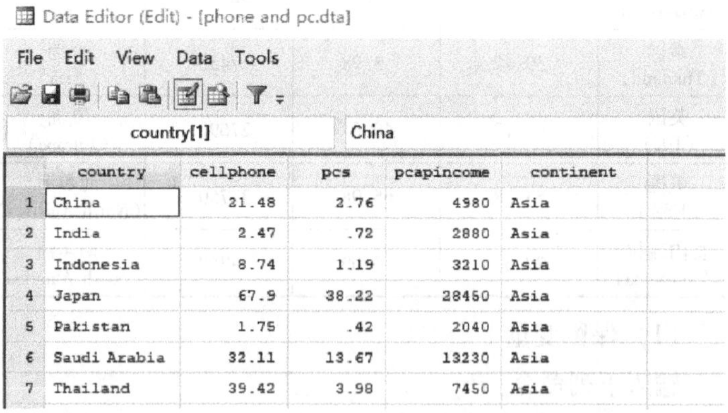

Data Editor (Edit) - [phone and pc.dta]

File Edit View Data Tools

country[1] China

	country	cellphone	pcs	pcapincome	continent
1	China	21.48	2.76	4980	Asia
2	India	2.47	.72	2880	Asia
3	Indonesia	8.74	1.19	3210	Asia
4	Japan	67.9	38.22	28460	Asia
5	Pakistan	1.75	.42	2040	Asia
6	Saudi Arabia	32.11	13.67	13230	Asia
7	Thailand	39.42	3.98	7450	Asia

根据上述操作，得到了两个变量相同但取值不同的样本文件。

输入下列命令：

keep country pcs

命令含义：保留 country 和 pcs 这两个变量。

结果如图 1-22 所示。

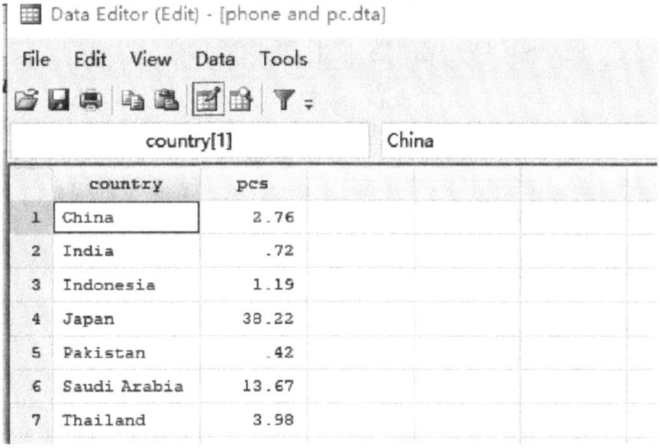

Data Editor (Edit) - [phone and pc.dta]

File　Edit　View　Data　Tools

country[1]　China

	country	pcs
1	China	2.76
2	India	.72
3	Indonesia	1.19
4	Japan	38.22
5	Pakistan	.42
6	Saudi Arabia	13.67
7	Thailand	3.98

图 1-22　保留部分变量

（3）合并文件

这时数据仅保留了 country 和 pcs 这两个变量，与之前的 p1. dta 文件有一定的差异，现在将纵向合并这两个文件，并仅保留当前文件的变量内容，即将 p1. dta 文件中的 country 与 pcs 这两个变量数据与当前文件合并。

输入下列命令：

append using p1，keep（country pcs）

命令含义：using p1 表示将文件 p1 的数据添加到当前数据之后，keep（）表示保留括号内这几个变量。

结果如图 1-23 所示，两个文件完成纵向合并，并保留了部分变量，可以将当前文件保存。

（五）数据样本的抽取

对于一些大型的数据，如人口普查数据和证券市场交易数据，因为其样本量太大，不适宜直接进行分析。最常见的方法是从数据中随机抽取一个样本，然后对样本进行分析。这里选择 1980～2017 年福建省一般公共预算总收入及增长速度为例，根据对数据不同的需求，分别进行有条件的样本抽取，数据见表 1-6。

图 1-23　纵向合并

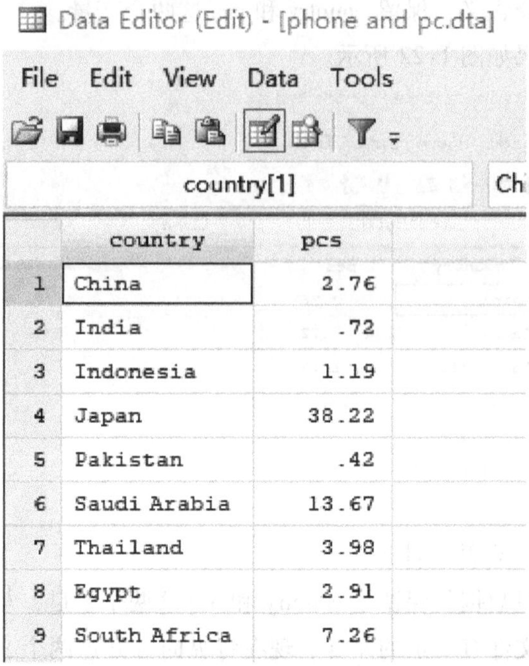

Data Editor (Edit) - [phone and pc.dta]

File　Edit　View　Data　Tools

country[1]　Ch

	country	pcs
1	China	2.76
2	India	.72
3	Indonesia	1.19
4	Japan	38.22
5	Pakistan	.42
6	Saudi Arabia	13.67
7	Thailand	3.98
8	Egypt	2.91
9	South Africa	7.26

表 1-6　1980 ~ 2017 年福建省一般公共预算总收入及增长速度

年份 year	数值 （亿元） amount	比上年增长 （%） growth	年份 year	数值 （亿元） amount	比上年增长 （%） growth
1980	15. 33	20. 5	1993	110. 58	46. 8
1981	14. 52	-5. 3	1994	149. 66	35. 3
1982	13. 67	-5. 9	1995	184. 58	23. 3
1983	12. 37	-9. 5	1996	215. 11	16. 5
1984	16. 78	35. 7	1997	251. 3	16. 8
1985	25. 08	49. 5	1998	281. 42	12. 0
1986	29. 14	16. 2	1999	312. 57	11. 1
1987	33. 16	13. 8	2000	369. 67	18. 3
1988	40. 16	21. 1	2001	428. 33	15. 9
1989	53. 01	32. 0	2002	476. 2	11. 2
1990	57. 06	7. 6	2003	551	15. 7
1991	69. 7	22. 2	2004	622. 57	13. 0
1992	75. 35	8. 1	2005	788. 11	26. 6

（续）

年份 year	数值（亿元）amount	比上年增长（%）growth	年份 year	数值（亿元）amount	比上年增长（%）growth
2006	1012. 77	28. 5	2012	3008. 88	15. 9
2007	1282. 84	26. 7	2013	3430. 35	14
2008	1516. 51	18. 2	2014	3828. 4	11. 6
2009	1694. 63	11. 7	2015	4144. 03	8. 2
2010	2056. 01	21. 3	2016	4295. 36	3. 7
2011	2597. 01	26. 3	2017	4604. 69	7. 2

注：数据来源于《福建统计年鉴 2018》。

1. 有条件抽取样本

（1）指定序号

当需要抽取指定序号的数据时，输入下列命令：

list in 5

命令含义：列出第 5 条数据，in 表示包含。

输出结果如图 1-24 所示，主页面单独显示序号为 5 的数据。

```
list in 5

     +--------------------------+
     |  year   amount   growth  |
     |--------------------------|
  5. |  1984    16.78     35.7  |
     +--------------------------+
```

图 1-24 显示指定样本

（2）指定连续序号

当需要抽取部分连续相邻数据时，输入下列命令：

list in 2/6

命令含义：列出第 2 条到第 6 条数据。

结果如图 1-25 所示，主页面显示了序号 2 至序号 6 的 5 组数据。

图 1-25　显示指定范围样本

```
. list in 2/6

     +---------------------------+
     | year   amount   growth    |
     |---------------------------|
  2. | 1981    14.52     -5.3    |
  3. | 1982    13.67     -5.9    |
  4. | 1983    12.37     -9.5    |
  5. | 1984    16.78     35.7    |
  6. | 1985    25.08     49.5    |
     +---------------------------+
```

（3）排序

对于数值型数据，常常需要按一定的大小顺序将数据重新排列。

输入下列命令：

sort growth

命令含义：将变量“growth”按大小排序。

list year amount growth in 1/2

命令含义：列出变量值“growth”最小的两条数据。

上述两个命令的结合，结果如图 1-26 所示，同时数据编辑器中的所有数据也按照“growth”的大小进行重新排序；显示 1983 年的增长最低，为 -9.5%，其次是 1982 年，为 -5.9%。

图 1-26　列出指定序号及变量的样本观测值

```
. sort growth

. list year amount growth in 1/2

     +---------------------------+
     | year   amount   growth    |
     |---------------------------|
  1. | 1983    12.37     -9.5    |
  2. | 1982    13.67     -5.9    |
     +---------------------------+
```

同时在数据编辑器里可以看到，所有数据不再按年份排列，如图 1-27 所示。

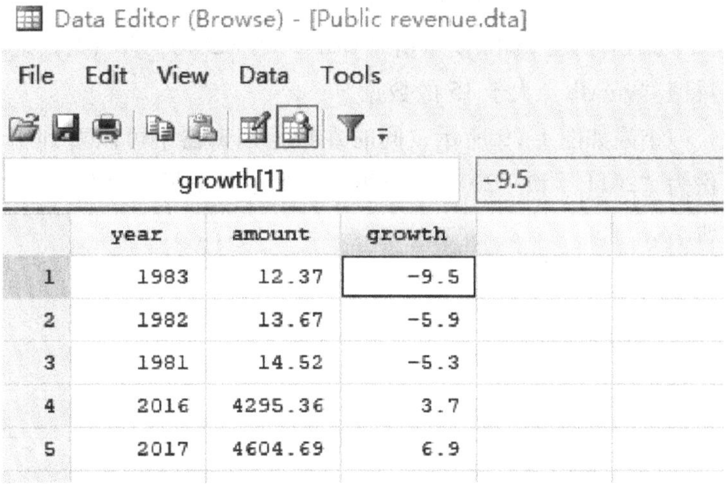

Data Editor (Browse) - [Public revenue.dta]

File　Edit　View　Data　Tools

growth[1]　-9.5

	year	amount	growth
1	1983	12.37	-9.5
2	1982	13.67	-5.9
3	1981	14.52	-5.3
4	2016	4295.36	3.7
5	2017	4604.69	6.9

图 1-27　变量按数值大小排列

还可以运用以下运算符号，设置数据抽取的命令，见表 1-7。

表 1-7　关系运算符与逻辑运算符

关系运算符	= =　等于	！ =　不等于	> 大于
	< 小于	> = 大于等于	< = 小于等于
逻辑运算符	&　与	|　或	！非

当需要抽取比某个值大的数据时，输入下列命令：

list if year >2015

命令含义：列出变量“year”大于 2015 的数据。

结果如图 1-28 所示。

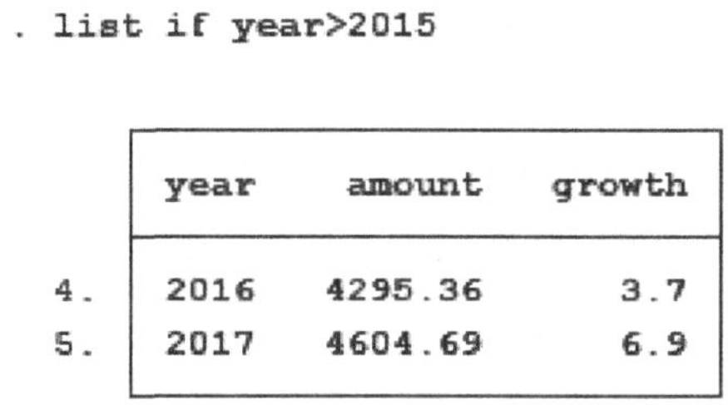

```
. list if year>2015

     year    amount   growth
4.   2016   4295.36      3.7
5.   2017   4604.69      6.9
```

图 1-28　列出指定范围的样本

同时还可以采用多重条件来抽取样本数据，输入下列命令：

drop if year > 2010&growth > 15

命令含义：删除变量值“year”大于 2010，且（&）变量值“growth”大于 15 的数据。

结果如图 1-29 所示，同时在数据编辑器中可以看到年份为“2011”和“2012”的两组数据已被删除，如图 1-30 所示。

图 1-29　命令结果说明

```
. drop if year>2010&growth>15
(2 observations deleted)
```

图 1-30　删除变量结果

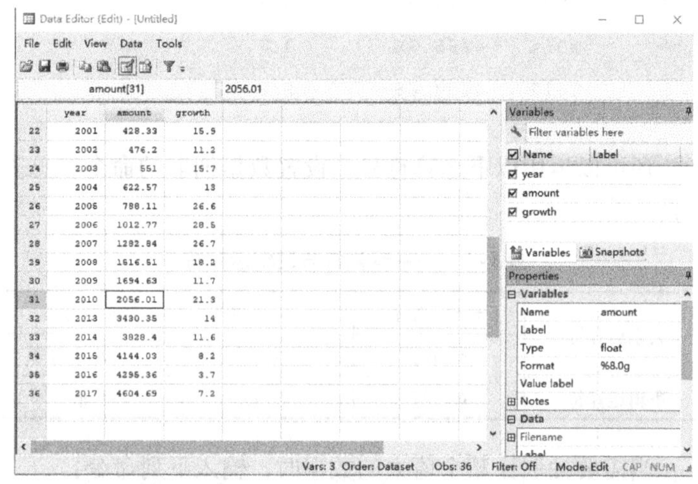

2. 随机抽取样本

当需要抽取一定的样本数据的变量，但又没有特别的指定条件时，可以按随机的原则进行样本抽取，输入下列命令：

sample 10

命令含义：随机抽取 10% 的样本。

结果如图 1-31 所示，34 个样本已删除。

图 1-31　随机抽取一定比例样本的结果说明

```
. sample 10
(34 observations deleted)
```

同时在数据编辑器里可以看到原先的 38 组样本数据仅剩 4 组，其余的 34 组数据全部删除，如图 1-32 所示。

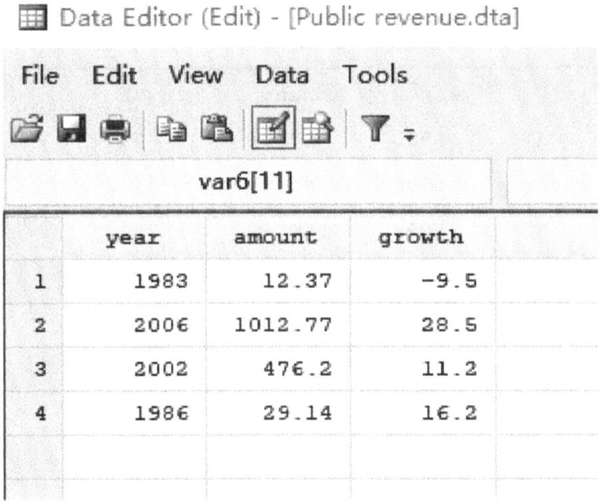

Data Editor (Edit) - [Public revenue.dta]

File Edit View Data Tools

var6[11]

	year	amount	growth
1	1983	12.37	-9.5
2	2006	1012.77	28.5
3	2002	476.2	11.2
4	1986	29.14	16.2

图 1-32 抽取一定比例样本的结果

也可以根据需要设定抽取一定的样本观测值的数量，输入下列命令：

sample 10, count

命令含义：随机抽取 10 个样本观测值，命令中的“count”表明 10 是抽取的样本个数而不是比例。

结果如图 1-33 所示，28 个样本被删除。

```
. sample 10,count
(28 observations deleted)
```

图 1-33 随机抽取指定数量样本结果的说明

同时在数据编辑器里，仅剩 10 组数据，其余的 28 组数据已完全删除，如图 1-34 所示。

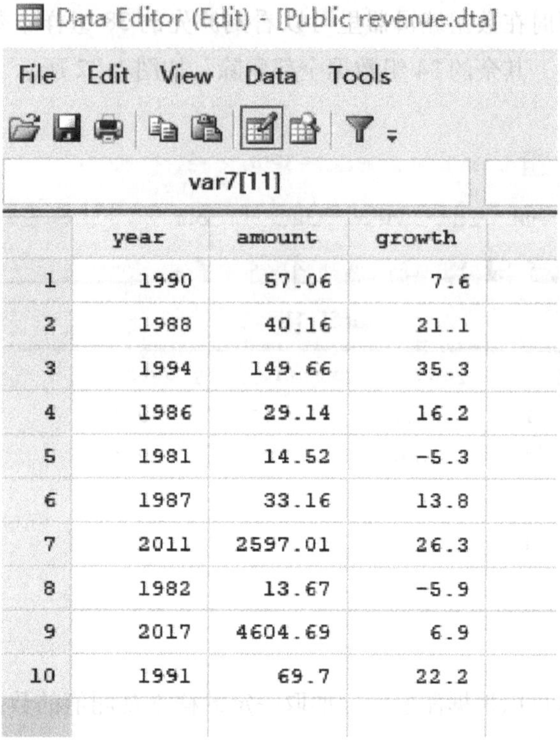

图 1-34　抽取指定数量的样本

Data Editor (Edit) - [Public revenue.dta]

File　Edit　View　Data　Tools

var7[11]

	year	amount	growth
1	1990	57.06	7.6
2	1988	40.16	21.1
3	1994	149.66	35.3
4	1986	29.14	16.2
5	1981	14.52	-5.3
6	1987	33.16	13.8
7	2011	2597.01	26.3
8	1982	13.67	-5.9
9	2017	4604.69	6.9
10	1991	69.7	22.2

练　习　题

表 1-8 为 1999 ~ 2014 年中国工业企业部分综合数据，利用该表数据完成以下操作要求：

表 1-8　1999 ~ 2014 年中国工业企业部分综合数据

年　份	企业数（万个）	资产总额（亿元）	负债总额（亿元）	所有者权益（亿元）	资产负债比
1999	16. 20	116968. 89	72322. 98	44618. 80	1. 62
2000	16. 29	126211. 24	76743. 84	49406. 88	1. 64
2001	17. 13	135402. 49	79843. 42	55424. 40	1. 70
2002	18. 16	146217. 78	85857. 42	60242. 01	1. 70
2003	19. 62	168807. 70	99527. 97	69129. 56	1. 70
2004	27. 65	215358. 00	124847. 41	90286. 70	1. 72
2005	27. 18	244784. 25	141509. 84	102882. 02	1. 73
2006	30. 20	291214. 51	167322. 23	123402. 54	1. 74

（续）

年　份	企业数（万个）	资产总额（亿元）	负债总额（亿元）	所有者权益（亿元）	资产负债比
2007	33.68	353037.37	202913.68	149876.15	1.74
2008	42.61	431305.55	248899.38	182353.38	1.73
2009	43.44	493692.86	285732.81	206688.83	1.73
2010	45.29	592881.89	340396.39	251160.35	1.74
2011	32.56	675796.86	392644.64	282003.81	1.72
2012	34.38	768421.20	445371.75	320614.07	1.73
2013	36.98	870751.07	505694.32	361263.38	1.72
2014	37.79	956777.20	547031.43	405981.71	1.75

要求：

（1）在 Stata 中编辑这个数据文件，并保存。

（2）使用 list 命令查看“企业数”的后 10 个观测值。

（3）生成一个新变量，其取值为资产负债比的平方。

（4）利用 group（）函数，按照资产负债比从小到大，将数据平均分成 3 组。

（5）用 keep 命令，生成两个不同年份的数据文件，并将两个文件进行纵向合并。

第二章

数据的图示

在统计分析过程中，用图形来呈现数据，可以使读者更加直观地理解数据与统计结果。利用图表呈现的分析结果，加以组织一定的文字来说明问题，能形成丰富的报告形式。

例如根据国家信息中心分享经济研究中心与中国互联网协会分享经济工作委员会联合发布《中国分享经济发展报告 2017》，“知识付费一直是热议的焦点，……2016 年开始找到了发展的突破口。……5 月，分答、知乎 Live 面市；6 月，……喜马拉雅 FM‘好好说话’推出……10 月，喜马拉雅 FM 激活用户规模已达 3.3 亿人，12 月 3 日推出的‘123 知识节’全天销售额达 5088 万。知乎平台用户规模近千万人，拥有 20 个热门的付费问答服务。……2016 年是‘知识变现’的一年。消费内容的升级、付费意愿的增强、供需主体的培育推动了知识技能共享从免费信息、服务众包、教育慕课向知识付费拓展。……初步估算，2016 年知识技能领域市场交易额约为 610 亿元，同比增长 205%。”[㊀]艾媒资讯发布的《2018 年中国在线知识付费市场研究报告》显示：

㊀ 国家信息中心网站：http：//www.sic.gov.cn/index.htm。

2017 年中国知识付费产业规模约 49 亿元，在人才、时长、定价等因素综合作用下，2020 年将达到 235 亿元。

根据以上的论述，可以清晰地了解“知识付费”服务经济的快速增长，但文字对于“变化”或“增长”的叙述比起直观的图形而言逊色许多，如下图 2-1 和图 2-2 所示。

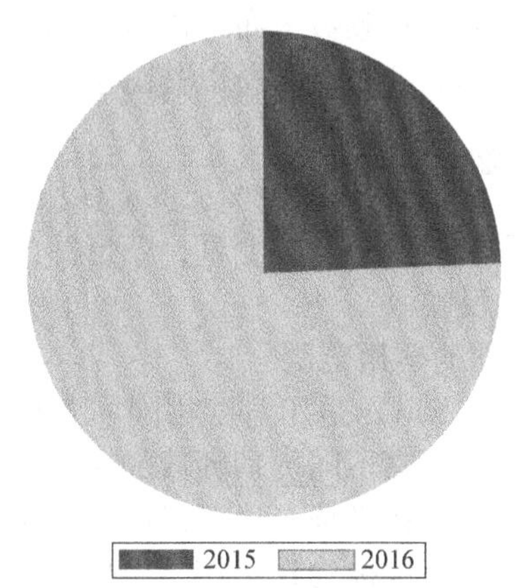

图 2-1 知识技能交易额比较

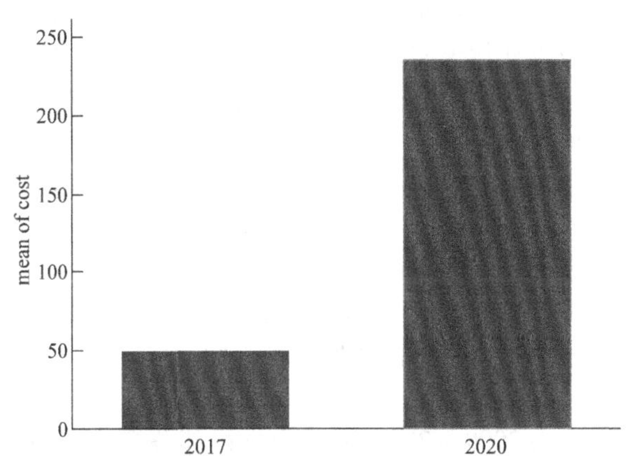

图 2-2 知识产业规模比较

因此，如何选择合适的图表，真实有效地表达数据诉求，是描述统计的重要内容。面对大量的数据，有必要学习了解一些常用数据分析统计图表的特点及使用方法等。

第一节 条形图与饼图

在现代统计中，图形的使用越来越多。一般来说，将统计数据以统计图的形式展现出来，用图形来呈现数据，通过统计图直观地认识统计数据的一些基本特征，可以使读者更加直观地理解数据与统计结果，从而为进一步的统计分析奠定基础，在很多时候，图形甚至可以成为分析报告的点睛之处。因此，统计数据的图示方法是统计应用者的必备技术。统计图的主要任务是对频数分布等进行展示，由于不同类型的统计数据具有不同的特点，所以其图示方法也有所不同。

一、条形图

条形图的适用对象是分类变量，条形图的不连续是分类变量离散特性的反映。

（一）条形图的适用范围

条形图（bar chart）是用宽度相同的条形来展示各类别频数的图形，用于观察不同类别频数的多少及分布状况。绘制时，各类别可以放在横轴，也可以放在纵轴，将各类别放在横轴绘制的条形图也称为柱形图（column chart）。条形图本身所包含的信息相对较少，但是它们仍然为平均数、中位数、合计数或计数等多种概要统计提供了简单又多样化的展示。根据绘制变量的多少，条形图有简单条形图和复式条形图等不同形式。

简单条形图是根据一个类别变量绘制的，描述该变量的各类别的频数分布状况。其中的各个类别可以放在横轴，也可以放在纵轴。复式条形图是根据两个类别变量的各类别绘制的条形图。由于绘制方式不同，复式条形图有堆积条形图、堆砌条形图、百分比条形图等不同形式。

（二）Stata 绘图

表 2-1 为 2009 ~ 2017 年保险公司部分资产数据，利用该数据进行条形图的绘制。其中 year 代表年份，ta 代表保险业总资产，pi 代表财险资产总额，li 代表寿险资产总额，ri 代表再保险资产总额。

表 2-1　2009 ~ 2017 年保险公司部分资产情况

（单位：亿元）

年份	保险业总资产额	财险资产总额	寿险资产总额	再保险资产总额
2009	40634.75	4892.62	33655.05	1162.01
2010	50481.61	5833.52	42642.66	1151.79
2011	59828.94	7919.95	49798.19	1579.11

（续）

年份	保险业总资产额	财险资产总额	寿险资产总额	再保险资产总额
2012	73545.73	9477.47	60991.22	1845.25
2013	82886.95	10941.45	68250.07	2103.93
2014	101591.47	14061.48	82487.2	3513.56
2015	123597.76	18481.13	99324.83	5187.38
2016	153764.66	23849.82	126557.51	2765.61
2017	169377.32	24901.04	131885.05	3150.32

注：数据来源于《中国统计年鉴2018》。

1. 基本命令

输入下列命令：

graph bar ta, over (year)

命令含义：绘制保险业总资产额（ta）的条形图，并按年份排列。

结果如图2-3所示。

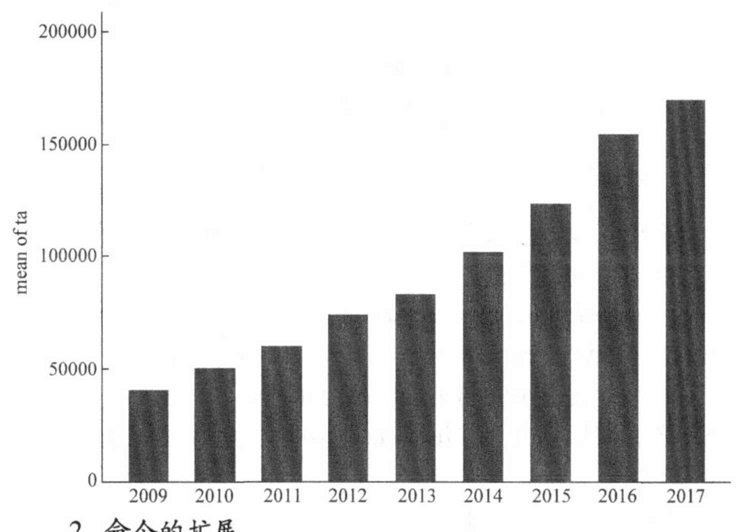

图2-3　2009～2017年保险业总资产额条形图（一）

2. 命令的扩展

如果要给图形增加标题名称“Insurance assets”，对y轴添加数值标签，取值为40000～200000，间距为40000，对y轴添加刻度，间距为10000，那么操作命令就应该相应地修改为

graph bar ta, over (year) title (“Insurance assets”) ylabel

(40000（40000）200000）ytick（40000（10000）200000）

命令含义：title（“Insurance assets”）表示添加图标题“Insurance assets”；ylabel（40000（40000）200000）表示 y 轴数值标签起始为 40000，每间隔 40000 增加一个标签，200000 为终止标签；ytick（40000（10000）200000）表示 y 轴刻度起始为 40000，每间隔 10000 添加一个刻度，终止为 200000。

结果如图 2-4 所示。

图 2-4　2009 ~ 2017 年保险业总资产额条形图（二）

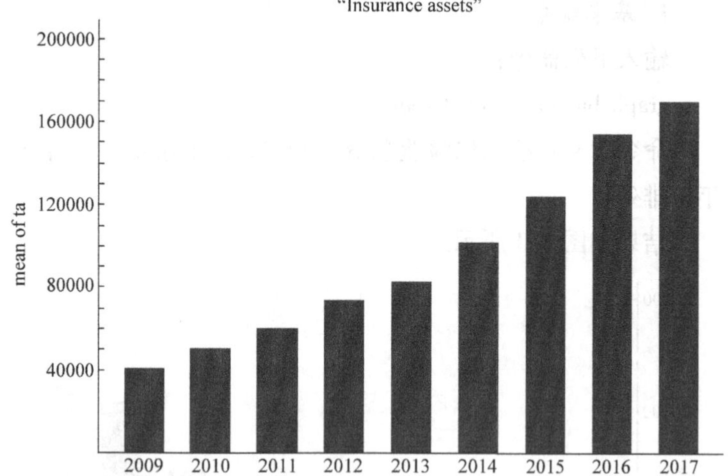

利用条形图将不同的变量进行对比分析以得到更多信息。

输入下列命令：

graph bar pi li，over（year）title（“Insurance assets”）ylabel（40000（40000）200000）ytick（40000（10000）200000）

命令含义：按时间年份顺序绘制包含 pi、li 两个变量的条形图，图形标题为“Insurance assets”，并添加 y 轴标签及相应刻度。

结果如图 2-5 所示。

为使图表的阅读性改观及突显主题，我们可以对图 2-5 进行一些改进，如将纵向条形图改成横向条形图；为每个条柱增加标签，内容为条柱的高度，位置在条柱的右方；在 100000 数值处画一条标识线。

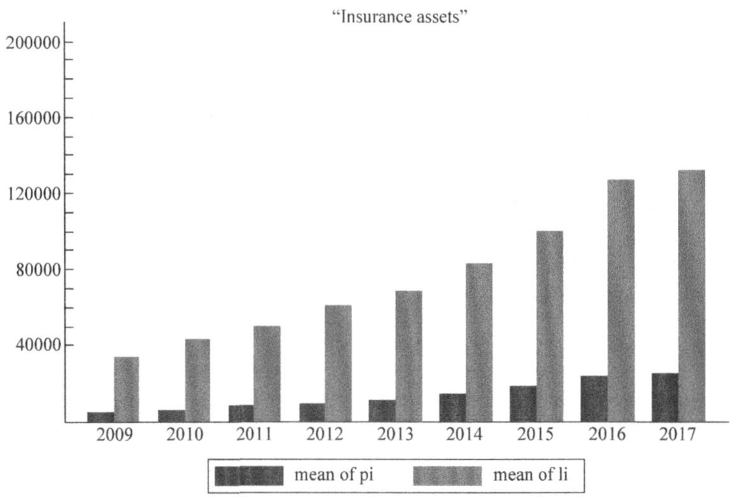

图 2-5 2009 ~ 2017 年保险公司各类资产比较

输入下列命令：

graph hbar pi li ri, over (year) blabel (bar, position (outside)) yline (100000)

命令含义："graph hbar" 表示绘制横向条形图；"blabel (bar, position (outside))" 表示给条柱添加标签，位置在条柱的右方；"yline (100000)" 表示绘制一条标识线。

结果如图 2-6 所示。

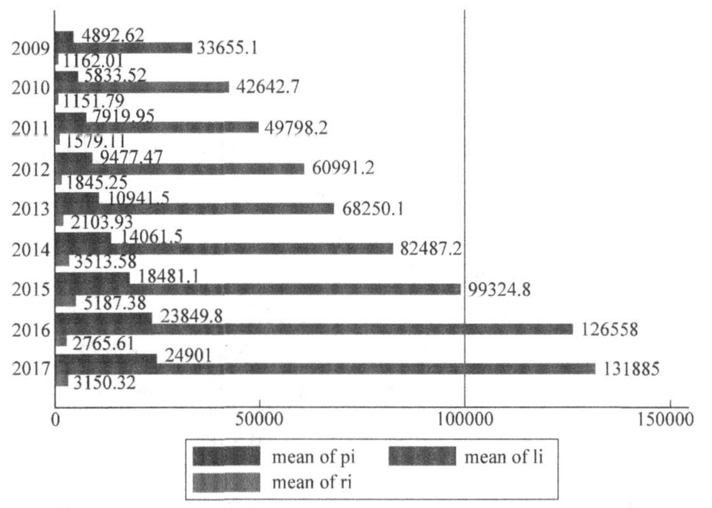

图 2-6 2009 ~ 2017 年各类保险资产比较

为了更加清楚地看到资产的结构，也可以将条形图绘制成层叠的形式。

输入下列命令：

graph bar ri pi li ，over（year）blabel（bar，position（outside））stack

这个命令与前面命令最大的不同就是加了 stack 选项，生成的是堆积条形图。

结果如图 2-7 所示。

图 2-7　2009 ~ 2017 年各类保险资产堆积条形图

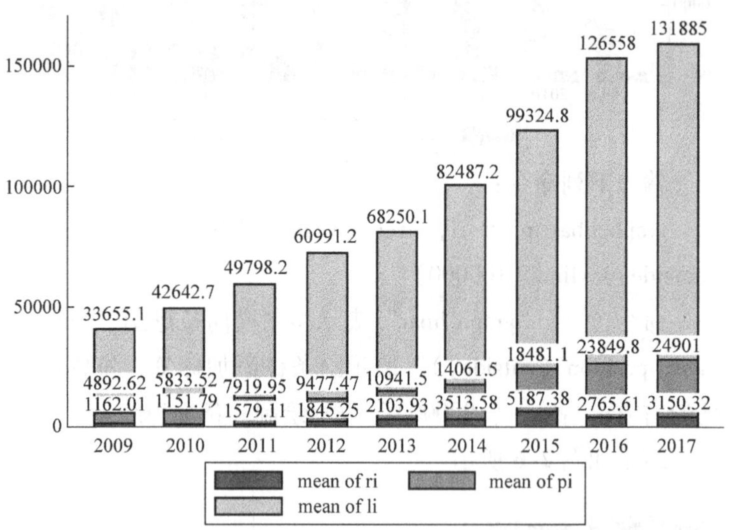

二、饼图

饼图是数据分析中常见的一种经典图形，是用圆形及圆内扇形的大小表示总体中各部分所占比例的统计图，通常用来表示各部分在总体中所占份额。

（一）饼图的适用范围

在工作中如果遇到需要计算总费用或金额的各个部分构成比例的情况，一般都是通过各个部分与总额相除来计算，但是这种比例表示方法很抽象，可以使用一种饼形图表工具，能够直接以图形的方式显示各个组成部分所占比例。

（二）Stata 绘图

例如，继续利用表 2-1 的数据绘制资产构成的饼图，所有设置均使用默认设置。

1. 基本命令

输入下列命令：

graph pie pi li ri

命令含义：绘制 pi、li、ri 变量的饼图。

结果如图 2-8 所示。

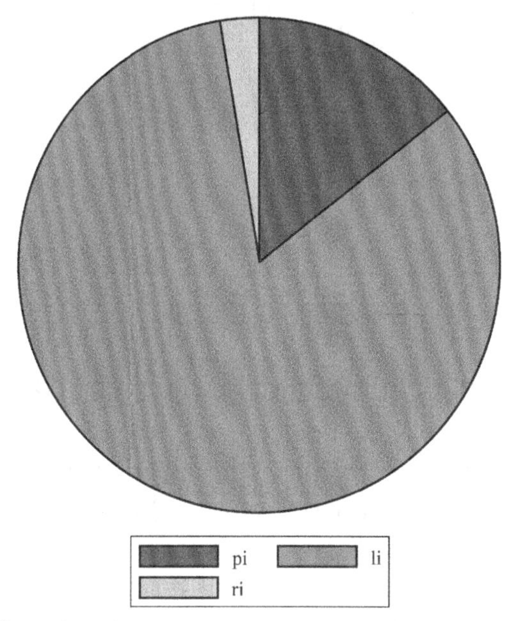

图 2-8　各类资产总额占比饼图

2. 命令的扩展

根据图 2-8 所示，默认的饼图不仅美观性较差，而且反映的信息也不是特别清楚，可以进行修饰和改进。例如，把 pi 代表的财险资产总额占比突出显示，把 li 的饼块颜色改为黄色，给 pi 和 li 的饼块在距中心 20 个相对半径单位的位置处加上百分比标签。

输入下列命令：

graph pie pi li ri, pie（1, explode）pie（2, color（yellow））plabel（1 percent, gap（20））plabel（3 percent, gap（20））

命令含义：突出显示变量 pi 的饼块，li 饼块颜色改为黄色，给 pi 和 li 饼块在距中心 20 个相对半径单位的位置处加上百分比标签。

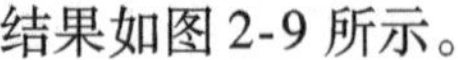

结果如图 2-9 所示。

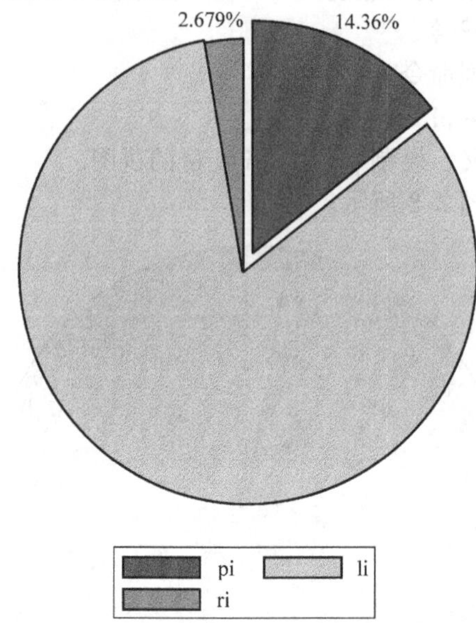

图 2-9　饼图的修改

如果希望通过绘制饼图的方式研究每年的情况，输入下列命令：

graph pie pi li ri, pie（1, explode）pie（2, color（yellow））plabel（1 percent, gap（20））plabel（2 percent, gap（20））by（year）

命令含义：by（year）是将饼图按时间分类绘制。

结果如图 2-10 所示。

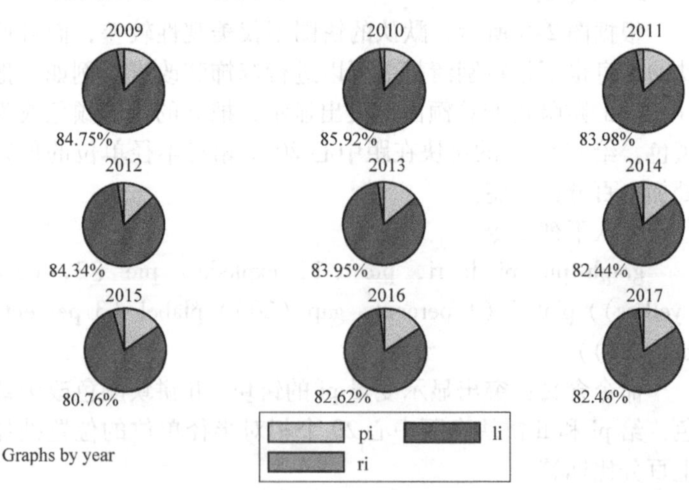

图 2-10　按不同时间绘制饼图

第二节　直方图与箱线图

一、直方图

直方图是用矩形的面积（即长度和宽度）来表示频数分布的图形，在平面直角坐标系中，一般用纵轴表示频数或频率，用横轴表示数据的分组。

（一）直方图的适用范围

通过直方图，可以较为直观地了解数据的整体情况，如分布类型、中心位置、分散程度等。对于等距分组的数据而言，由于各组组距相同，因此绘制直方图时常常直接以频数（或频率）作为纵轴，此时柱形面积正比于各组频数（或频率）。

（二）Stata 绘图

利用表 2-2 所示的 2015 年各地区分登记注册类型城镇

表 2-2　2015 年各地区分登记注册类型城镇就业人员年末人数

（单位：万人）

地区	国企 X1	集体企业 X2	区位 X3	地区	国企 X1	集体企业 X2	区位 X3
北京	182.88	16.93	n	湖北	277.64	13.85	s
天津	72.36	6.49	n	湖南	244.57	18.53	s
河北	288.22	14.39	n	广东	388.81	50.34	s
山西	201.94	17.64	n	广西	202.37	13.27	s
内蒙古	168.04	5.88	n	海南	43.26	1.84	s
辽宁	280.19	28.55	n	重庆	119.55	8.81	s
吉林	163.93	6.26	n	四川	344.08	26.25	s
黑龙江	267.85	14.10	n	贵州	168.84	5.22	s
上海	102.70	13.25	s	云南	185.36	12.12	s
江苏	294.31	33.71	s	西藏	27.79	0.32	n
浙江	219.56	15.53	s	陕西	237.68	16.17	n
安徽	189.07	14.74	s	甘肃	153.88	10.17	n
福建	155.18	11.40	s	青海	34.20	1.10	n
江西	196.16	14.64	s	宁夏	35.35	0.73	n
山东	390.95	47.43	n	新疆	205.23	2.80	n
河南	366.34	38.98	n				

注：1. n 代表北方；s 代表南方。

2. 数据来源于《中国劳动统计年鉴 2016》。

就业人员年末人数的数据文件，绘制直方图。

1. 基本命令

输入下列命令：

histogram x1, frequency

这个命令语句只告诉 Stata 为变量 x1 绘制直方图的基本命令，而不进行任何设定，frequency 要求按变量 x1 取值的频数分布绘制直方图，默认直方条数为 5 个。

结果如图 2-11 所示。

图 2-11　国企就业人数直方图

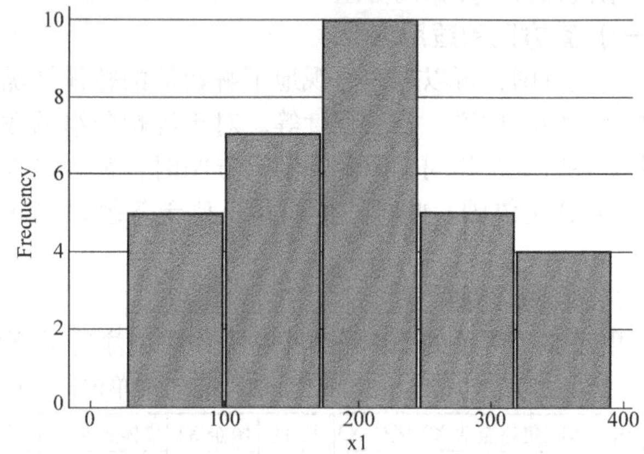

2. 命令的扩展

为了使图形能显示更多的信息，输入下列命令：

histogram x1, title（国有企业直方图）bin（8）note（数据来源于 2016 年中国劳动统计年鉴）xtick（0（50）400）xtitle（职工数/单位：万人）norm addlabels

命令含义：title（国有企业直方图）”表示对图形添加标题；“bin（8）”表示设置直方条数为 8；“note（数据来源于中国劳动统计年鉴）”表示设定脚注的内容；“xtick（0（05）400）”是设定横轴刻度，起始值为 0，终止值是 400，间隔是 50；“xtitle（职工数/单位：万人）”表示设定横轴标题；“norm”表示进行正态曲线的绘制；“addlabels”表示标注直方条的高度。

命令执行的结果如图 2-12 所示。

如果将企业的分布按南北地区分图形展示，并做对比，则可以在原命令基础上添加子命令。

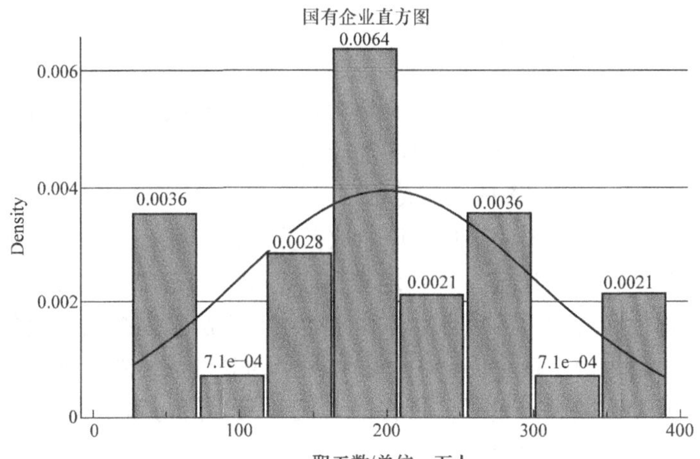

图 2-12 添加命令信息后的直方图

输入下列命令：

histogram x1, title（国有企业直方图）bin（8）note（数据来源于中国劳动统计年鉴）xtick（0（50）400）xtitle（职工数/单位：万人）norm addlabels by（x3）

命令含义：by（x3）表示按照分类变量 x3 对数据分别绘制直方图。

结果如图 2-13 所示，这时图形的显示方便用户的对比分析。

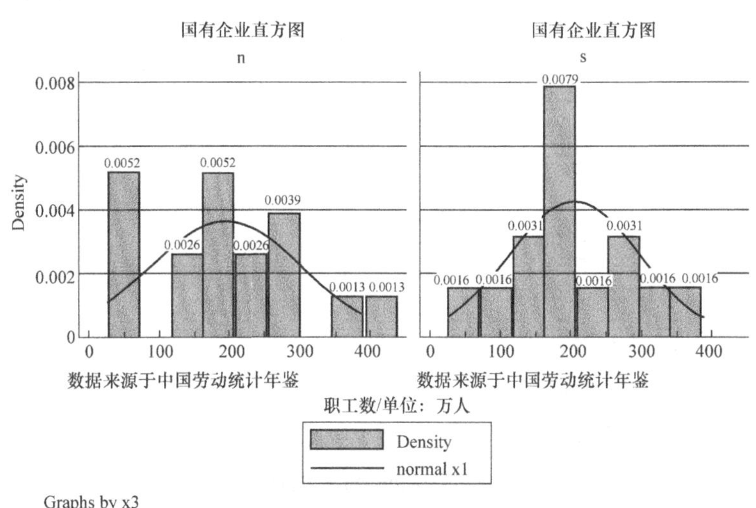

图 2-13 按区位分布绘制直方图

二、箱线图

箱形图（box－plot）又称为盒式图或箱线图，是一种用作显示一组数据分散情况的统计图。

（一）箱线图的适用范围

箱线图主要用于反映原始数据分布的特征，进行多组数据分布特征的比较，直观地提供了有关分布的中心、范围、对称性和特异值的信息。箱线图的绘制方法是先找出一组数据的最大值、最小值、中位数和两个四分位数，然后连接两个四分位数画出箱子，再将最大值和最小值与箱子相连接，中位数在箱子中间。

（二）Stata 绘图

这里调用 Stata 系统自带的数据文件 auto. dta 绘制箱线图。

输入下列命令：

sysuse auto，replace

命令含义：调用系统自带数据文件 auto. dta，替代当前数据文件。

结果如图 2-14 所示。

图 2-14　系统自带数据文件 auto. dta 的数据

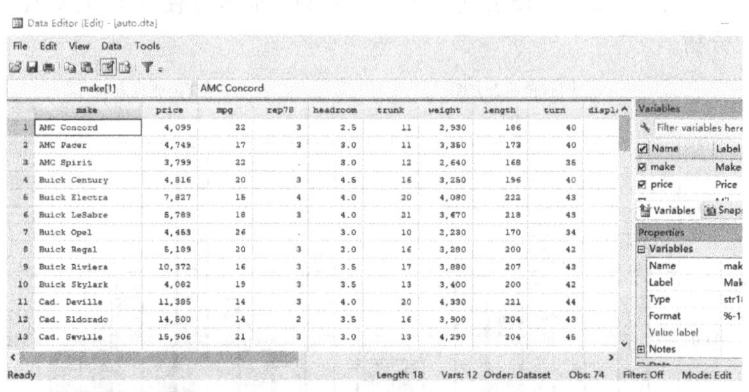

	make	price	mpg	rep78	headroom	trunk	weight	length	turn
1	AMC Concord	4,099	22	3	2.5	11	2,930	186	40
2	AMC Pacer	4,749	17	3	3.0	11	3,350	173	40
3	AMC Spirit	3,799	22	.	3.0	12	2,640	168	35
4	Buick Century	4,816	20	3	4.5	16	3,250	196	40
5	Buick Electra	7,827	15	4	4.0	20	4,080	222	43
6	Buick LeSabre	5,788	18	3	4.0	21	3,670	218	43
7	Buick Opel	4,453	26	.	3.0	10	2,230	170	34
8	Buick Regal	5,189	20	3	2.0	16	3,280	200	42
9	Buick Riviera	10,372	16	3	3.5	17	3,880	207	43
10	Buick Skylark	4,082	19	3	3.5	13	3,400	200	42
11	Cad. Deville	11,385	14	3	4.0	20	4,330	221	44
12	Cad. Eldorado	14,500	14	2	3.5	16	3,900	204	43
13	Cad. Seville	15,906	21	3	3.0	13	4,290	204	45

1. 基本命令

输入下列命令：

graph box price

命令含义：绘制变量 price 的箱线图。

结果如图 2-15 所示。

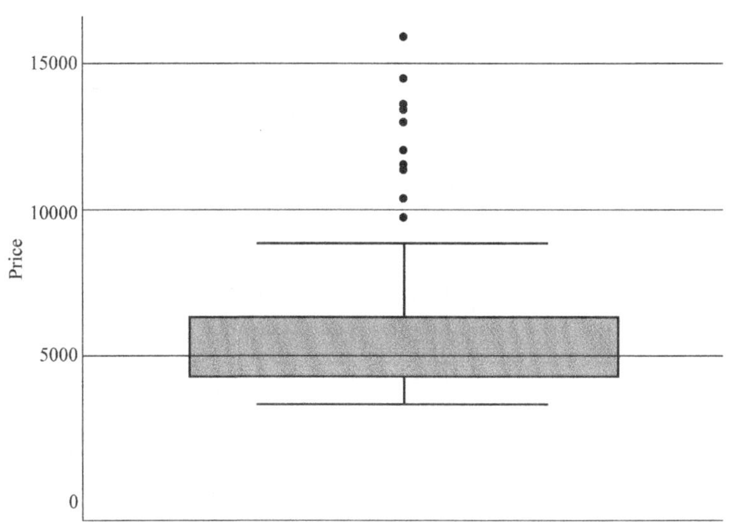

图 2-15　变量 price 的箱线图

箱线图中的箱子从近似第 1 四分位数扩展至第 3 四分位数，这段距离被称为四分位距（inter quartile range，IQR）。因此，它大致包含了中间 50% 的数据（Stata 的箱线图以与 summarize、detail 相同的方式定义四分位数）。那些在第 1 或第 3 四分位数之外超过 1.5（IQR）处的观测值被定义为特异值，它们在箱线图中将被单独地一一画出。如图 2-15 中有 10 个超出了上侧标志线的点，它们很有可能是异常值。

除了对单个变量的数据进行箱线图分析，还可以比较不同类别数据的分布情况。

2. 命令的扩展

输入下列命令：

graph hbox price，over（foreign）

命令含义：graph hbox 表示要求横向绘制箱线图；over（foreign）表示根据分类变量 foreign 分别作图。

命令结果如图 2-16 所示。

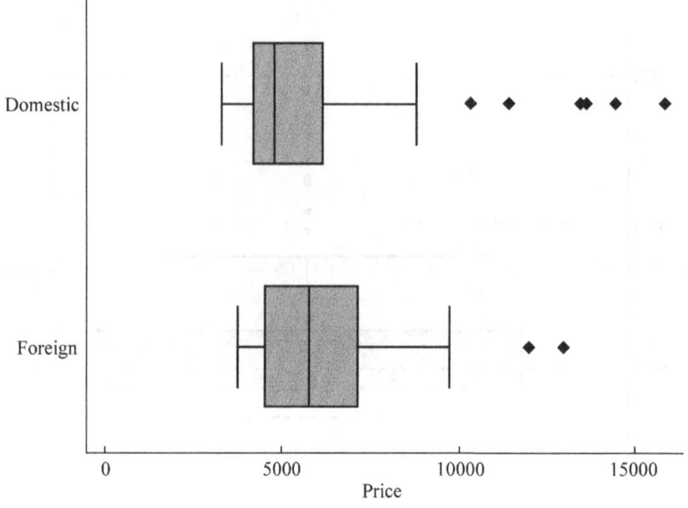

图 2-16 横向分类箱线图

第三节 散点图与曲线标绘图

一、散点图

散点图是点在直角坐标平面上的分布图，表示双向关系图的一种，常用来反映两个或多个变量之间的关系，主要用于分析两个变量间是否存在相关性的变化趋势。

（一）散点图的适用范围

散点图通常用于显示和比较数值，如科学数据、统计数据和工程数据。散点图通过散点的疏密程度和变化趋势表示两个连续变量间的数量关系。不仅如此，如果有三个变量，并且自变量为分类变量，散点图通过对点的形状或者点的颜色来区分，即可表示这些变量之间的关系。如果所有的变量为连续变量，还可以在许多统计软件中绘制高维散点图。如果把一些个案也就是同一个自变量的点连接起来，就成了线图，表示因变量指标是上升还是下降。

（二）Stata 绘图

表 2-3 为 2002～2017 年中国主要经济指标汇总，利用该表数据绘制散点图。

表2-3　2002~2017年中国主要经济指标汇总

年份 year	GDP（亿元）gdp	全社会固定资产投资（亿元）fai	社会融资规模（亿元）fs	能源生产总量（万t标准煤）en
2002	121717	43500	20112	156277
2003	137422	55567	34113	178299
2004	161840	70477	28629	206108
2005	187319	88774	30008	229037
2006	219439	109998	42696	244763
2007	270232	137324	59663	264173
2008	319516	172828	69802	277419
2009	349081	224599	139104	286092
2010	413030	251684	140191	312125
2011	489301	311485	128286	340178
2012	540367	374695	157631	351041
2013	595244	446294	173169	358784
2014	643974	512021	158761	361866
2015	689052	562000	154063	361476
2016	743586	606466	178159	346037
2017	827122	641238	194445	359000

注：数据来源于《中国统计年鉴2018》。

1. 基本命令

输入下列命令：

twoway scatter fai fs

命令含义：绘制变量fai与fs的散点图。

结果如图2-17所示，变量fai与fs之间存在一定的线性相关性。

2. 命令的扩展

接下来，可以对图形进行优化设置，输入下列命令：

twoway scatter fai fs || lfit fai fs, title (fai与fs散点图) subtitle (2002~2017年中国投融资数据图) legend (position (3))

图2-17　2002~2017年全社会固定资产投资与社会融资规模的散点图

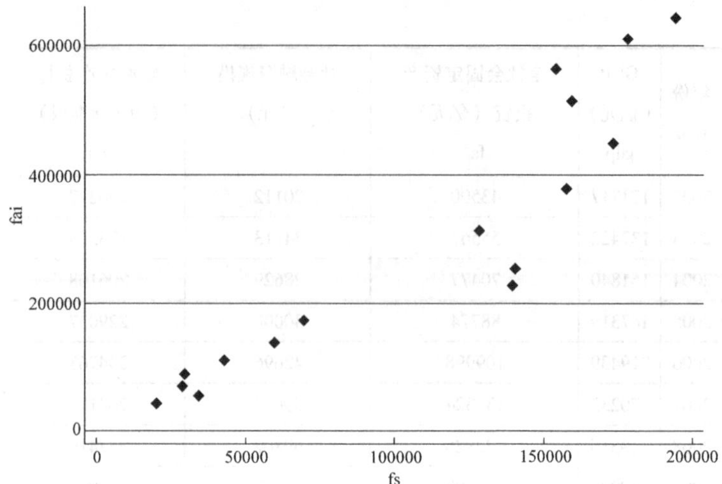

命令含义：在这个命令语句中，“twoway scatter fai fs ‖ lfit fai fs”部分完成了两个主体图形的绘制，其中符号“‖”表示在同一个坐标系内展示两个图形，lfit 表示拟合曲线；“title（fai 与 fs 散点图）”设定图形的标题，“subtitle（2002 ~2017 年中国投融资数据图）”完成副标题的设定；“legend（position（3））”部分完成图例位置的设定，位置在 3 点钟处。

结果如图 2-18 所示，拟合图可以快速估计数据的可能

图 2-18　2002 ~ 2017 年中国投融资数据图

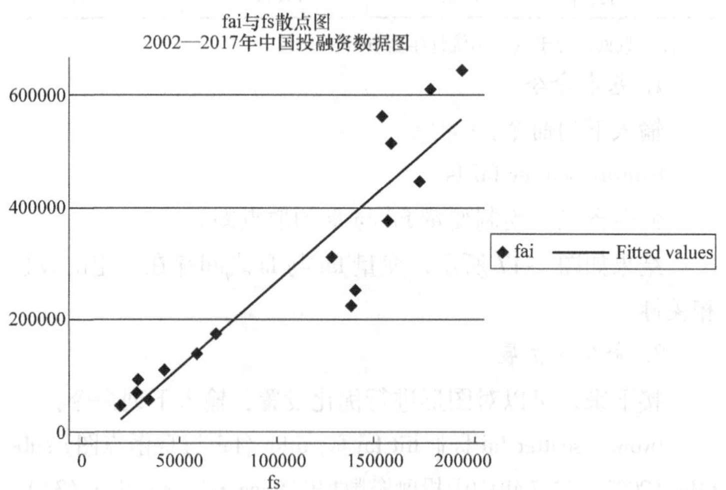

性关系，对于探索数据有着重要的作用，添加 lfit 命令绘制的拟合线，可作为散点分布规律的判断依据。

除此之外还可以绘制二次拟合图形。

输入下列命令：

twoway scatter fai fs || qfit fai fs

命令含义：绘制 fai 和 fs 的散点图，以及 fai 和 fs 的二次拟合图。

结果如图 2-19 所示，拟合线与图 2-18 的拟合直线完全不同，是一条弧线。

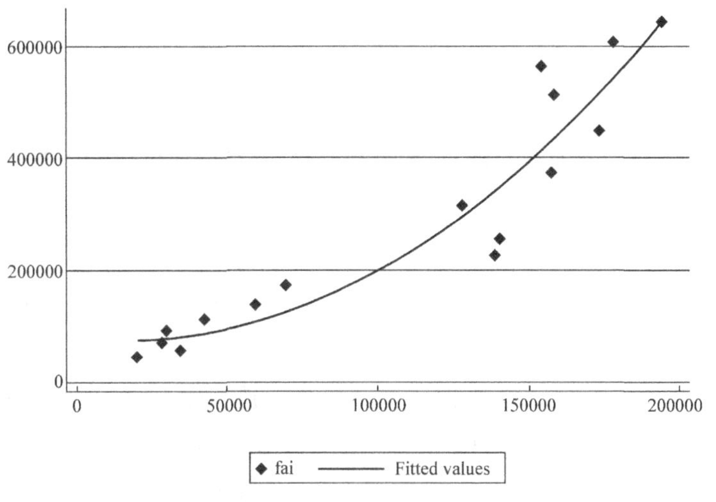

图 2-19　fai 和 fs 的二次拟合图

还可以在原散点图的基础上进一步将图 2-19 做改进。

输入下列命令：

twoway scatter fai fs，title（fai 与 fs 散点图）subtitle（2002～2017 年中国投融资数据图）msymbol（T）mcolor（black）mlabel（year）mlabcolor（red）mlabposition（9）

命令含义：msymobl（T）表示为实心大三角，mcolor（black）表示颜色为黑色；mlabel（year）表示散点标签内容为年份，mlabcolor（red）表示颜色为红色，mlabposition（9）表示位置在 9 点钟处。

结果如图 2-20 所示，散点变为实心三角形，并添加了年份标识。

图 2-20 改进的散点图

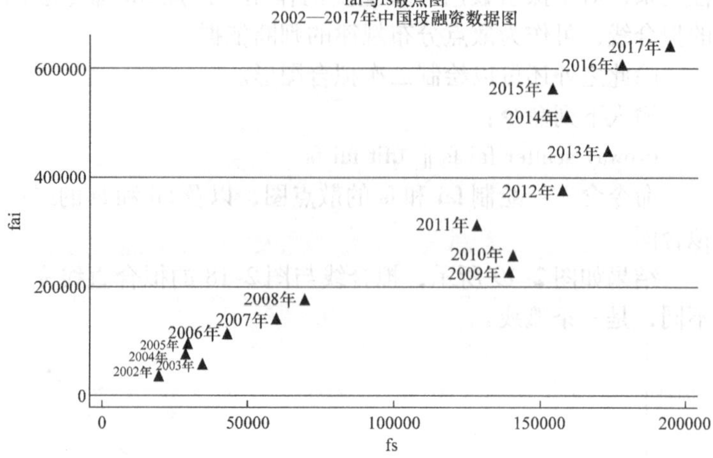

散点图处理分析两个变量的线性关系，还可以加入第三个变量作为权重。

输入下列命令：

scatter fai year [fw = fs], msymbol (o) mfcolor (blue) mlcolor (black)

命令含义：绘制变量 fai 和 year 的散点图，并以变量 fs 为权重。其中 msymbol (o) 表示符号为实心圆形；mfcolor (blue) 表示圆形以蓝色填充；mlcolor 表示圆形外圈为黑边。

结果如图 2-21 所示。

为了研究需要，有时需要将绘制的几张不同的图形整合到一张图形中以便对比观察，这时就要用到 Stata 提供的图形合并功能。继续利用表 2-3 的数据，分别生成 fai、fs、en 与 gdp 的三幅散点图，并依次保存。

输入下列命令：

twoway scatter fai gdp, saving (pic1)

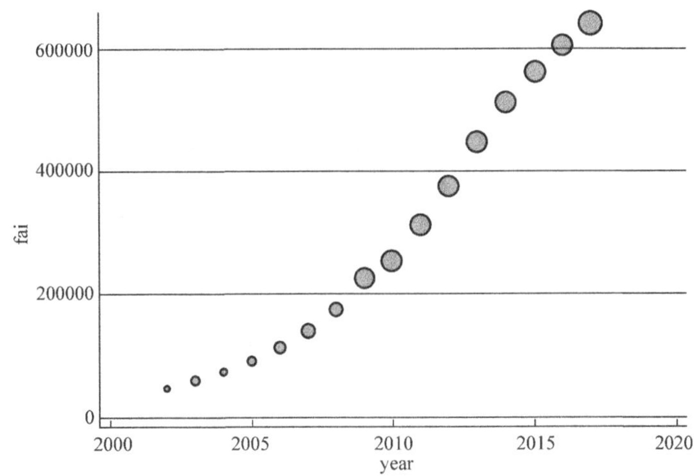

图 2-21　加入权重的散点图

生成 fai 与 gdp 的散点图，保存名称为 pic1，图形结果略。

twoway scatter fs gdp, saving（pic2）

生成 fs 与 gdp 的散点图，保存名称为 pic2，图形结果略。

twoway scatter en gdp, saving（pic3）

生成 en 与 gdp 的散点图，保存名称为 pic3，图形结果略。

这三张图形的 x 轴变量相同，所以可以合并成 x 轴对应的一幅图，输入下列命令：

graph combine pic1. gph pic2. gph pic3. gph, imargin（vsmall）row（3）saving（pic4）

命令含义：combine pic1. gph pic2. gph pic3. gph 表示实现 pic1. gph、pic2. gph 和 pic3. gph 图形的合并；imargin（vsmall）的作用是使得每个图形独立的边缘区域不要留过多的空间；row（3）表示让这三幅图排成三行。

合并后的结果如图 2-22 所示。

图 2-22 合并横坐标相同的变量散点图

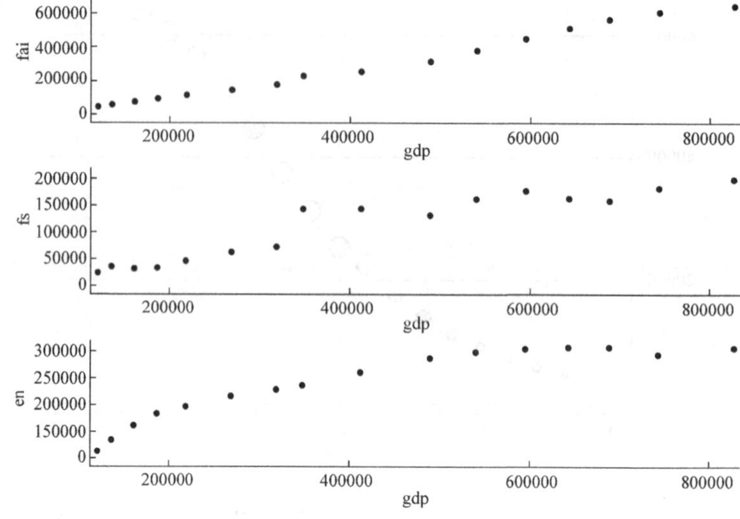

二、曲线标绘图

曲线标绘图与散点图一样，也是双向关系图的一种，它是用线段的升降趋势来说明现象变化或变量之间关系的一种图形。

（一）曲线标绘图的适用范围

曲线标绘图与散点图类似，实际上它就是将连续型的数值变量点连接起来的一种图形，但由于它还可以用于回归曲线的绘制，因此使用范围较散点图来说更为广泛。

（二）Stata 绘图

1. 基本命令

继续以表 2-3 的数据为例，输入下列命令：

```
twoway line fai fs year
```

命令含义：绘制曲线标绘图，即绘制变量 fai 和 fs 随 year 变化的曲线标绘图，但不进行任何设定，这时 Stata 会绘制出以 year 为横坐标、fai 和 fs 为纵坐标的曲线。

结果如图 2-23 所示。

图 2-23　曲线标绘图

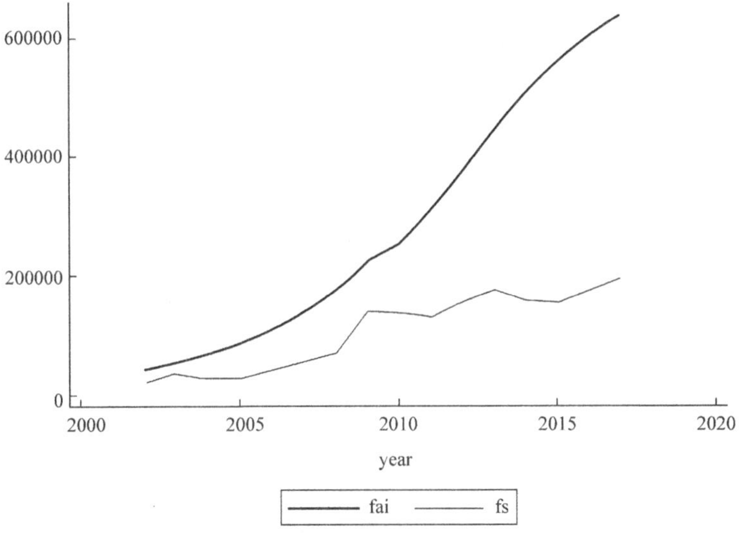

2. 命令的扩展

图 2-23 是根据基本命令绘制的默认曲线标绘图，因此，可以研究需要对该图形进行以下优化，输入下列命令：

twoway line financevalue gdp year, legend（label（1"全社会固定资产投资"）label（2"社会融资规模"）position（11）ring（0）row（2））clpattern（solid dash）connect（1J）

命令含义："label（1"全社会固定资产投资"）label（2"社会融资规模"）"部分实现了图例内容的设定，表示第 1 个图例为"全社会固定资产投资"，第 2 个为"社会融资规模"；"position（11）"部分实现了图例位置的设定；"ring（0）"部分的作用是使图例显示在图形内部；"row（2）"部分的作用是使图例分两行显示；"clpattern（solid dash）"部分实现了实线和虚线的设定，表示第 1 条为实线，第 2 条为虚线；"connect（1J）"部分实现了直线连接和阶梯方式的连接。

上述命令的执行结果如图 2-24 所示。

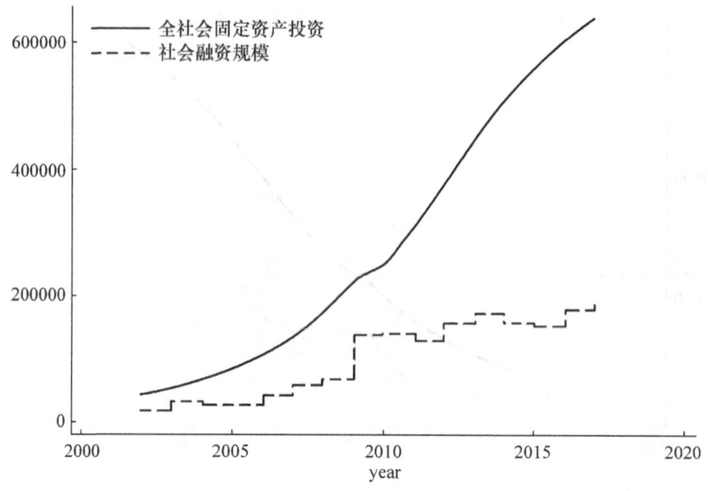

图 2-24 添加说明的曲线标绘图

练 习 题

1. 网络消费已成为当前在校大学生消费结构的重要组成部分，而网络游戏的消费常常会对在校的学习生活产生一定的影响，因此有研究者对 50 名大学生网游充值行为进行了调查，并以学习资料的网络消费投入作为对比，进行了相关数据的统计，结果见表 2-4。

（单位：元）

表 2-4 在校大学生网络消费调查

序号	性别	网游充值	学习资料	序号	性别	网游充值	学习资料
1	男性	6	240	11	女性	1	90
2	男性	260	180	12	女性	67	130
3	男性	125	80	13	女性	106	230
4	男性	36	150	14	女性	30	140
5	男性	56	150	15	男性	0	120
6	男性	13	230	16	男性	88	70
7	男性	48	50	17	男性	40	60
8	女性	0	370	18	男性	69	220
9	女性	20	180	19	男性	20	260
10	女性	16	210	20	男性	0	300

（续）

序号	性别	网游充值	学习资料	序号	性别	网游充值	学习资料
21	男性	0	170	36	女性	0	180
22	男性	21	100	37	女性	12	620
23	男性	8	140	38	女性	0	450
24	男性	120	250	39	女性	0	120
25	男性	10	70	40	女性	0	270
26	男性	0	510	41	女性	2	140
27	男性	6	260	42	女性	10	110
28	男性	63	220	43	女性	0	70
29	男性	10	80	44	女性	6	510
30	男性	89	150	45	女性	24	460
31	男性	58	330	46	女性	0	130
32	男性	20	290	47	女性	40	80
33	女性	0	60	48	女性	15	330
34	女性	34	70	49	女性	0	80
35	女性	78	80	50	女性	1	100

要求：根据表 2-4 数据绘制饼图和条形图，并添加图形标题名称，修改默认颜色。

2. 沿海地区与内陆地区之间的经济发展水平差距是逐步扩大还是缩小呢？表 2-5 是 2017 年中国部分城镇居民人均生活消费支出，其中 c 表示沿海地区，i 表示内陆地区。

表 2-5　2017 年中国部分城镇居民人均生活消费支出

（单位：元）

省份	城市	支出	类别	省份	城市	支出	类别	省份	城市	支出	类别
福建	福州	27427	c	安徽	合肥	23311	i	安徽	马鞍山	27831	i
	厦门	32009	c		淮北	18146	i		芜湖	21444	i
	莆田	22454	c		亳州	18093	i		宣城	18156	i
	三明	22097	c		宿州	12027	i		铜陵	21612	i
	泉州	26044	c		蚌埠	16891	i		池州	16564	i
	漳州	22359	c		阜阳	17686	i		安庆	16126	i
	南平	19188	c		淮南	18526	i		黄山	17852	i
	龙岩	21656	c		滁州	19046	i	四川	成都	25314	i
	宁德	20762	c		六安	17452	i		自贡	20208	i

（续）

	攀枝花	22846	i		开封	21709	i		聊城	14651	c
	泸州	21121	i		洛阳	23551	i	山东	滨州	22183	c
	德阳	22735	i		平顶山	18880	i		菏泽	15262	c
	绵阳	21043	i		安阳	16604	i		南京	31385	c
	广元	18388	i		鹤壁	16948	i		无锡	32972	c
	遂宁	20796	i		新乡	19986	i		徐州	18234	c
	内江	18797	i		焦作	21385	i		常州	28445	c
	乐山	20771	i		濮阳	18033	i		苏州	35104	c
	南充	18335	i	河南	许昌	18238	i		南通	26510	c
四川	眉山	19946	i		漯河	20726	i	江苏	连云港	19315	c
	宜宾	20490	i		三门峡	20413	i		淮安	17788	c
	广安	20812	i		南阳	20742	i		盐城	18434	c
	达州	19557	i		商丘	16847	i		扬州	22093	c
	雅安	18386	i		信阳	17614	i		镇江	25637	c
	巴中	20497	i		周口	17214	i		泰州	23824	c
	资阳	20889	i		驻马店	19476	i		宿迁	16241	c
	阿坝	20443	i		济源	22198	i		南昌	25275	i
	甘孜	20566	i		济南	30729	c		景德镇	20811	i
	凉山	18287	i		青岛	30569	c		萍乡	21716	i
	杭州	38179	c		淄博	25260	c		九江	19877	i
	宁波	33197	c		枣庄	17247	c		新余	22180	i
	温州	33663	c		东营	26871	c	江西	鹰潭	20207	i
	嘉兴	29875	c		烟台	27894	c		赣州	18547	i
	湖州	28962	c	山东	潍坊	22582	c		吉安	18904	i
浙江	绍兴	30879	c		济宁	19287	c		宜春	18515	i
	金华	32368	c		泰安	19376	c		抚州	16981	i
	衢州	21934	c		威海	27898	c		上饶	17366	i
	舟山	32218	c		日照	19176	c		广州	50782	c
	台州	32514	c		莱芜①	19912	c	广东	深圳	52938	c
	丽水	27017	c		临沂	15742	c		珠海	44043	c
河南	郑州	24973	i		德州	15131	c		汕头	22521	c

（续）

省份	城市	数值	类型	省份	城市	数值	类型	省份	城市	数值	类型
广东	佛山	45813	c	广东	东莞	45451	c	广东	肇庆	22360	c
	韶关	21866	c		中山	43554	c		清远	20692	c
	河源	17718	c		江门	26851	c		潮州	19429	c
	梅州	19635	c		阳江	21444	c		揭阳	18750	c
	惠州	31091	c		湛江	19632	c		云浮	17875	c
	汕尾	19326	c		茂名	19885	c	重庆	重庆	17898	i

注：表中 c 为沿海 i 为内陆。

数据来源：根据各省市区统计年鉴数据整理。

① 2019 年 1 月归济南市管辖，设为济南市莱芜区。

要求：根据表 2-5 的数据绘制直方图与箱线图，并根据沿海与内陆的区域划分进行比较。

3. 客运量是指在一定时期内，各种运输工具实际运送的旅客数量。它是反映运输业为国民经济和人民生活服务的数量指标，也是制订和检查运输生产计划、研究运输发展规模和速度的重要指标。表 2-6 为 1990 ~ 2017 年中国客运量汇总表。

表 2-6　1990 ~ 2017 年客运量汇总表

（单位：万人）

年份	客运总量	铁路	公路	水运	民航
1990	772682	95712	648085	27225	1660
1991	806048	95080	682681	26109	2178
1992	860855	99693	731774	26502	2886
1993	996634	105458	860719	27074	3383
1994	1092882	108738	953940	26165	4039
1995	1172596	102745	1040810	23924	5117
1996	1245357	94797	1122110	22895	5555
1997	1326094	93308	1204583	22573	5630
1998	1378717	95085	1257332	20545	5755
1999	1394413	100164	1269004	19151	6094
2000	1478573	105073	1347392	19386	6722
2001	1534122	105155	1402798	18645	7524
2002	1608150	105606	1475257	18693	8594
2003	1587497	97260	1464335	17142	8759
2004	1767453	111764	1624526	19040	12123

（续）

年份	客运总量	铁路	公路	水运	民航
2005	1847018	115583	1697381	20227	13827
2006	2024158	125656	1860487	22047	15968
2007	2227761	135670	2050680	22835	18576
2008	2867892	146193	2682114	20334	19251
2009	2976898	152451	2779081	22314	23052
2010	3269508	167609	3052738	22392	26769
2011	3526319	186226	3286220	24556	29317
2012	3804035	189337	3557010	25752	31936
2013	2122992	210597	1853463	23535	35397
2014	2032218	230460	1736270	26293	39195
2015	1943271	253484	1619097	27072	43618
2016	1900194	281405	1542759	27234	48796
2017	1848620	308379	1456784	28300	55156

注：数据来源于《中国统计年鉴 2018》。

要求：根据表 2-6 的数据，绘制散点图与曲线标绘图，并完成拟合线的绘制及图形的合并。

第三章 统计数据的描述统计

近年来，随着互联网技术的不断发展，网购已经是现代人最喜欢的一种购物方式。2018 年 11 月 11 日，自零点起，天猫双 11 达到 1000 亿元的销售额仅仅耗时 1h 47min，而在这些销售额的贡献者中也不乏很多在校大学生。虽然大学生没有固定收入，但是他们的消费水平呈现出逐年上升的趋势。网络的便利，购物平台的繁荣，计算机和智能手机的普及，使得大学生网购的频率在不断增加。表 3-1 的数据体现了男女对待网购时的态度存在一定差异，但是否可以由此得出结论，女生购物更为冲动，而男生的经济负担略轻?

表 3-1 男女生网购消费影响因素比较

性别	购物冲动	有经济负担
男生	26.88%	42.69%
女生	28.96%	52.19%

数据来源:《2018 大学生网上购物情况调研报告》。

从上述简单的比例差异可以看出，男生和女生在网购消费上影响因素的差异，这也为后续继续深入的研究分析提供了一定的研究思路。要按照统计研究或统计工作的需要来整理统计数据，提取有用的统计信息。而描述统计正是统计分析的第一步，本章将介绍如何对样本数据进行直观的描述性、概括性的统计分析。

第一节　分布集中趋势的测度

集中趋势（central tendency）是指一组数据向某一中心值靠拢的程度。描述数据集中趋势的统计量主要有均值、分位数以及频数与众数等，它们反映了一组数据中心点的位置所在。

一、均值

均值是度量数据集中趋势的常用统计量，也称为平均数。

（一）算数平均数

如一组样本数据为 x_1，x_2，…，x_n，n 为样本容量或样本数据的个数，样本算术平均数用 $\bar{x}$（读作 x - bar）表示，计算公式为

$$\bar{x} = \frac{x_1 + x_2 + \cdots + x_n}{n} = \frac{\sum_{i=1}^{n} x_i}{n}$$

表 3-2 为某班级的统计学期末成绩，根据公式可得该班级的期末平均分为 73.5 分。

表 3-2　某班级统计学期末成绩

（单位：分）

学号	成绩 score	学号	成绩 score	学号	成绩 score
1	76	11	69	21	55
2	54	12	64	22	76
3	80	13	89	23	71
4	61	14	58	24	75
5	79	15	88	25	66
6	61	16	67	26	75
7	81	17	73	27	77
8	77	18	76	28	98
9	91	19	65	29	81
10	75	20	76	30	71

在 Stata 中输入如下命令：

```
tabstat score, stats (mean)
```

命令含义：列表分析变量 score 的均值（mean）。

结果如图 3-1 所示，变量 score 的均值为 73.5。

variable	mean
score	73.5

图 3-1　变量 score 的均值

（二）加权平均数

如果样本数据被分成 k 组，见表 3-3，各组的组中值（一个组中的中间值，是组的下限值与上限值的平均数）分别用 m_1，m_2，…，m_k表示，各组的频数分别用 f_1，f_2，…，f_k表示，则样本平均数的计算公式为

$$\bar{x} = \frac{m_1f_1 + m_2f_2 + \cdots + m_kf_k}{f_1 + f_2 + \cdots + f_k} = \frac{\sum_{i=1}^{k} m_if_i}{n}$$

也称为加权平均数（weighted mean）。

表 3-3 为某班级统计学期末各分数段成绩汇总。

表 3-3 某班级统计学期末成绩分值分布

按成绩分组（分）	组中值（分）	权数	mf
50 ~ 60	55	3	165
60 ~ 70	65	7	455
70 ~ 80	75	13	975
80 ~ 90	85	5	425
90 ~ 100	95	2	190
合计	—	30	2210

在 Stata 中，输入下列命令：

```
generate sc = 55 if score < 60
replace sc = 65 if score < 70 & score > = 60
replace sc = 75 if score < 80 & score > = 70
replace sc = 85 if score < 90 & score > = 80
replace sc = 95 if score < = 100 & score > = 90
```

命令含义：通过 generate 和 repplace 命令将表 3-2 的统计学期末原始成绩进行分段，建立新的分类数值型变量 sc。

输入下列命令：

```
tabstat sc,stats(mean)
```

命令含义：计算变量 sc 的均值，结果如图 3-2 所示，计算结果为 73.66667，与算术平均数略有差异。

图 3-2 加权平均数的计算结果

variable	mean
sc	73.66667

对于同一组数据，根据原始数据计算的平均数与分组后计算的平均数结果是有差异的。因为分组后是用组中值代表该组数据，所以只有该组数据在组中值两侧呈对称分布，结果才会一致；如果该组数据实际不是对称分布，根据上述公式计算所得的$\bar{x}$将会与实际产生偏差。因此，在掌握原始数据的情况下，应尽量避免加权平均数的使用。

（三）几何平均数

几何平均数（geometric mean）在计算方法上可以看作

算术平均数公式的变形。几何平均数在计算社会经济问题的平均发展速度等方面有很重要的作用。几何平均数是 n 个比率连乘积的 n 次方根，即

$$G = \sqrt[n]{a_1 \times a_2 \times \cdots \times a_n} = \sqrt[n]{\prod_{i=1}^{n} a_i}$$

式中 a_i——各期发展速度或各个比率。

表 3-4 为 2012 ~ 2018 年我国 GDP，表 3-5 为 2013 ~ 2018 年我国 GDP 的发展速度。

表 3-4 2012 ~ 2018 年我国 GDP

年份	2012	2013	2014	2015	2016	2017	2018
GDP（亿元）	538580	592963.2	641280.6	685992.9	740060.8	820754.3	900309

数据来源：《中国统计年鉴 2018》。

表 3-5 2013 ~ 2018 年我国 GDP 的发展速度

年份	2013	2014	2015	2016	2017	2018
发展速度（%）	110.10	108.15	106.97	107.88	110.90	109.69

数据来源：《中国统计年鉴 2018》。

$$G = \sqrt[6]{110.1 \times 108.15 \times 106.97 \times 107.88 \times 110.9 \times 109.69} = 1.0894 = 108.94\%$$

几何平均数可以通过类似加权平均数的计算方式，建立新的序列来完成。

二、分位数

分位数是指将一组数据按从小到大排序后，找出排在某个位置上的数值，并用该数值作为集中趋势的度量值，这些位置上的数值就是相应的分位数（quantile），其中常见的包括中位数、四分位数、百分位数等。

（一）中位数

中位数是数据排序后位置在最中间的数值，可表示为 M_e。显然，中位数将数据分成两半，将统计分布从中间分成面积（即数据个数）相等的两部分，或者是用一个点将全部数据等分成两部分，每部分包含 50% 的数据，一半数据比中位数大，一半数据比中位数小。中位数是用中间位置

上的值代表数据的水平，其特点是不受极端值的影响，同时所有的数据值与中位数之差的绝对值之和最小，因此常在研究收入分配时使用，大宗商品物流配送中心的选址也常常可以利用这一性质。

中位数计算公式为：

$$\begin{cases} M_e = X_{\frac{n+1}{2}}, & \text{如果 } n \text{ 为奇数,} \\ M_e = \dfrac{X_{\frac{n}{2}} + X_{\frac{n+1}{2}}}{2}, & \text{如果 } n \text{ 为偶数。} \end{cases}$$

其中，X_n应按照从小到大的顺序排列。如果只有分组数据，则可以用下面的公式近似计算中位数：

$$M_e = L_m + \frac{\dfrac{n}{2} - f_L}{f_m} i$$

式中 M_e——中位数；

n——总频数；

L_m——中位数所在组的下组限；

i——中位数所在组的组距；

f_m——中位数所在组的频数；

f_L——中位数所在组的前一组的累计频数。

（二）四分位数

四分位数就是将一组数据分为四等分的三个数值，其中中间的四分位数就是中位数。十分位数、百分位数分别是将数据分布 10 等分和 100 等分的数值。

输入下列命令：

```
tabstat score,stats(median)
```

命令含义：统计分析变量 score 的中位数（median）。

结果如图 3-3 所示，p50 即位置为 50%，中位数为 75。

variable	p50
score	75

图 3-3 变量 score 的中位数

将上述命令括号中的 median 改为 q，即输入下列命令：

```
tabstat score,stats(q)
```

命令含义：统计分析变量 score 的四分位数。

结果如图 3-4 所示，p25 为下四分位数 66，p50 为中位数 75，p75 为上四分位数 79，这三个数值将原数据集平均分为了四等分。

variable	p25	p50	p75
score	66	75	79

图 3-4　变量 score 的四分位数

（三）百分位数

如果将一组数据从小到大排序，并计算相应的累计百分位，则某一百分位所对应数据的值就称为这一百分位的百分位数。中位数及四分位数也可以用百分位数表示。

如果需要知道该数据集的任意位置的分位数，可以将上述命令中的（q）改为（p）。

输入下列命令：

```
tabstat score,stats(p10)
```

命令含义：统计分析变量 score 的 10% 分位数。

结果如图 3-5 所示，变量 score 的 10% 分位数为 59.5。

variable	p10
score	59.5

图 3-5　变量 score 的 10% 分位数

三、频数与众数

频数与众数是考察数据分布情况的两个常用指标。

（一）频数

频数分布是一种用来对数据进行分组的非常有效的工具，它以组和频数的表格形式对数据进行总结。频数分布表也是观察数据特征的有效手段之一。对于不同类型的数据，制作频数分布表的方法也不同。在频数分布表中，数据在各类别（或组）中的分配，称为频数分布（frequency distribution）。其中，落在某一特定类别（或组）中的数据个数，称为频数（frequency）。

用频数分布表可以观察不同类型数据的分布特征。例如，通过历年月度电费收入情况了解电力消费的高峰期与低谷期的分布，通过某企业的产品在不同地区消费者人数的差异了解该产品的消费在不同区域的分布，通过大学不同专业的高考志愿填报生源分布了解高考考生的分布状况等。

表3-6为个性化教学体系（PSI）对课程成绩影响的数据。

表3-6 个性化教学体系（PSI）对课程成绩影响的数据

obs	gpa	tuce	letter	obs	gpa	tuce	letter
1	2.66	20	C	17	2.75	25	C
2	2.89	22	B	18	2.83	19	C
3	3.28	24	B	19	3.12	23	B
4	2.92	12	B	20	3.16	25	A
5	4	21	A	21	2.06	22	C
6	2.86	17	B	22	3.62	28	A
7	2.76	17	B	23	2.89	14	C
8	2.87	21	B	24	3.51	26	B
9	3.03	25	C	25	3.54	24	A
10	3.92	29	A	26	2.83	27	A
11	2.63	20	C	27	3.39	17	A
12	3.32	23	B	28	2.67	24	B
13	3.57	23	B	29	3.65	21	A
14	3.26	25	A	30	4	23	A
15	3.53	26	B	31	3.1	21	C
16	2.74	19	B	32	2.39	19	A

（二）众数

一组数据中出现频数最高的数值，称为众数（mode），用M_0表示。众数是一种位置代表值，它的应用场合比较有限。例如，在编制物价指数时，农贸市场上某种商品的价格以很多摊位报价的众数值为代表。一般情况下，只有在数据量较大时众数才有意义。从分布的角度看，众数是一组数据分布的峰值点所对应的数值。如果数据的分布没有明显的峰值，众数也可能不存在；如果有两个或多个峰值，也可以有两个或多个众数。

根据表 3-6 的数据，输入如下命令：

tabulate letter

命令含义：列联分析变量 letter。

结果如图 3-6 所示。

```
. tabulate letter
```

letter	Freq.	Percent	Cum.
A	11	34.38	34.38
B	13	40.63	75.00
C	8	25.00	100.00
Total	32	100.00	

图 3-6　变量 letter 的列联分析表

根据以上结果可知，A 类频数为 11，B 类频数为 13，C 类频数为 8，因此 B 为众数。

四、各度量值的比较

均值、分位数和众数是描述数据集中趋势的三个主要统计量，要根据它们各自的特点合理使用。均值容易受极端值的影响，对于严重偏斜分布的数据，均值的代表性较差。分位数尤其是中位数和众数，不易受极端值的影响，具有统计上的稳健性，当数据为偏度分布，特别是偏斜程度较大时，可以考虑选择中位数或众数。从分布的角度看，平均数是全部数据的算术平均，中位数是处于一组数据中间位置上的值，而众数则始终是一组数据分布的最高峰值所对应的数值。因此，对于具有单峰分布的大多数数据而言，如果数据的分布是对称的，平均数（$\bar{x}$）、中位数（M_e）和众数（M_0）必定相等；如果数据是明显的左偏分布，说明数据存在极小值，而众数和中位数由于是位置代表值，不受极值的影响，此时有 $\bar{x}<M_e<M_0$；反之亦然。一般来说，数据分布对称或接近对称时，建议使用平均数；数据分布有明显偏度时，可考虑使用中位数或众数。均值在整个统计方法中应用最广，对经济、管理和工程等实际工作也是最重要的一个代表值和统计量。

第二节　分布离散程度的测度

在对统计分布或次数分配数据规律性的研究中，集中趋势表示的是分布的中心位置或一般水平的代表值，离散程度反映的则是分布的离散和差异程度，是数据相对于集中趋势的离散程度。测量离散程度的统计量包括方差（variance）和标准差（standard deviation）、四分位差（quartile deviation）、异众比率（variation ratio）等。离散程度的测量值和集中趋势的测量值结合起来使用，可以更完整地描述数据的分布特征。

一、极差与四分位差

极差与四分位差是用于观测数据分布总体离散程度的常用指标。

（一）极差

极差（range）是一组数据的最大值与最小值之差，也称全距，通常用 R 表示。

$$R=\max(x)-\min(x)$$

继续利用表 3-6 的数据分析。

输入下列命令：

```
tabstat gpa,stats(range)
```

命令含义：统计分析变量 gpa 的极差，

结果如图 3-7 所示，变量 gpa 的极差为 1.94。

```
. tabstat gpa,stats(range)
```

variable	range
gpa	1.94

图 3-7　变量 gpa 的极差

（二）四分位差

四分位差反映了中间 50% 数据的离散程度，其数值越小，说明中间的数据越集中，其数值越大，说明中间的数据越分散。四分位差不受极值的影响。由于中位数处于数据的中间位置，因此，四分位差的大小在一定程度上也说明了中位数对一组数据的代表程度，通常用 IQR 表示。

$$\mathrm{IQR} = Q_{75\%} - Q_{25\%}$$

输入下列命令：

tabstat gpa,stats(iqr)

命令含义：统计分析变量 gpa 的四分位差。

结果如图 3-8 所示，变量 score 的四分位差为 0.725。

```
. tabstat gpa,stats(iqr)
```

variable	iqr
gpa	.725

图 3-8　变量 gpa 的四分位差

二、方差与标准差

方差和标准差是测算离散趋势最重要、最常用的指标。

（一）方差

方差（variance）是指每个数值与均值的离差平方的平均数，计算公式为

$$\sigma_n^2 = \frac{\sum_{i=1}^{n}(x_i - \bar{x})^2}{n}$$

样本方差的计算公式为

$$s_{n-1}^2 = \frac{\sum_{i=1}^{n}(x_i - \bar{x})^2}{n-1}$$

式中　σ_n^2——总体方差；

s_{n-1}^2——样本方差；

$\bar{x}$——样本均值；

n——数据容量；

$(n-1)$——自由度（degree of freedom）。

自由度是反映分布或数据中与均值离差信息的个数，即 $(x_i - \bar{x})$ 误差的个数。在 n 个数据中，在样本均值 $\bar{x}$ 确定后，只有 $(n-1)$ 个数据可以自由取值，而第 n 个一定不能自由取值。计算样本方差 s_{n-1}^2 的目的除了分析样本数据外，还要估计总体方差 σ^2，数学计算证明，以自由度为 $(n-1)$，计算的方差 s_{n-1}^2 的数学期望就是 σ_n^2，因而是总体方差的无偏估计。

同理对于分组数据，方差的计算公式为

$$\sigma_n^2 = \frac{\sum_{i=1}^{K}(x_i - \bar{x})^2 f_i}{n}$$

$$s_{n-1}^2 = \frac{\sum_{i=1}^{K}(x_i - \bar{x})^2 f_i}{n-1}$$

式中　x_i——各组的组中值；

f_i——各组的频数；

K——分组的数量。

在实际应用中，计算总体数据的方差时通常使用 s_n^2，并将总体方差记为 σ^2；计算样本数据的方差时则通常使用 s_{n-1}^2。可以证明，当样本容量 n 很大时，两者的计算结果差别很小。

（二）标准差

标准差是方差的正的平方根，区别于方差的一个主要特点为：标准差的单位和原始数据的单位一样，而方差单位是原始数据单位的平方。方差或标准差越大，则数据围绕均值分散的程度越大，均值的代表性就越差。

以表 3-2 的数据为例。

输入下列命令：

tabstat score, stats(var sd)

命令含义：统计分析变量 score 的方差（var）和标准差（sd）。

结果如图 3-9 所示。

```
. tabstat score,stats(var sd)
```

variable	variance	sd
score	59.76218	7.730601

图 3-9　变量 score 的方差与标准差

三、标准化与标准误

在数据的统计分析过程中，为了消除量纲的影响，常常通过标准化对数据进行处理，而标准误是衡量抽样误差的重要指标。

（一）标准化

标准化是指用数值减去均值的差再除以标准差，标准化值称为 z 值。z 值代表一个数值高于或低于该组数据均值的标准差的倍数，用 z 值可以将数值距离均值的原始距离转化为距离均值多少个标准差。

$$z_i = \frac{x_i - \bar{x}}{s}$$

根据经验法则，当数据大致为正态分布时，大约 68% 的数据分布在距离均值一个标准差的范围内，大约 95% 的数据分布在距离均值两个标准差的范围内，大约 99.7% 的数据分布在距离均值三个标准差的范围内。

利用 Stata 分析某变量的标准化取值，可以通过 generate 命令，新建变量，以标准化公式赋值的方法获取（具体方法见“探测异常值”的分析），也可以在回归分析中直接以 beta 命令做标准化处理。

（二）标准误

标准误用来衡量抽样误差。标准误越小，表明样本统计量与总体参数的值越接近，样本对总体越有代表性，用样本统计量推断总体参数的可靠度越大。因此，标准误是统计推断可靠性的指标。以均值为例，标准误即样本均数的标准差，是描述均数抽样分布的离散程度及衡量均数抽样误差大小的尺度，反映的是样本均数之间的变异。标准误还可以指样本标准差、方差等统计量的标准差。

以表 3-2 数据为例，输入下列命令：

tabstat score,stats(semean)

命令含义：统计分析变量 score 的均值标准误。

结果如图 3-10 所示，变量 score 的均值标准误为 0.7057041。

图 3-10　变量 score 的均值标准误

```
. tabstat score,stats(semean)
```

variable	se(mean)
score	.7057041

（三）探测异常值

在样本数据收集过程中，总是不可避免有一些不规则的异常值出现，除利用第二章所介绍的箱线图可以直观地判断样本数据的异常值外，还可以通过标准化值 z 进行判断。根据切比雪夫法则，不论数据的分布是什么形状，至少有 75% 的数据落在平均数加减 2 个标准差的范围之内，至少有 89% 的数据落在平均数加减 3 个标准差的范围之内，至少有

94%的数据落在平均数加减4个标准差的范围之内。

调用系统自带数据 sysuse auto，replace。

输入下列命令：

quietly summarize price

命令含义：对变量 price 进行统计分析，但不显示结果(quietly)。

gen z = (price －r(mean))/r(sd)

命令含义：新建变量 z，等号后即为标准分的计算公式，r(mean)和 r(sd)即调用了前一命令结果后，变量 price 的均值和方差。

输入下列命令：

list price z if z > 3

命令含义：列出 $z>3$ 的观测值，每条观测值显示变量 price 和 z，结果如图 3-11 所示，第 13 个观测值的标准分大于3，有可能是异常值，在后续分析需要特别注意。

```
. list price z if z>3

     +--------------------+
     |  price           z |
     |--------------------|
13.  | 15,906    3.302511 |
     +--------------------+
```

图 3-11　异常值观测结果

四、离散系数

方差和标准差是以均值为中心计算出来的，可以作为衡量不同数据的离散程度差异的标准，但如果均值不同，则无法用方差进行直接比较，需要将均值不可比的因素剔除。离散系数是以标准差除以均值的结果，用 CV 表示，是从相对的角度观察差异和离散程度的，在比较相关事物的差异程度时，用 CV 比用标准差效果要好得多。例如，当比较男性与女性体重的差异时，有必要通过离散系数，剔除体重均值这一不可比因素之后再进行比较，得到的结果才会更有说服力。

$$CV = \frac{s}{\bar{x}}$$

以表 3-2 的数据为例，输入下列命令：

tabstat score,stats(cv)

命令含义：统计分析变量 score 的离散系数。

结果如图 3-12 所示，变量 score 的离散系数为 0.1009876。

图 3-12　变量 score 的离散系数

```
. tabstat score,stats(cv)
```

variable	cv
score	.1009876

第三节　偏度系数与峰度系数

集中趋势和离散程度是数据分布的两个重要特征。对于正态分布，只要知道了均值和标准差，就可以确定其分布。但对于未知的分布，就要全面了解数据分布的特点，不仅要掌握数据的集中趋势和离散程度，还需要知道数据分布的形状是否对称、偏斜的程度以及分布的扁平程度等。偏度系数和峰度系数就是对分布形状的测度。

一、偏度系数

偏度系数（skewness）是指测量数据分布对称性的统计量，通常用 SK 表示，具体计算公式为

$$\mathrm{SK} = \frac{\sum_{i=1}^{n}(x_i - \bar{x})^3}{ns^3}$$

$$SK = \frac{\sum_{i=1}^{k}(x_i - \bar{x})^3 f_i}{s^3 \sum f_i}$$

它是离差三次方的平均数再除以标准差的三次方。当分布对称时，离差三次方后正负离差可以相互抵消，因而 SK 计算公式的分子等于 0，则 SK = 0；当分布不对称时，正负离差不能抵消，就形成正的或负的偏度系数。如果数据中有少数较大的值，则正负离差的三次方抵消不掉，且正值大于负值，从而 SK > 0，称这种数据分布为正偏或右偏；反之亦然。

以表 3-2 的数据为例，输入下列命令：

tabstat score,stats(skewness)

命令含义：统计分析变量 score 的偏度系数。

结果如图 3-13 所示，变量 score 的偏度系数为 -0.2663153，说明成绩呈负偏态。

```
. tabstat score,stats(skewness)
```

variable	skewness
score	-.2663153

图 3-13　变量 score 的偏度系数

二、峰度系数

峰度系数（kurtosis）是对数据分布平峰或尖峰程度的测度，或者说是测量数据分布相对于正态分布的扁平程度的统计量，通常用 K 表示。如果一组数据服从标准正态分布，则峰度系数的值等于 3，若系数的值明显不等于 3，表明该分布比正态分布更平或更尖，通常称为平峰分布或尖峰分布。

峰度系数是用离差四次方的平均数再除以标准差的四次方，其计算公式为

$$K = \frac{\sum_{i=1}^{n} (x_i - \bar{x})^4}{ns^4}$$

$$K = \frac{\sum_{i=1}^{k} (x_i - \bar{x})^4 \cdot f_i}{s^4 \sum f}$$

其中，s^4表示样本标准差的四次方，将离差的四次方除以 s^4 是为了将峰度系数转化成相对数，用以说明分布的尖峰和扁平程度，如果有少数极端数值远离均值，则 K 值会非常大。正态分布的$K=3$，如果$K>3$，称这种数据分布为尖峰分布，反之则称为平峰分布。

以表 3-2 的数据为例，输入下列命令：

tabstat score,stats(kurtosis)

命令含义：统计分析变量 score 的峰度系数。

结果如图 3-14 所示，变量 score 的峰度系数为 2.476258，说明成绩呈扁平分布。

图 3-14　变量 score 的峰度系数

```
. tabstat score,stats(kurtosis)

    variable |  kurtosis
-------------+----------
       score |  2.476258
------------------------
```

除了上述的 tabstat 命令可以分别统计变量的各个指标，还可以利用 summarize 命令，对数据变量的各个特征值做汇总分析，如表 3-7 为某班级数学期末成绩汇总：

表 3-7　某班级数学期末成绩汇总

（单位：分）

70	75	70	86	71	91	85	68	71	63	60	74
80	62	66	74	60	88	62	80	85	84	85	78
76	78	84	75	73	81	72	70	63	74	84	90
80	76	73	64	86	85	84	64	73	80	71	80

（续）

73	80	80	88	61	77	82	71	73	81	66	79
70	95	60	74	76	74	85	78	73	88	80	74
71	80	85	85	78	74	78	74	90	62	70	63
71	83	76	67	80	71	74	86	84	84	84	81
84	72	80	86	81	66	82	74	76	71	72	85
83	82	78	72	83	85	66	80	78	77	83	77

根据表 3-7 的数据，输入如下命令：

summarize score,detail

命令含义：统计分析变量 score 的详细信息。

结果如图 3-15 所示。

```
                          score
-------------------------------------------------------------
      Percentiles      Smallest
 1%         60              60
 5%         62              60
10%         65              60       Obs                 120
25%         71              61       Sum of Wgt.         120

50%         77                       Mean              76.55
                        Largest      Std. Dev.      7.730601
75%         83              90
90%         85              90       Variance       59.76218
95%         88              91       Skewness      -.2663153
99%         91              95       Kurtosis       2.476258
```

图 3-15　变量 score 的统计分析结果

其中，“Percentiles”列的数值，分别对应了各百分位数，其中包括“50%”的中位数 77，四分之一位数（25% 位数）71，四分之三位数（75% 位数）83。“Smallest”及“Largest”列的数值分别为该组数据的最小四个数值及最大四个数值。“Obs”为样本数 120，“Sum of Wgt.”为加权和（每个权数为 1），“Mean”为该组数据的均值 76.55，“Std. Dev.”为标准差 7.730601，“Variance”为方差 59.76218，“Skewness”为偏度系数 -0.2663153，“Kurtosis”为峰度系数 2.476258。

第四节　正态性检验和数据转换

在统计分析过程中，经常面对各种统计检验，通常要求被检验变量数据满足正态分布，只有在数据服从或者近似服从正态分布的时候才是有效的，否则有可能导致有限样本性质中的统计推断有误。因此在数据预处理环节，要对数据进行正态检验，如果数据不满足正态分布假设，就要对数据进行必要的转换，而在数据转换的同时还必须注意这样转换后数据的实际含义。

一、直方图图示分析

数据的正态性可以通过使用图形和统计检验来进行大致的判断。

常用的图形检验是直方图和正态分位图。绘制直方图可以利用添加正态曲线判断是否接近正态分布，这是一种非常直观的方法，可以满足大部分的需要。以表 3-7 的数据为例，输入下列命令：

histogram score ， norm addlabels

命令含义：绘制变量 score 的直方图，并添加正态曲线。

结果如图 3-16 所示，数据分布近似正态分布。

二、正态分位图分析

根据图 3-16 所示，直方图呈一定的对称性，则可以继续绘制一个正态分位图进行判断。绘制正态分位数图要先对数据进行排序，将数据从小到大排列。如果绘制的正态分位图显示该变量大致分布在图中直线上，说明基本符合正态分布。

输入下列命令：

qnorm score，grid

命令含义：绘制变量 score 的正态分位图，grid 表示在图中依次标注 5%、10%、25%、50%、75%、90%、95%百分位数的坐标刻度。

结果如图 3-17 所示，与完全正态分布相比（即图中标明的对角线），图 3-17 呈现出比较吻合的结果。

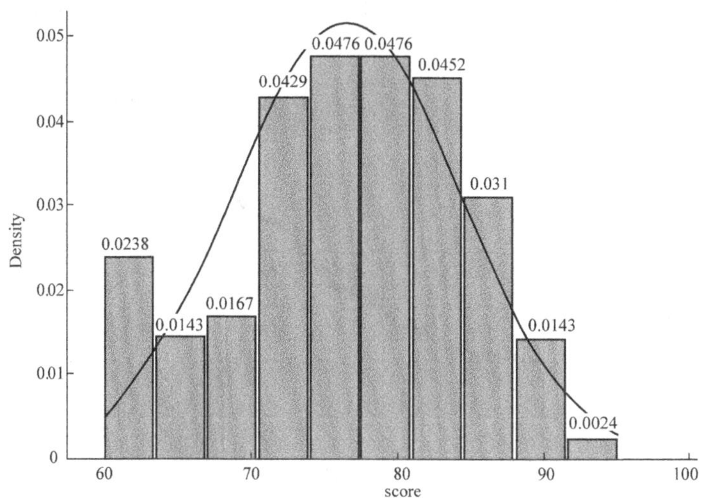

图 3-16　变量 score 的直方图

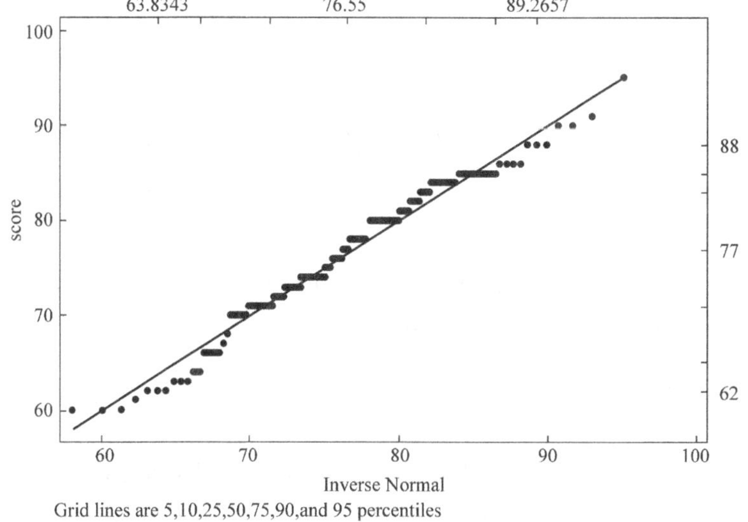

图 3-17　变量 score 的正态分位图

接下来通过调用 Stata 自带数据 gnp96 进行正态性检验，以及对不符合正态分布的变量数据进行非线性转换，尝试寻找正态分布数据。

输入下列命令：

qnorm gnp96

结果如图 3-18 所示，可以发现数据偏离完全正态分布。

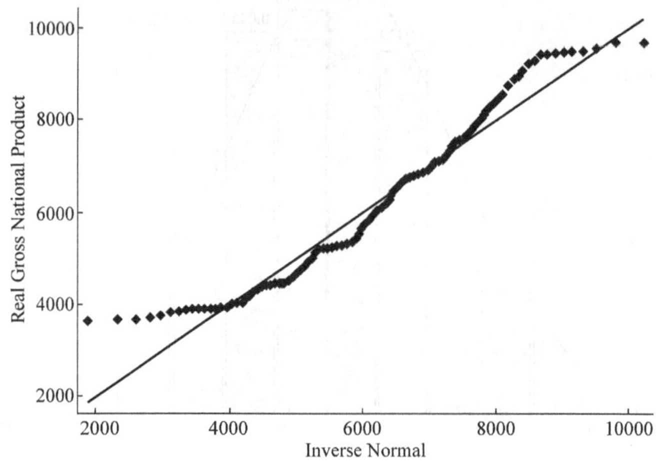

图 3-18　变量 gnp96 的正态分位图

三、正态性统计检验

正态性统计检验包括 sktest 偏度 - 峰度检验、D' Agostino检验、Shapiro - Wilk 检验等，但需要注意的是，随着样本量的增大，所有统计检验的结果都趋于拒绝原假设，即拒绝正态分布的假设。这时通过偏度系数和峰度系数判断正态性，则更为合适。

继续选用 gnp96 数据为例，进行数据正态性的统计检验，这里主要介绍 sktest 检验。

输入下列命令：

sktest gnp96

命令含义：对变量 gnp96 数据进行正态性 sktest 检验。

结果如图 3-19 所示，*P* 值较小，拒绝原假设，gnp96 表现出显著的非正态性。

```
. sktest gnp96

                   Skewness/Kurtosis tests for Normality
                                                          ——— joint ———
    Variable |  Obs  Pr(Skewness)  Pr(Kurtosis) adj chi2(2)   Prob>chi2
-------------+----------------------------------------------------------
       gnp96 |  142     0.0150        0.0060       11.49        0.0032
```

图 3-19　变量 gnp96 的 sktest 检验

四、改变数据的分布

经过检验，如果一个变量不符合正态分布，则可以对数据进行非线性的转换。常用的转换包括取平方、立方、自然对数等，然后依次进行偏度－峰度检验。幂阶梯转换及效果见表 3-8。

表 3-8　幂阶梯转换及效果

命令	转换	效果
generate y = x^2	平方	缓解严重负偏态
generate y = x^3	立方	缓解负偏态
generate y = sqrt（x）	平方根	缓解正偏态
generate y = ln（x）	自然对数	缓解正偏态
generate y = $\log_{10}$（x）	以 10 为底的对数	缓解正偏态
generate y = － sqrt（x）	平方根负倒数	缓解严重正偏态
generate y = －（x^－1）	负倒数	缓解正偏态
generate y = －（x^－2）	平方负倒数	缓解正偏态
generate y = －（x^－3）	立方负倒数	缓解正偏态

例如，对 gnp96 原始数据做非线性调整，输入下列命令：

generate sgnp96 = sqrt（gnp96）

命令含义：新建序列 sgnp96，赋值为原 gnp96 的开方。

输入下列命令：

sktest sgnp96

检验结果如图 3-20 所示，峰度系数 *P* 值 0.1291 稍大，但偏度系数和卡方检验的 *P* 值均比较小，说明变量 sgnp96

的正态性有所改善。

图3-20　变量sgnp96的sktest检验

```
. sktest sgnp96

                    Skewness/Kurtosis tests for Normality
                                                          ------- joint -------
    Variable |   Obs  Pr(Skewness)  Pr(Kurtosis)  adj chi2(2)    Prob>chi2
-------------+--------------------------------------------------------------
      sgnp96 |   142     0.1291        0.0000         15.95         0.0003
```

（一）ladder幂阶梯

可以根据表3-8所示，根据原始数据不同的偏态，选择适合的非线性调整方案。同时，Stata还提供了强大的“幂阶梯”工具，可以对数据进行表3-8里所示的9种转换。

输入下列命令：

ladder gnp96

命令含义：对表3-8所示的9种转换，依次进行偏度-峰度检验。

结果如图3-21所示，P均很小，所有转换均不能通过卡方检验，拒绝原假设，正如前文所述，数据样本量越大，越容易拒绝原假设，证明数据的非正态性。

图3-21　ladder幂阶梯

```
. ladder gnp96

Transformation       formula              chi2(2)     P(chi2)
-----------------------------------------------------------------
cubic                gnp96^3                22.68       0.000
square               gnp96^2                13.29       0.001
identity             gnp96                  11.49       0.003
square root          sqrt(gnp96)            15.95       0.000
log                  log(gnp96)             21.74       0.000
1/(square root)      1/sqrt(gnp96)          23.65       0.000
inverse              1/gnp96                20.01       0.000
1/square             1/(gnp96^2)            12.13       0.002
1/cubic              1/(gnp96^3)            14.52       0.001
```

（二）qladder 幂阶梯与 gladder 幂阶梯

除了上述方法，还可以通过正态分位图的幂阶梯命令 qladder 对数据的转换结果进行直观的比较。

输入下列命令：

qladder gnp96

命令含义：绘制九种转换的散点图。

结果如图 3-22 所示，9 种转换与正态分布线的重叠程度各有差别。

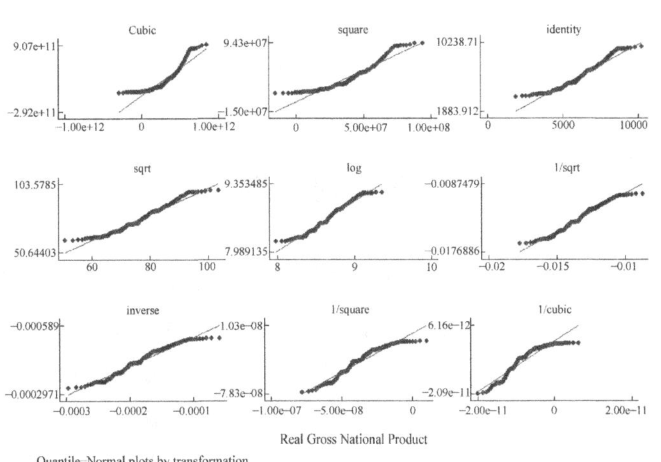

图 3-22　散点图矩阵

输入下列命令：

gladder gnp96

命令含义：绘制 9 种转换的直方图。

结果如图 3-23 所示，9 种转换的直方图对此性差异较大。

图 2-23 直方图矩阵

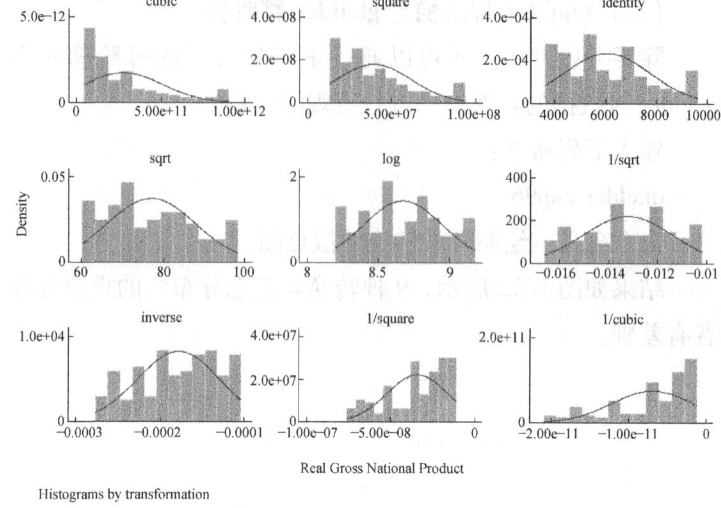

练 习 题

随着科技的进步，网络的发展日新月异，网络已经成为我们现代人生活中的一部分。相比传统的调查方式，网络问卷调查不受地域、时间或个人隐私等限制，方便快捷地实现了大数据的搜集，是一种直接有效的调查方式。如果问卷内容设计过于简单，就难以得到可靠的结果，但如果内容过于复杂，就容易使问卷参与者失去耐心，同样容易使结果不客观，因此问卷的内容适度，是保证问卷有效的重要条件。表 3-9 中的数据为某项目 500 份网络问卷的提交时间，可以根据提交时间的基本信息，对问卷的有效性进行判断。

表 3-9 某项目 500 份网络问卷的提交时间

（单位：s）

78	29	62	78	70	61	144	52	40	72
136	113	52	64	42	63	121	242	188	98
110	40	101	79	115	90	115	39	14	32
226	81	116	109	106	102	286	84	19	31
232	53	78	97	68	80	95	38	45	27
73	94	44	108	85	108	194	177	15	66

（续）

83	121	117	184	92	122	137	32	68	217
128	79	181	129	109	39	32	42	25	78
67	88	145	92	79	130	67	131	18	47
73	94	92	64	58	190	104	81	25	99
136	78	156	77	334	32	74	143	19	155
76	127	108	113	77	88	54	32	67	124
159	104	104	144	80	133	151	69	18	115
128	92	103	113	47	65	85	22	14	73
80	85	44	95	103	29	98	72	22	68
263	104	42	58	111	37	75	79	17	63
141	29	107	139	93	196	44	106	38	103
137	33	49	115	39	42	32	61	22	91
136	115	99	123	55	73	103	117	83	38
63	85	140	94	91	125	154	99	33	73
107	106	128	101	77	121	44	75	54	27
124	39	95	71	118	136	89	107	42	108
109	77	154	175	79	141	235	159	81	98
102	90	142	138	74	124	62	62	105	129
121	74	31	28	61	130	41	86	44	115
85	31	159	143	126	76	42	169	59	135
131	61	149	264	110	66	123	105	41	148
104	18808	125	88	121	104	66	84	117	71
100	82	176	33	151	75	76	30	48	122
140	44	92	144	193	94	44	122	61	120
61	39	80	34	125	77	118	67	62	85
85	41	85	36	82	84	86	77	72	92
98	107	42	35	130	105	112	84	74	69
96	176	56	82	210	115	422	73	24	76
194	74	106	27	99	78	38	68	27	137
68	46	175	31	93	32	78	138	67	62
112	51	121	28	92	33	73	155	84	32

（续）

127	85	182	34	60	83	93	68	72	29
97	109	61	174	126	100	86	92	102	38
89	54	81	81	95	105	145	48	76	31
81	100	82	113	152	113	47	18	39	68
226	104	118	93	42	104	43	68	22	63
100	130	94	85	101	99	72	138	89	103
138	137	99	120	109	340	315	67	20	67
232	110	90	105	48	136	97	48	37	99
291	84	216	44	167	122	124	95	30	39
66	114	285	328	144	31	126	95	86	227
89	112	67	165	51	117	83	91	27	73
313	114	32	120	79	118	53	92	35	46
121	64	86	98	201	87	1573	118	35	63

要求：对数据进行统计描述分析。

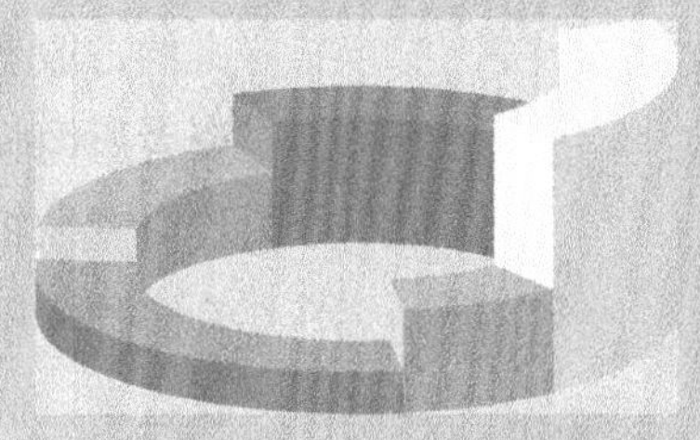

第四章

参数估计与假设检验

大量研究表明，股票收益率的方差可以作为一种股票的总风险的度量，它包括系统风险和非系统风险。系统风险是总风险的一部分，它是由影响所有股票价格的那些因素共同作用引起的。国家经济政策的变化和国家政治环境的变化都属这种因素的例子。这些因素解释了为什么全部股票的价格会随着时间一起变动。非系统风险是某种特定股票总风险的一部分，它是由特定企业的相关因素引起的，但是它一般不影响其他企业。

例如，利润下降、管理失误等都属于这种风险。尽管不同企业所面临的系统风险和非系统风险的比例是不同的，但对于纽约证券交易所的多种股票来说，这个比例基本上是确定的，系统风险大约占股票总风险的 25%，而非系统风险大约占股票总风险的 75%。例如，将研究投资多样化对投资者所面临的总投资风险中的非系统风险的影响。如果一个投资者欲将 5000 美元投资于五种不同股票中的其中一种或者多种，用符号 r_1、r_2、r_3、r_4、r_5 分别表示这些股票的月收益率，假设这些股票的月收益率是独立同分布的随机变量，且均值 $\mu=10\%$，标准差 $\sigma^2=10\%$，这个投资者只有两种选择：一是将全部 5000 美元投资于股票 1；二是对五种股票的每一种都投资 1000 美元。在第一种选择下，投资者的每月收益率是 r_1。在第二种选择下，由于对每一种股票的投入金额是相等的，则投资者的每月收益率是

$$\bar{r}=\frac{\sum_{i=1}^{5} r_i}{5}$$

如何将第一种选择和第二种选择的情形做比较，并讨论分散投资与“将所有的鸡蛋放在一个篮子里”对投资者的影响？[⊖]

第一节　抽样与抽样分布

在研究过程中，如果掌握了所研究的总体的全部数据，那么就可以得到有关总体的数量特征，如总体的均值、方差、比例等。但在多数情况下，不可能对总体中的每个单位都进行逐一测定；或者有些总体的单位数很多，不可能也没有必要进行逐一测定。这就需要从总体中抽取一部分样本进行调查，进而利用所抽取的样本信息来推断总体的数量特

⊖ 资料来源：袁卫，等．统计学［M］．4 版．北京：高等教育出版社．

征。例如，要检测某新款手机电池的使用寿命，由于测试是破坏性的，不可能对每个电池都进行测试，只能抽取其中一部分进行测试，并据此来推断该款电池的平均使用寿命；当需要了解某片森林里有多少棵树时，不可能一一清点，只能在一定范围内测算树木的密度，再对总数进行估计。这些例子表明，当总体的范围难以确定时，只能通过从中抽取一部分样本进行调查，以此来推断所研究的总体的实际状况。

一、常用的抽样方法

抽样调查是从研究对象的总体中抽取一部分个体作为样本进行调查，据此推断有关总体的数字特征，这种方法具有经济性好、实效性强、适应面广、准确性高的特点。

（一）简单随机抽样

简单随机抽样有重复抽样和不重复抽样这两种抽取样本的方法。当从总体中抽取一个样本，在记录了相关观察值后，把这个样本放回到总体中再抽取第二个样本，直至抽取 n 个样本为止，这样的抽样方法可能会使某一个样本被重复抽中，所以称为重复抽样。例如，从 54 张扑克牌中随机地抽出 1 张牌并记录其牌面花色和数字后，将这张牌插入全部牌中，洗匀后再抽出第 2 张牌。由于第一次被抽中的牌在第二次仍有同样被抽中的机会，因而是重复抽样。如果一个样本被抽中后不再放回总体，再从所剩下的总体中抽取第二个样本，直到抽出 n 个样本为止，这样的抽样方法不可能使同一个样本被重复抽中，即为不重复抽样。例如扑克牌随机抽出 1 张后，放在一边，继续在剩余的 53 张中随机抽取，任何 1 张被抽中的牌将没有机会在下一轮被再次抽中，即为不重复抽样。

（二）分层抽样

分层抽样是在抽样之前先将总体的单位划分为若干层（类），然后从各个层中抽取一定数量的单位组成一个样本，也称分类抽样。分层抽样尽量利用事先掌握的信息，并充分考虑保持样本结构和总体结构的一致性，应使层内各单位的差异尽可能小，而使层与层之间的差异尽可能大，这对提高样本的代表性是很重要的。当总体是由差异明显的几部分组成时，往往选择分层抽样的方法。例如：研究的对象为人时，可按性别、年龄等分层；研究收入的差异时，可按城镇、农村进行分层等。例如，一个学校初中部有学生 5000 人，其中初一学生 1500 人，初二学生 1700 人，初三学生 1800 人。为了了解这些学生每周锻炼时间的情况，要从中抽取一个容量为 500 的样本。由于不同年级的学生学习压力不同，每周参加锻炼的时间也存在一定差异，因此决定采用分层抽样方法进行抽取。因为样本容量与总体的个数的比为 1∶10，所以在各年级抽取的人数依次为 150 人、170 人、180 人。

（三）系统抽样

在抽样中先将总体各单位按某种顺序排列，并按某种规则确定一个随机起点，然后每隔一定的间隔抽取一个单位，直至抽取 n 个单位形成一个样本。这样的抽样方式称为系统抽样，也称等距抽样或机械抽样。等距抽样要防止周期性偏差，因为它会降低样本的代表性。例如，军队人员名单通常按班排列，10 人一班，班长排第 1 名，若抽样距离也取 10 时，则样本或全由士兵组成或全由班长组成。等距抽样的最主要优点是简便易行，且当对总体结构有一定了解时，充分利用已有信息对总体单位进行排列后再抽样，则可提高抽样效率。

（四）整群抽样

调查时先将总体划分成若干群，然后再以群作为调查单位从中抽取部分群，进而对抽中的各个群中所包含的所有个体单位进行调查或观察，这样的抽样方式称为整群抽样。进行整群抽样时，群的划分可以按自然的或行政的区域进行，例如，在抽选地区时，可以将一个地区作为一群，然后对该地区的全部单位进行调查。整群抽样的优点是实施方便、节省经费，缺点是由于不同群之间的差异往往较大，由此而引起的抽样误差往往大于简单随机抽样。

二、抽样分布

（一）参数的概念

参数是用来描述总体特征的概括性度量，例如总体均值。统计量是用来描述样本特征的概括性度量，例如样本均值。统计量是样本的函数，由于不同的样本计算出来的统计量的值是不同的，因而统计量是一个随机变量。通常总体的参数是根据样本统计量来推断的，例如用样本均值来推断总体均值等，而进行这种推断的理论依据就是样本统计量的抽样分布。

（二）样本统计量

某个样本统计量的抽样分布，从理论上说就是在重复选取样本量为 n 的样本时，由该统计量的所有可能取值形成的相对频数分布。抽样分布（sampling distribution），即指样本统计量的概率分布，例如，样本均值的分布、样本比例的分布、样本方差的分布等都称为抽样分布。由于现实中不可能将所有的样本都抽出来，因此，统计量的抽样分布实际上是一种理论分布。

（三）抽样分布与总体分布

抽样分布的形式与原有总体的分布和样本量 n 的大小有关。如果原有总体是正态分布，那么，无论样本量的大小如何，样本均值的抽样分布都服从正态分布。如果原有总体的分布是非正态分布，随着样本量的增大（通常要求 $n \geqslant 30$），样本均值的抽样分布将趋于正态分布，其分布的数学期望为总体均值 μ，方差为总体方差的 $\frac{1}{n}$。这就是统计上著名的中心极限定理（central limit theorem），即当抽取的样本数 n 充分大时（通常要求 $n \geqslant 30$），样本均值 $\bar{x}$ 的抽样分布近似于均值为 μ、方差为 $\frac{\sigma^2}{n}$ 的正态分布。同时可以证明，样本均值的数学期望（即样本均值的均值）等于总体均值，即 $E(\bar{x})=\mu$，样本均值的方差为总体方差的$\frac{1}{n}$，即 $\sigma_{\bar{x}}^2=\frac{\sigma^2}{n}$，即 $\bar{x}\sim N(\mu,\frac{\sigma^2}{n})$。

除了了解样本均值$\bar{x}$的分布特征，样本比例的抽样分布特征也是在抽样过程中经常会遇到的情形，也就是要用样本比例 p 去推断总体的比例 π。所谓比例是指总体中具有某种属性的单位数与全部单位总数之比，例如五大洲各洲人口占全球总人口的比例，或不合格产品数量占全部总产品数量的比例。同样，在重复抽样的情况下，有 $p\sim N(\pi,\frac{\pi(1-\pi)}{n})$。

第二节　参数估计的基本原理

参数估计就是根据样本数据提供的信息来推断总体的参数，例如用样本均值 $\bar{x}$ 估计总体均值 μ，用样本方差 s^2 估计总体方差 σ^2，用样本比例 p 估计总体比例 π 等。

一、估计量与估计值

在参数估计中，用来估计总体参数的统计量的名称，称为估计量（estimator），用符号$\hat{\theta}$表示，如样本的均值、比率、方差等都可以是一个估计量。用来估计总体参数时计算出来的估计量的具体数值，称为估计值（estimate）。例如，要估计某个专业学生的就业情况，从中抽取一个随机样本，该专业的全部学生就业率是不知道的，称为参数，用 θ 表示；而根据样本计算的平均就业率就是一个估计量，用$\hat{\theta}$表示，假定计算出来的样本平均就业率是 85%，这个 85% 就是估计量的具体数值，称为估计值。

二、点估计、区间估计与置信区间

用样本统计量$\hat{\theta}$的某个取值直接作为总体参数 θ 的估计值，称为参数的点估计（point estimate）。例如，利用样本均值来估计总体均值，利用样本比例来估计总体比例，以及用样本方差来估计总体方差等。点估计虽然很精确，但是可信度却不高。在重复抽样条件下，点估计的均值可能等于总体真值，由于样本是随机的，抽出一个具体的样本得到的估计值很可能不同于总体真值。例如，如果希望了解金融危机对某地区出口企业带来的影响，随机抽取若干企业进行调查，发现该地区的样本企业平均出口额降低了 20%，便推断该地区的出口企业受金融危机的影响显著，出口额均下降了 20%。这种推断是不可靠的，因为任何一个具体的样本对总体的代表性都是不完全的。

点估计的另外一个不足是估计的不确定性。因为样本是随机向量，在估计参数时，如果抽取的样本不同，则统计量的观察值也不同。例如，在上述出口企业的例子中，如果再多抽取一家企业，平均出口额的点估计必然会发生变化，这样，同一个参数就会出现多个点估计。

对点估计的局限性的改进是进行区间估计。区间估计就是根据样本数据给出一个区间，使得这个区间覆盖总体参数的概率较高。这种估计的精确性没有点估计高，但是它可以以较高的概率（如 95%）将总体参数包含在内，因此估计的可信度较高。这种覆盖参数的概率称为置信水平或置信度（confidence level），与一定的置信水平相对应的区间估计称为置信区间（confidence interval）。例如，95% 的置信区间不是指任意一次抽取的 100 个样本所得到的 100 个置信区间，就恰好有 95 个区间包含总体均值，而是指反复抽取的多个样本中包含总体参数区间的比例。这 100 个置信区间也可能都包含总体均值，也可能有更多的区间未包含总体均值。但对于一个特定的区间总是“绝对包含”或“绝对不包含”参数的真值，不存在“以多大的概率包含总体参数”的问题。置信水平则体现了在多次估计得到的区间中，大概有多少个区间包含了参数的真值，而不是针对所抽取的这个样本所构建的区间而言的。

三、区间估计

（一）总体均值

当总体服从正态分布且 σ^2 已知时，或者总体不是正态分布但为大样本（$n>30$）时，样本均值的抽样分布均为正态分布，其数学期望为总体均值 μ，方差为 $\frac{\sigma^2}{n}$。而样本均值经过标准化以后的随机变量则服从标准正态分布，即 $z=\frac{\bar{\bar{x}}-\mu}{\sigma/\sqrt{n}}\sim N(0,1)$。

根据正态分布的性质可以构造出总体均值 μ 在（$1-\alpha$）置信水平下的区间为 $\left(\bar{x}-z_{\frac{\alpha}{2}}\frac{\sigma}{\sqrt{n}},\ \bar{x}+z_{\frac{\alpha}{2}}\frac{\sigma}{\sqrt{n}}\right)$，其中 $\bar{x}-z_{\frac{\alpha}{2}}\frac{\sigma}{\sqrt{n}}$ 称为置信下限，$\bar{x}+z_{\frac{\alpha}{2}}\frac{\sigma}{\sqrt{n}}$ 称为置信上限，$1-\alpha$ 为置信水平，$z_{\frac{\alpha}{2}}\frac{\sigma}{\sqrt{n}}$ 是估计总体均值时的允许误差。

如果总体方差 σ^2 未知，在大样本条件下，总体方差 σ^2 可以用样本方差 s^2 代替，这时总体均值 μ 在（$1-\alpha$）置信水平下的置信区间是 $\left(\bar{x}-z_{\frac{\alpha}{2}}\frac{s}{\sqrt{n}},\ \bar{x}+z_{\frac{\alpha}{2}}\frac{s}{\sqrt{n}}\right)$。

1. 原始数据已知

［**例 4-1**］　某银行开发了一款新的理财产品，为了解储户的投资意愿，在该辖区 5 个营业网点采取不重复抽样方法随机抽取 45 名储户，调查他们的投资意愿（invest），得

到表 4-1 的数据。

表 4-1　投资意愿

（单位：万元）

3	5	2	8	4	10	2.5	3	3
6	9	5	2	6	2	6	4	5
7	10	1	1	5	4	4	3	1
8	6	5	4	7	5	1	5	7
6	6	5	7	1.5	4	3	9	5

输入下列命令：

ci invest

命令含义：计算变量 invest 均值的 95% 的置信区间。

结果如图 4-1 所示，储户对该理财产品的投资意愿为人均 4.8 万元，在 95% 的置信水平下，投资意愿均值的置信区间为（4.075752，5.524248）。

```
. ci invest

    Variable |        Obs        Mean    Std. Err.       [95% Conf. Interval]
-------------+---------------------------------------------------------------
      invest |         45         4.8    .3593625        4.075752    5.524248
```

图 4-1　投资意愿均值的 95% 的置信区间估计

上述命令 ci 默认置信水平为 95%，如果需要调整置信水平，可以通过增加 level 命令实现。

输入下列命令：

ci invest，level（90）

命令含义：计算变量 invest 均值的 90% 的置信区间。

结果如图 4-2 所示，储户对该理财产品的投资意愿为人均 4.8 万元，在 90% 的置信水平下，投资意愿均值的置信区间为（4.196188，5.403812），随着置信水平的下降，估计区间的范围有所缩小。

```
. ci invest,level(90)

    Variable |        Obs        Mean    Std. Err.       [90% Conf. Interval]
-------------+---------------------------------------------------------------
      invest |         45         4.8    .3593625        4.196188    5.403812
```

图 4-2　投资意愿均值 90% 的置信区间估计

2. *原始数据未知*

［**例 4-2**］　一家保险公司收集到由 60 位投保人组成的

随机样本，得到投保人样本的平均年龄为 40 岁，样本年龄的标准差为 7.5 岁。试建立投保人年龄的 90% 的置信区间。

输入下列命令：

cii 60 40 7.5，level（90）

命令含义：cii 用于原始数据未知，但已知该数据的样本均值和样本标准差的置信区间分析，60 为样本容量，40 为样本均值，7.5 为样本标准差，level（90）为置信水平。

结果如图 4-3 所示，置信水平 90% 的投保人年龄均值估计区间为（38.38197，41.61803）。

```
. cii 60 40 7.5,level(90)

    Variable |        Obs        Mean    Std. Err.       [90% Conf. Interval]
-------------+---------------------------------------------------------------
             |         60          40    .9682458        38.38197    41.61803
```

图 4-3　原始数据未知的置信区间估计

（二）样本比例的区间估计

根据样本比例的抽样分布可知，当样本量足够大时，样本比例 p 的抽样分布估计方法与正态分布的均值估计近似。p 的数学期望等于总体比例 π，p 的方差为 $\sigma_p^2=\dfrac{\pi(1-\pi)}{n}$，样本比例经标准化后的随机变量则服从标准正态分布，即

$$z=\frac{p-\pi}{\sqrt{\dfrac{\pi(1-\pi)}{n}}}\sim N(0,1)$$

与总体均值的区间估计类似，在样本比例 p 的基础上加减允许误差 $z_{\frac{\alpha}{2}}\sigma_p$，即得总体比例 π 在（$1-\alpha$）置信水平下的置信区间是（$p-z_{\frac{\alpha}{2}}\sqrt{\dfrac{p(1-p)}{n}},p+z_{\frac{\alpha}{2}}\sqrt{\dfrac{p(1-p)}{n}}$），其中 $z_{\frac{\alpha}{2}}$是标准正态分布上侧面积为$\dfrac{\alpha}{2}$时的值，$z_{\frac{\alpha}{2}}\sqrt{\dfrac{p(1-p)}{n}}$是估计总体比率时的允许误差。

［**例 4-3**］　在一项家居智能产品使用的市场调查中，随机抽取了 300 个居民户，调查他们是否使用扫地机器人进行家庭地面清洁。其中拥有该类产品的家庭占 30%。求总

体比例的置信区间，置信水平分别为90%和95%。

输入下列命令：

cii 300 90

命令含义：估计比例的95%置信区间。

结果如图4-4所示，使用扫地机器人的家庭比例的95%置信区间为（0.2486816，0.3553195）。

Variable	Obs	Mean	Std. Err.	— Binomial Exact — [95% Conf. Interval]	
	300	.3	.0264575	.2486816	.3553195

图4-4　比例的95%置信区间估计结果

输入下列命令：

cii 300 90，level（90）

命令含义：估计比例的90%的置信区间。

结果如图4-5所示，使用扫地机器人的家庭比例的90%置信区间为（0.2564336，0.346541）。

Variable	Obs	Mean	Std. Err.	— Binomial Exact — [90% Conf. Interval]	
	300	.3	.0264575	.2564336	.346541

图4-5　比例的90%的置信区间估计结果

由于比例的估计实际是分类变量的比较，因此可以构造一个取值为0、1的变量，研究对象取值为1，以例4-3的数据为例，建立一个有300个观测值的样本，前30%即前90个样本取值为1，剩余210个观测值取值为0，通过ptest的命令，完成比例区间的估计。具体操作详见本章第三节分析。

（三）两个总体均值之差的估计

设两个总体的均值分别为μ_1和μ_2，从两个总体中分别抽取容量为n_1和n_2的两个随机样本，其样本均值分别为$\bar{x}_1$和$\bar{x}_2$。估计两个总体均值之差（$\mu_1-\mu_2$）的估计量，即为两个样本的均值之差（$\bar{x}_1-\bar{x}_2$）。如果两个样本是从两个总体中独立地抽取的，即一个样本中的元素与另一个样本中的元素相互独立，则称为独立样本（independent sample）。如果两个总体都为正态分布，或两个总体不服从正态分布但两个样本都为大样本（$n_1 \geqslant 30$ 和 $n_2 \geqslant 30$）时，根据抽样分布的知识可知，两个样本均值之差（$\bar{x}_1 - \bar{x}_2$）的抽样分布服从期望值为（$\mu_1 - \mu_2$）、方差为（$\frac{\sigma_1^2}{n_1} + \frac{\sigma_2^2}{n_2}$）的正态分布。而两个样本均值之差经标准化后则服从标准正态分布，即

$$z = \frac{(\bar{x}_1 - \bar{x}_2) + (\mu_1 - \mu_2)}{\sqrt{\frac{\sigma_1^2}{n_1} + \frac{\sigma_2^2}{n_2}}} \sim N(0,1)$$

当两个总体的方差 σ_1^2 和 σ_2^2 都已知时，两个总体均值之差（$\mu_1 - \mu_2$）在（$1-\alpha$）置信水平下的置信区间是$\left((\bar{x}_1 - \bar{x}_2) - z_{\frac{\alpha}{2}}\sqrt{\frac{\sigma_1^2}{n_1} + \frac{\sigma_2^2}{n_2}},\ (\bar{x}_1 - \bar{x}_2) + z_{\frac{\alpha}{2}}\sqrt{\frac{\sigma_1^2}{n_1} + \frac{\sigma_2^2}{n_2}}\right)$。

当两个总体的方差 σ_1^2 和 σ_2^2 都未知时，可用两个样本方差 s_1^2 和 s_2^2 来代替。这时两个总体均值之差（$\mu_1 - \mu_2$）在（$1-\alpha$）置信水平下的置信区间是$((\bar{x}_1 - \bar{x}_2) - z_{\frac{\alpha}{2}}\sqrt{\frac{s_1^2}{n_1} + \frac{s_2^2}{n_2}}$, $(\bar{x}_1 - \bar{x}_2) + z_{\frac{\alpha}{2}}\sqrt{\frac{s_1^2}{n_1} + \frac{s_2^2}{n_2}})$。

1. 样本数据已知

如果样本的原始数据已知，可以利用ttest命令进行参数估计。

［例4-4］ 某百货公司为吸引顾客提供一种返券优惠。假设这家百货公司想估计一下该优惠活动的效果。一名分析员随机抽取了推出优惠活动前18天来店消费的每日顾客人数以及推出优惠活动后24天的每日顾客人数，得到数据，见表4-2。

表 4-2　顾客人数

（单位：人）

活动前 a	221	340	350	439	354	412	398	430	341
	245	278	310	290	287	307	245	271	288
活动后 b	328	279	328	398	312	190	286	445	404
	394	326	571	465	420	469	360	376	401
	377	532	417	365	370	399			

根据以上数据，以 95%、90% 的置信水平估计活动前后该百货公司平均每日顾客人数的差异。假设顾客人数服从正态分布。

输入下列命令：

ttest a = b

命令含义：估计活动前 a 与活动后 b 顾客人数的均值差异。

结果如图 4-6 所示，活动前后，到百货公司消费的顾客人数的均值存在差异，其 95% 的置信区间为（ -111.5937，6.482634）。

```
Paired t test
------------------------------------------------------------------------------
Variable |     Obs        Mean    Std. Err.   Std. Dev.   [95% Conf. Interval]
---------+--------------------------------------------------------------------
       a |      18    322.5556    15.34851    65.11819     290.173    354.9381
       b |      18    375.1111    20.37714     86.4529    332.1191    418.1031
---------+--------------------------------------------------------------------
    diff |      18   -52.55556    27.98263    118.7202   -111.5937    6.482634
------------------------------------------------------------------------------
     mean(diff) = mean(a - b)                                     t =  -1.8781
 Ho: mean(diff) = 0                              degrees of freedom =       17

 Ha: mean(diff) < 0           Ha: mean(diff) != 0           Ha: mean(diff) > 0
 Pr(T < t) = 0.0388         Pr(|T| > |t|) = 0.0776          Pr(T > t) = 0.9612
```

图 4-6　活动前后顾客人数的均值差异的 95% 的区间估计

输入下列命令：

ttest a = b，level（90）

命令含义：估计顾客人数的均值差异的 90% 的置信区间。

结果如图 4-7 所示，90% 的置信区间宽度要小于 95% 的置信区间宽度。

图 4-7　活动前后顾客人数的均值差异的 90%的置信区间

```
Paired t test

Variable |    Obs        Mean    Std. Err.   Std. Dev.   [90% Conf. Interval]
---------+-------------------------------------------------------------------
       a |     18    322.5556    15.34851    65.11819    295.8552    349.2559
       b |     18    375.1111    20.37714     86.4529    339.6629    410.5593
---------+-------------------------------------------------------------------
    diff |     18   -52.55556    27.98263    118.7202   -101.2343   -3.876784

     mean(diff) = mean(a - b)                                     t =  -1.8781
 Ho: mean(diff) = 0                              degrees of freedom =       17

 Ha: mean(diff) < 0           Ha: mean(diff) != 0           Ha: mean(diff) > 0
 Pr(T < t) = 0.0388       Pr(|T| > |t|) = 0.0776          Pr(T > t) = 0.9612
```

2. *样本数据未知*

如果样本数据未知，仅仅知道样本数据的统计值，可以通过 ttesti 命令完成参数的区间估计。

［**例 4-5**］　为研究金融行业从业人员学历对收入的影响，某研究调查了 100 名硕士研究生及以上学历的从业人员，测得其平均年收入为 28 万元，标准差为 5. 5 万元；同时选择了 100 名本科及以下学历作为对照，测得其平均年收入为 10. 5 万元，标准差为 3. 8 万元。试估计硕士研究生及以上学历的人员的平均年收入与本科及以下学历的人员相差多少，并估计两个群体的总体均值之差的 95% 置信区间。

输入下列命令：

ttesti 100 28 5. 5 100 10. 5 3. 8

命令含义：由于未知两个样本的原始数据只有样本的各统计值，因此，选用命令 ttesti 进行置信区间的估计，命令的格式按照 ttesti、第一样本观测数量、第一样本均值、第一样本标准差、第二样本观测数量、第二样本均值、第二样本标准差的顺序编辑命令。

结果如图 4-8 所示，学历导致收入差异的 95% 的置信区间为（16. 18169，18. 81831）。

四、样本容量的确定

在参数估计中，总是假定已经得到样本，然后基于样本对总体参数进行估计。但不同的样本容量会导致不同的估计

```
Two-sample t test with equal variances

------------------------------------------------------------------------------
         |     Obs        Mean    Std. Err.   Std. Dev.   [95% Conf. Interval]
---------+--------------------------------------------------------------------
       x |     100          28         .55         5.5    26.90868    29.09132
       y |     100        10.5         .38         3.8    9.745998      11.254
---------+--------------------------------------------------------------------
combined |     200       19.25    .7042015    9.958913    17.86135    20.63865
---------+--------------------------------------------------------------------
    diff |                17.5    .6685058                16.18169    18.81831
------------------------------------------------------------------------------
    diff = mean(x) - mean(y)                                      t =  26.1778
Ho: diff = 0                                     degrees of freedom =      198

    Ha: diff < 0                 Ha: diff != 0                 Ha: diff > 0
 Pr(T < t) = 1.0000         Pr(|T| > |t|) = 0.0000          Pr(T > t) = 0.0000
```

图 4-8　学历不同导致收入差异的 95% 的置信区间估计

结果，而到底应当抽取多大的样本才能保证得到的结果更为可靠，这是在搜集数据时经常面临的问题。

在区间估计中，通常在给定置信水平之后，根据给定的样本容量，确定置信区间的长度范围。置信区间的长度或者半径（即允许误差的值）衡量了区间估计的精度。显然，区间长度越小，估计的精度越高。最好的结果是置信区间既有较高的置信水平，又有较高的精度。然而在给定的样本量下，置信水平和精度呈负相关关系。在实际应用中，通常事先设定对区间估计的置信水平与精度的要求，确定最小的样本容量，然后才进入数据收集阶段。

区间估计的精确度（即允许存在的误差的大小）可以表达为置信水平和样本容量的函数，因此事先确定好区间估计的置信水平和误差大小之后，会得到一个关于样本容量的方程，求解该方程，即可求出所需的最小样本容量。

如在总体方差已知的条件下，单个总体均值 μ 的置信区间半径为

$$\Delta = z_{\frac{\alpha}{2}} \frac{\sigma}{\sqrt{n}}$$

给定样本容量，如果提高置信水平 $1-\alpha$，就会导致 $z_{\frac{\alpha}{2}}$ 增大，从而使置信区间半径 Δ 增大，置信区间的精度降低；反之亦然。要想保证区间半径 Δ 不变或减小，那么在提高置信水平 $1-\alpha$、增大 $z_{\frac{\alpha}{2}}$ 的同时，就必须增大样本容量。

（一）估计总体均值时的最小样本容量

在估计样本容量时，总体方差已知或可以根据以往研究予以确定，则单个总体均值 μ 的置信区间的误差为 $\Delta = z_{\frac{\alpha}{2}}\frac{\sigma}{\sqrt{n}}$，对于给定的 Δ 和 $z_{\frac{\alpha}{2}}$，可求得 $n = \frac{z_{\frac{\alpha}{2}}^{2}\sigma^{2}}{\Delta^{2}}$。

（二）估计总体比例时的最小样本容量

根据前文可知，总体比例的置信区间的允许误差为

$$\Delta = z_{\frac{\alpha}{2}}\sqrt{\frac{p(1-p)}{n}}$$

由于样本比例未知，因此需要通过试调查对其进行估计。同时由于 $p=0.5$ 时，$p(1-p)$ 取极大值，因此对于比例的估计可以令样本容量 $n = \frac{z_{\frac{\alpha}{2}}^{2}}{4\Delta^{2}}$。

[例 4-6]　为了了解人们在春节期间购买年货的支出，某超市的市场调查部门计划进行相关调查。希望在对总体中购买年货的平均支出进行估计时，估计的误差不要超过 20 元，并且要保证 90% 的置信水平。假定人们购买年货支出的标准差约为 80 元。则该市场调查部门至少需要抽取多少消费者进行调查？

解：已知 $\sigma^2=80^2$，$1-\alpha=0.9$，$\Delta=20$，$z_{0.05}=1.64$。

则最小样本容量为

$$n=\frac{1.64^2\times 80^2}{20^2}=43.0336$$

因此，至少需要调查 44 位消费者。

[例 4-7]　为了了解人们对知识付费的接收程度，某网络公司的研究人员准备进行一项调查，了解网络用户愿意为知识付费的比例。他们随机调查了 150 个用户，发现其中有 90 个用户愿意为知识付费，该研究人员希望对该比例估计的置信水平达到 95%，估计误差不超过 5%。至少要抽取多少个用户进行调查？

解：已知 $1-\alpha=0.95$，$\Delta=0.05$，$\hat{p}=\frac{90}{150}$，$z_{0.025}=1.96$。

则最小样本容量为：

$$n=\frac{1.96^2\times0.6\times0.4}{0.05^2}=368.7936$$

因此，至少需要调查369位用户。

第三节　假设检验

在研究过程中，人们经常会对总体参数产生某种猜测或估计，如果已知总体数据，则很容易验证这种估计是否正确，但是通常人们只能获得部分样本数据，因此需要专门的推断方法，假设检验是推断统计的另一项重要内容，它与参数估计类似，但角度不同。参数估计是利用样本信息推断未知的总体参数，而假设检验则是先对总体参数提出一个假设值，然后利用样本信息判断这一假设是否成立。要对某个“假设”做出判断，确定它是真的还是假的，作为研究者首先要提出一种自己认为是正确的看法，即假设。用统计语言来说，“假设”（hypothesis）就是对总体参数的具体数值所做的陈述，一个假设的提出总是以一定的理由为基础的，但这些理由通常又是不充分的，因而产生了“检验”的需求，也就是要进行判断。

在假设检验中，首先需要提出两种假设，即原假设和备择假设。原假设（null hypothesis）通常是研究者想收集证据予以反对的假设，也称零假设，用 H_0 表示。备择假设（alternative hypothesis）通常研究者想收集证据予以支持的假设，也称备选假设，常用 H_1 表示。备择假设通常用于支持研究者自身的看法。

一、假设检验的概述

原假设和备择假设是一个完备事件组，而且相互对立。在一项假设检验中，原假设和备择假设必有且只有一个成立。在建立假设时，通常是先确定备择假设，然后再确定原假设。因为是备择假设是研究者所关心的，是想予以支持或证实的。由于原假设和备择假设的对立性，只要确定了备择假设，原假设也就确定下来了。由于一个完备事件组里总是存在两个对立的假设，因此从数学运算上看，总会出现等号“=”范围的确定，通常会将假设中所阐述的等号部分划归于原假设。由于两个假设的内容是根据研究者的需要确定的，本质上带有一定的主观色彩，但由于不同的研究者有不同的研究目的，即使对同一问题，不同的研究者也可能提出截然相反的原假设和备择假设，这是十分正常的，并不违背关于原假设与备择假设的最初定义。假设检验的目的主要是收集证据拒绝原假设。原假设最初被假设是成立的，之后就是要根据样本数据，确定是否有足够的不符合原假设的证据以拒绝原假设。

二、假设检验的步骤

首先，建立统计假设，即设定 H_0 和 H_1。其次，构造一个合适的检验统计量，并根据样本观察值计算出检验统计量 μ 的观察值或计算出 P 值。再次，规定一个显著性水平 α 或求出临界值 μ_0，从而确定拒绝域。最后比较观察值 μ 和 μ_0，如果 μ 落入拒绝域，则拒绝原假设，否则不能拒绝原假设。或者，比较 P 值和 α，如果 $P \leqslant \alpha$，则拒绝原假设，否则不能拒绝原假设。在假设检验中，检验是双侧还是单侧，将影响 P 值的计算或临界值的求解。

以正态分布为例，在双侧检验中，μ_0 是标准正态分布的上$\frac{\alpha}{2}$分位数$z_{\frac{\alpha}{2}}$，即在双侧检验中，有两个临界值，分别是上$\frac{\alpha}{2}$分位数$z_{\frac{\alpha}{2}}$和下$\frac{\alpha}{2}$分位数$z_{1-\frac{\alpha}{2}}$。在左侧检验中，μ_0是检验统计量分布的下α分位数$z_{1-\alpha}$；在右侧检验中，μ_0是检验统计量分布的上α分位数z_α。

三、假设检验中的两类错误

假设检验的原理是"小概率事件不可能发生"，目的是要根据样本信息做出决策，但严格来讲小概率事件并非不可能发生，研究者总是希望能做出正确的决策，也就是当原假设H_0正确时没有拒绝它，即便如此，也有可能出现很极端的样本观察值，使得$P \leqslant \alpha$，根据"小概率事件不可能发生"的原理，原假设会被拒绝，但是这种推断是错误的；若是相反，也可能出现决策错误的情况。由此引出了假设检验中两类错误的概念：当原假设为真时，拒绝原假设，所犯的错误称为第Ⅰ类错误（type Ⅰ error），又称弃真错误，犯第Ⅰ类错误的概率通常记为α；当原假设为假时，没有拒绝原假设，所犯的错误称为第Ⅱ类错误（type Ⅱ error），又称取伪错误，犯第Ⅱ类错误的概率通常记为β。

理想的假设检验是两类错误都为零，但只要是随机试验，这就是不可能的。事实上，如果样本容量一定，假设检验中犯两类错误的概率呈此消彼长的关系：当α增大时，β减小；当β增大时，α减小。研究者总是希望犯两类错误的概率都尽可能小，但要使α和β同时减小的唯一办法是增加样本容量，但样本容量的增加又会受许多因素的限制，所以人们只能在两类错误的发生概率之间进行权衡，以使α与β控制在能够接受的范围内。

一般来说，发生哪一类错误的后果更为严重，就应该首先控制哪类错误发生的概率，但由于犯第Ⅰ类错误的概率可以精确地计算出来，而备择假设则不明确，因此在假设检验中，人们往往先控制第Ⅰ类错误的发生概率，发生第Ⅰ类错误的概率也常被用于检验结论的可靠性度量。假设检验中犯的第Ⅰ类错误的概率称为显著性水平（level of significance），记为 α。显著性水平是指当原假设实际上是正确的时，检验统计量落在拒绝域的概率。它是人们事先指定的犯第Ⅰ类错误概率的最大允许值。显著性水平 α 越小，犯第Ⅰ类错误的可能性自然就越小，但犯第Ⅱ类错误的可能则随之增大。因为第Ⅰ类错误出现的概率可以计算出来，第Ⅱ类错误出现的概率却较难处理，它依赖于一个明确的备择假设，因此在假设检验中首先控制第Ⅰ类错误，然后寻求一个相对于所有的备择假设具有最小第Ⅱ类错误概率的检验。

四、统计量的假设检验方法

当研究一个总体时，要检验的参数主要是总体均值 μ、总体比例 π 和总体方差 σ^2。本节主要介绍在大样本条件下各参数的假设检验方法。

（一）总体均值的检验

确定适当的检验统计量是假设检验的重要步骤。根据抽样分布的理论，在大样本条件下，样本均值$\bar{x}$的抽样分布近似服从正态分布，其抽样标准差为$\frac{\sigma}{\sqrt{n}}$。样本均值$\bar{x}$经过标准化后，即可得到检验统计量。可以证明，样本均值经标准化后服从标准正态分布，因而采用正态分布的检验统计量。设假设的总体均值为 μ_0，当总体方差 σ^2 已知时，总体均值检验统计量为

$$z=\frac{\bar{x}-\mu_0}{\sigma/\sqrt{n}}$$

当总体方差 σ^2 未知时，可以用样本方差 s^2 来代替总体方差，此时总体均值检验统计量为

$$t = \frac{\overline{X} - \mu_0}{S/\sqrt{n}}$$

其中，$t \sim t(n-1)$。

1. 单个样本均值的检验

[例 4-8] 某项调查表明适当减少家用轿车的使用次数有利于优化城市空气环境的质量，如果每个家庭的轿车的月使用天数控制在 12 天以内，将会大大减少尾气的排放，提高城市空气的质量。为研究该结论是否可靠，随机调查了 24 名私家轿车车主，询问其家用轿车的月均使用次数，数据见表 4-3。

（单位：天）

表 4-3 私家轿车月使用天数

10	11	8	13	30	14	28	17	18	18	12	26
4	18	6	22	9	8	22	2	24	26	23	22

根据上述数据，能够认为该地区的轿车使用是趋向有利于城市环境的优化吗？假定私家车使用的次数服从正态分布。

输入下列命令：

ttest day = 12

命令含义：检验变量 day 均值是否为 12。

结果如图 4-9 所示，当原假设为 day ≥ 12 时，P 值为 0.9994，无法拒绝原假设，说明该地区的轿车月使用平均天数显著超过 12 天，并非趋向于城市环境的优化。

```
. ttest day=12

One-sample t test
------------------------------------------------------------------------------
Variable |     Obs        Mean    Std. Err.   Std. Dev.   [95% Conf. Interval]
---------+--------------------------------------------------------------------
     day |      24    16.29167    1.636848    8.018886    12.90559    19.67775
------------------------------------------------------------------------------
    mean = mean(day)                                              t =   2.6219
Ho: mean = 12                                    degrees of freedom =       23

    Ha: mean < 12               Ha: mean != 12                 Ha: mean > 12
 Pr(T < t) = 0.9994         Pr(|T| > |t|) = 0.0152          Pr(T > t) = 0.0076
```

图 4-9 私家轿车月使用天数均值的假设检验

2. 两个匹配样本均值比较

［例 4-9］ 表 4-4 为 2017 年世界部分国家和地区乘用车和商用车的产量，比较乘用车与商用车产量均值的差异。

（单位：辆）

表 4-4 2017 年世界部分国家和地区乘用车和商用车的产量

国家和地区	乘用车 private	商用车 public	国家和地区	乘用车 private	商用车 public
阿根廷	203700	268458	墨西哥	1900029	2168386
澳大利亚	88195	10437	荷兰	155000	2280
奥地利	81000	18880	波兰	514700	175029
比利时	336000	43140	葡萄牙	126426	49118
巴西	2269468	430204	罗马尼亚	359240	10
加拿大	749458	1450331	俄罗斯	1348029	203264
中国	24806687	4208747	塞尔维亚	79360	552
捷克	1413881	6112	斯洛伐克	1001520	0
埃及	9970	26670	斯洛文尼亚	189852	0
芬兰	91598	0	南非	321358	268593
法国	1748000	479000	韩国	3735399	379514
德国	5645581	0	西班牙	2291492	556843
匈牙利	502000	3400	瑞典	226000	0
印度	3952550	830346	中国台湾	230356	61207
印度尼西亚	982356	234259	泰国	818440	1170383
伊朗	1418550	96846	土耳其	1142906	552825
意大利	742642	399568	乌克兰	7296	2246
日本	8347836	1345910	英国	1671166	78219
马来西亚	424880	35260	美国	3033216	8156769
摩洛哥	341802	34484	乌兹别克斯坦	140247	0

注：数据来源于智研咨询集团，《2018～2024 年中国汽车行业分析与投资决策咨询报告》。

输入下列命令：

```
ttest private = public
```

命令含义：乘用车与商用车的产量相当。

结果如图 4-10 所示，当原假设为两类车型产量均值之差为 0 时，P 值为 0.0347，在显著性水平为 0.05 时，拒绝原假设，说明两类车型的产量有明显的差异。

```
. ttest private = public

Paired t test
------------------------------------------------------------------------------
Variable |     Obs        Mean    Std. Err.   Std. Dev.   [95% Conf. Interval]
---------+--------------------------------------------------------------------
 private |      40     1836205    646993.4     4091946    527536.9     3144872
  public |      40    593682.3    229905.6     1454051    128654.2     1058710
---------+--------------------------------------------------------------------
    diff |      40     1242522    571770.4     3616193     86007.7     2399037
------------------------------------------------------------------------------
     mean(diff) = mean(private - public)                          t =   2.1731
 Ho: mean(diff) = 0                              degrees of freedom =       39

 Ha: mean(diff) < 0           Ha: mean(diff) != 0           Ha: mean(diff) > 0
 Pr(T < t) = 0.9820         Pr(|T| > |t|) = 0.0359          Pr(T > t) = 0.0180
```

图 4-10　两个样本均值之差的假设检验

3. 两个独立样本均值的比较

根据例 4-9 的结果可以进行两个样本均值的比较，但需要说明的是，上述分析在 ttest 命令之后没有任何的子命令，对 Stata 分析而言，相当于默认两个样本所代表的总体完全一致，是不独立的样本，而且数据的顺序不能调换，而这一分析并不适用于来自两个不同总体的独立样本，因此，必须附加一定的子命令。

假如两个样本来自不同的总体，如表 4-5 的数据显示，2015 年养老保险基金收入城镇和城乡可以看成来自两个不同的总体，因为任何一个参保者不可以同时参与城镇养老和城乡养老。

表 4-5　2015 养老保险基金收入

（单位：万元）

地区	城镇	城乡	地区	城镇	城乡
北　京	1601.2	37.3	湖　北	1132.4	103.6
天　津	594.3	46.5	湖　南	910.1	136.4
河　北	1073.9	140.3	广　东	2563.6	206.7
山　西	688.6	67.9	广　西	479.1	87.6
内蒙古	567.6	41.4	海　南	168.0	21.8
辽　宁	1630.2	63.1	重　庆	758.1	53.8
吉　林	569.2	29.6	四　川	1680.6	192.0
黑龙江	1030.7	30.8	贵　州	315.4	62.2

（续）

地区	城镇	城乡	地区	城镇	城乡
上 海	2226.1	48.1	云 南	406.5	83.5
江 苏	2153.9	274.8	西 藏	28.2	6.5
浙 江	1958.5	148.3	陕 西	604.9	91.7
安 徽	765.9	139.6	甘 肃	312.2	54.3
福 建	519.9	73.8	青 海	103.3	12.8
江 西	605.6	69.3	宁 夏	143.9	10.0
山 东	2105.6	289.6	新 疆	607.0	26.7
河 南	1027.1	204.7			

注：数据来源于《中国统计年鉴 2016》。

输入下列命令：

ttest 城镇 = 城乡，unpaired

命令含义：比较城镇和城乡养老基金收入的差异，unpaired 表示在假设检验的过程中，两个样本的观测值不需要对应。

结果如图 4-11 所示，城镇和城乡养老基金收入存在差异，城镇养老基金收入要显著高于城乡的养老基金收入。

图 4-11 城镇和城乡养老基金收入的差异分析结果 1

```
Two-sample t test with equal variances
------------------------------------------------------------------------------
Variable |     Obs        Mean    Std. Err.   Std. Dev.   [95% Conf. Interval]
---------+--------------------------------------------------------------------
    城镇 |      31    946.1806    126.0161     701.628    688.8214     1203.54
    城乡 |      31     92.0871    13.56006    75.49922    64.39376    119.7804
---------+--------------------------------------------------------------------
combined |      62    519.1339    83.30548     655.948    352.5543    685.7135
---------+--------------------------------------------------------------------
    diff |            854.0935    126.7436                600.5686    1107.618
------------------------------------------------------------------------------
    diff = mean(城镇) - mean(城乡)                                t =   6.7388
Ho: diff = 0                                     degrees of freedom =       60

    Ha: diff < 0                 Ha: diff != 0                 Ha: diff > 0
 Pr(T < t) = 1.0000         Pr(|T| > |t|) = 0.0000          Pr(T > t) = 0.0000
```

图 4-11 显示的检验过程是假定两个样本代表的总体之间存在相同的方差，如果这两个总体的方差并不相同，则要

对命令进行修改，

输入下列命令：

ttest 城镇 = 城乡，unpaired unequal

命令含义：比较城镇和城乡养老基金收入的差异，unequal 表示两个样本代表的总体的方差不相同。

结果如图 4-12 所示，城镇和城乡养老基金收入存在差异，城镇养老基金收入要显著高于城乡的养老基金收入。

Two-sample t test with unequal variances

Variable	Obs	Mean	Std. Err.	Std. Dev.	[95% Conf.	Interval]
城镇	31	946.1806	126.0161	701.628	688.8214	1203.54
城乡	31	92.0871	13.56006	75.49922	64.39376	119.7804
combined	62	519.1339	83.30548	655.948	352.5543	685.7135
diff		854.0935	126.7436		595.4941	1112.693

```
    diff = mean(城镇) - mean(城乡)                              t =   6.7388
Ho: diff = 0                    Satterthwaite's degrees of freedom =  30.6946

    Ha: diff < 0                 Ha: diff != 0                 Ha: diff > 0
 Pr(T < t) = 1.0000         Pr(|T| > |t|) = 0.0000          Pr(T > t) = 0.0000
```

图 4-12　城镇和城乡养老基金收入的差异分析结果 2

（二）总体比例的检验

总体比例是指总体中具有某种相同特征的个体所占的比例，这些特征可以是数值型的（如一定的重量、一定的厚度或一定规格等），也可以是品质型的（如男女性别、学历层次、职称高低等）。通常用 π 表示总体比例，π_0 表示对总体比例的某一假设值，p 表示样本比例。总体比例的检验与总体均值的检验基本上是相同的，区别只在于参数和检验统计量的形式不同。总体比例检验的三种基本形式为：双侧检验、左侧检验、右侧检验。在构造检验统计量时，可以利用样本比例 p 与总体比例 π 之间的距离等于多少个标准差来衡量，（因为在大样本情形下统计量 p 近似服从正态分布，而统计量 z 则近似服从标准正态分布。）下列公式就是总体比例检验的统计量：

$$z = \frac{p - \pi_0}{\sqrt{\frac{\pi_0(1 - \pi_0)}{n}}}$$

1. 单样本比例

[例 4-10] 某公司准备为方便员工上下班出行，提供早晚班车接送服务，为此调查了部分员工的意愿。其中 1 代表被调查员工希望公司能提供接送班车，以避开公共交通的拥堵，0 代表仍选择原有出行方式上下班的员工意愿。调查结果见表 4-6，以此检验希望公司提供接送服务的员工比例 var2。

表 4-6 出行方式意愿

0	0	0	1	0	1	0	1	0
1	0	0	1	1	0	1	0	1
1	0	0	1	1	0	1	0	0

输入下列命令：

prtest var2 =0.5

命令含义：假设检验变量 var2 的比例为 0.5，默认显著性水平为 0.05。

结果如图 4-13 所示，根据 P 值判断，无法拒绝比例为 0.5% 的原假设，希望公司提供班车接送的员工所占比例大概为 0.5。

```
. prtest var2=0.5

One-sample test of proportion          var2: Number of obs =        27

    Variable |       Mean   Std. Err.                [95% Conf. Interval]
-------------+------------------------------------------------------------
        var2 |   .4444444   .0956292                 .2570146    .6318743

    p = proportion(var2)                                      z =  -0.5774
Ho: p = 0.5

     Ha: p < 0.5                 Ha: p != 0.5                 Ha: p > 0.5
 Pr(Z < z) = 0.2819         Pr(|Z| > |z|) = 0.5637          Pr(Z > z) = 0.7181
```

图 4-13 单个样本比例均值的分析结果

2. 两个样本比例比较的假设检验

[**例 4-11**]　为了了解不同行业对手机操作系统的选择意向的影响，某研究者在某地区以 A 行业和 B 行业为调查对象，分别随机抽取了 300 名手机用户进行调查，A 行业 300 名受访者中有 87 名用户表示习惯使用 IOS 手机系统，B 行业的 300 名受访者中有 123 名表示习惯使用 IOS 手机系统。以 90% 的置信水平估计这两个行业的手机用户在手机系统选择中的比例的差异。

输入下列命令：

prtesti 300 0. 29 300 0. 41，level（90）

命令含义：由于未知原始数据，因此选用 prtesti 命令，类似之前的 cii 和 ttesti 命令，按照一定的顺序格式，在 prtesti 命令后添加两个样本的相关统计值进行分析。

结果如图 4-14 所示，相对于 B 行业的手机用户，A 行业使用 IOS 手机系统的用户比例要小得多，A、B 行业的手机用户在手机系统的选择上，比例存在显著差异。除此之外，仍可以构造两个符合题目的 0、1 变量数据，通过 prtest var = var2 这一命令实现检验，读者可以自行操作。

```
Two-sample test of proportions                  x: Number of obs =       300
                                                y: Number of obs =       300

    Variable |       Mean   Std. Err.      z    P>|z|     [90% Conf. Interval]
-------------+-----------------------------------------------------------------
           x |        .29    .026198                       .2469082    .3330918
           y |        .41    .028396                       .3632927    .4567073
-------------+-----------------------------------------------------------------
        diff |       -.12    .038635                       -.183549    -.056451
             |  under Ho:   .0389444    -3.08   0.002
-------------------------------------------------------------------------------
        diff = prop(x) - prop(y)                                  z =  -3.0813
    Ho: diff = 0

    Ha: diff < 0                 Ha: diff != 0                 Ha: diff > 0
 Pr(Z < z) = 0.0010         Pr(|Z| < |z|) = 0.0021          Pr(Z > z) = 0.9990
```

图 4-14　两个样本比例均值的分析结果

（三）总体方差的检验

对于经济生活多个研究领域而言，方差的大小是否适度是影响最终决策的一个重要因素。方差大则意味着不稳定。因此，总体方差 σ^2 的检验也是假设检验的重要内容之一。

总体方差的检验，不论样本量 n 是大还是小，都要求总体服从正态分布，这是由检验统计量的抽样分布决定的。

用 σ_0^2 表示总体方差的某一取值，单个总体方差检验的统计量为

$$\chi^2 = \frac{(n-1)s^2}{\sigma_0^2}$$

在研究过程中，除了对单个样本的方差进行分析，还经常要对两个总体的方差进行比较。在比较两个总体方差时，通常是对其比值 σ_1^2/σ_2^2 进行推断，检验统计量为

$$F = \frac{s_1^2}{s_2^2}$$

［**例 4-12**］　表 4-7 为某两只基金连续 21 日的收益率比较，利用该数据分析收益差异。

表 4-7　某两只基金连续 21 日的收益率比较

序号	a 基金收益率	b 基金收益率	序号	a 基金收益率	b 基金收益率	序号	a 基金收益率	b 基金收益率
1	0.7032	0.8188	8	0.7147	0.8122	15	0.6675	0.7585
2	0.739	0.8572	9	0.695	0.7998	16	0.6462	0.7511
3	0.7904	0.8065	10	0.7004	0.8316	17	0.6203	0.7526
4	0.7399	0.8035	11	0.7055	0.7759	18	0.7601	0.7553
5	0.7575	0.8016	12	0.7056	0.7759	19	0.6343	0.7548
6	0.7575	0.8016	13	0.7056	0.7716	20	0.6343	0.7548
7	0.7447	0.9722	14	0.6893	0.9012	21	0.7138	0.8329

数据来源：东方财富网

输入下列命令：

```
sdtest a =1
```

命令含义：检验 a 基金的收益率方差是否等于 1。

结果如图 4-15 所示，a 基金的方差显著小于 1。

```
One-sample test of variance

Variable |   Obs        Mean    Std. Err.   Std. Dev.   [95% Conf. Interval]
---------+------------------------------------------------------------------
       a |    21    .7059429    .0100417     .046017    .6849962    .7268895
----------------------------------------------------------------------------
    sd = sd(a)                                            c = chi2 =   0.0424
Ho: sd = 1                                      degrees of freedom =       20

    Ha: sd < 1               Ha: sd != 1                 Ha: sd > 1
 Pr(C < c) = 0.0000      2*Pr(C < c) = 0.0000       Pr(C > c) = 1.0000
```

图 4-15　变量 a 的方差检验

输入下列命令：

sdtest a = =b

命令含义：检验 a 基金的收益率方差与 b 基金的收益方差之比是否等于 1。

结果如图 4-16 所示，方差之比为 1 这一结果显著。

```
Variance ratio test

Variable |   Obs        Mean    Std. Err.   Std. Dev.   [95% Conf. Interval]
---------+------------------------------------------------------------------
       a |    21    .7059429    .0100417     .046017    .6849962    .7268895
       b |    21    .8042667    .0119363    .0546989     .779368    .8291653
---------+------------------------------------------------------------------
combined |    42    .7551048    .0108762    .0704861    .7331397    .7770698
----------------------------------------------------------------------------
    ratio = sd(a) / sd(b)                                        f =   0.7077
Ho: ratio = 1                                   degrees of freedom =   20, 20

    Ha: ratio < 1            Ha: ratio != 1              Ha: ratio > 1
  Pr(F < f) = 0.2232      2*Pr(F < f) = 0.4464       Pr(F > f) = 0.7768
```

图 4-16　两个总体方差之比的检验

练　习　题

平均工资是指企业、事业、机关单位的职工在一定时期内平均每人所得的货币工资额。它表明一定时期职工工资收入的高低程度，是反映职工工资水平的主要指标。近年来金融业发展迅速，其工资水平均高于其他行业，但不同地区金融业的平均工资也存在较大差异。表 4-8 为 2017 分地区城镇金融业平均工资。

表 4-8　2017 分地区城镇金融业平均工资
（单位：元）

地区	非私营	私营	地区	非私营	私营
北　京	253637	144952	河　南	103314	33822
天　津	113813	81116	湖　北	101551	43882
河　北	77845	41474	湖　南	99320	47718
山　西	80556	49239	广　东	149936	40073
内蒙古	81065	40349	广　西	96818	46606
辽　宁	85433	37401	海　南	117551	39648
吉　林	87154	39893	重　庆	123836	68140
黑龙江	66790	36555	四　川	91529	41641
上　海	247568	70293	贵　州	141959	59475
江　苏	126541	46822	云　南	130774	34131
浙　江	132411	74933	陕　西	86024	41769
安　徽	79039	38269	甘　肃	63050	39157
福　建	109757	56615	青　海	98911	28776
江　西	84304	39779	宁　夏	85861	38284
山　东	94704	56013	新　疆	95374	46858

注：数据来源于《中国统计年鉴 2018》。

要求：（1）根据数据分析 2017 年各地非私营金融业平均工资的 95% 的置信区间。

（2）检验非私营与私营金融业的平均工资水平是否一致。

第五章

变量间统计关联性分析

广告是营销的重要手段，广告媒体作为广告的介质，呈现多元化发展的趋势，形形色色的媒体层出不穷，电视、电台、报纸、网络、杂志、户外灯箱、车身、直邮（DM）等从生活的各个层面包围着人们的生活。同时媒体的数量也在呈几何增长，一个地方电视台可以由一个频道扩充为十几个频道，一份报刊可由月刊改为周刊、版面由8版变为16版、24版、36版……而充斥在每个角落里的都是广告。媒体在有效细分受众群的同时也分散了消费者的注意力，从而降低了受众群对广告的接触力，影响了广告的投放效果。表5-1是某品牌茶叶两种包装通过不同类型的媒体投放不同广告方案的销售量统计。

表 5-1 销售量统计

（单位：万元）

广告方案	广告媒体			
	电视	报纸	杂志	互联网
A	5000	3100	3000	6500
	4200	3500	3200	5800
B	3100	3900	2800	3800
	4500	2800	3200	2700
C	3500	2800	3200	2600
	3200	1900	2800	2000

如果用假设检验的办法比较四种媒体的报纸发行量是否有显著差异，则至少需要进行六次两两比较，并且不包括不同广告方案与不同的包装差异。这样做不仅烦琐，而且容易造成检验所犯的累计错误的概率增大，因此，使用非参数方法，可以有效地解决这一问题。

第一节 变量间的统计关联性

在统计推断的相关章节，主要介绍了如何对某个变量的特征进行统计描述，如何对某个变量的总体特征进行估计和检验。在现实中，人们常常对不同变量之间的关系感兴趣。例如，政府希望了解增加更多的高校科研投入，是否能进一步提高科研成果向实际应用的转换效率；企业希望了解增加明星广告的投入是否会带来更多的利润；家长希望了解某网校教育能否提高孩子的各学科成绩水平。这都可以归结为一个变量是否会随着另一个变量的变动而变动的问题，即变量间的关联性问题。变量间的关系分为两种。一种是确定性的关系，如我们熟悉的各种数学物理公式，包括面积和体积的计算、速度和热量的计算等，只要给定一定的条件，结果就唯一地确定下来，没有任何随机性，这就是确定性的关系。另一种是统计关联关系。如果两个变量具有统计关联性，则一个变量变动时，另一个变量随之变动，但变动的幅度不确定。例如，虽然受教育年份与收入之间存在一定的关系，但对于不同学科不同类别的学校而言，科研成果向实际应用转换的效率并不一样，结果也会有所差异。由于不确定的统计关系包含随机性，寻找它们之间内在的联系，就属于统计学的研究目的。

一、变量间的统计关系

在研究变量之间的关联关系时，通常将两个变量置于不同的地位，其中一个视为主动发生变动的变量，称为自变量；另一个变量则视为被动的、受自变量影响的变量，称为因变量。有些情况下，自变量和因变量的设定是比较明确的。例如，分析电话时长和话费的关系时，显然电话时长是自变量，而话费是因变量。但在很多情况下，自变量和因变量是根据研究的需要确定的。例如，在科研投入与成果转化上，如果想了解增加科研投入对成果转化效率的提高的影响，成果转化效率就是因变量；如果希望了解成果转化效率的提高对获得更多的投入有什么样的影响，则成果转化效率就是自变量。

二、关联关系分析方法

统计关联分析主要有两项任务：一是推断两个变量是否存在统计关联性，二是分析统计关联性。由于不同测量尺度的变量所适用的方法不同，因此在推断是否存在统计关联性时，针对自变量和因变量的不同类型，形成了相应的关联分析方法，见表5-2。

表5-2　分析变量间关系的方法

因变量 / 自变量	分类变量	数值变量
分类变量	列联分析	广义线性模型
数值变量	方差分析	相关分析与回归分析

第二节 列联分析

列联分析主要用于对分类变量进行描述和分析，不仅可以生动地展示分类变量，更重要的是可以利用统计的手段对分类变量之间的相关性进行假设检验和度量。

一、列联表的基本格式

列联表是由两个以上的变量进行交叉分类的频数分布表。列联分析是根据样本数据来推断总体中两个定类变量相互关系的一种统计方法。由于列联表中的每个变量都可以有两个或两个以上的类别，所以列联表会有多种形式，一般的形式见表 5-3。

表 5-3 列联表的一般形式

列变量 / 行变量	1	2	…	r	合计
1	n_{11}	n_{12}	…	n_{1r}	$N_{1.}$
2	n_{21}	n_{22}	…	n_{2r}	$N_{2.}$
⋮	⋮	⋮	⋮	⋮	⋮
k	n_{k1}	n_{k2}	…	n_{kr}	$N_{k.}$
合计	$N_{.1}$	$N_{.2}$	…	$N_{.r}$	N

二、列联分析的主要内容

列联分析主要包括列联表分析、卡方检验和关联度测量三个方面，是分别从不同的途径来分析列联表中两个定类变量之间的相关关系。列联分析是用于研究分类变量之间相互关系的主要方法。当数值变量经过了离散化处理，列联分析也可用来测定分类变量与数值变量之间的依存关系。

列联表为多变量频数分布表。涉及两个变量的列联表称为二维频数分布表，涉及三个变量的列联表称为三维频数分布表，以此类推。在实际的研究分析过程中，列联表的维数不宜太高，以二维最佳。

在实际应用中，构造列联表时需要注意如下两个问题：①如果确定了两个变量的自变量和因变量的地位，则构造列联表时，一般将自变量放在列的方向，将因变量放在行的方向；②如果变量是定序变量，可以排列大小，则自变量从左到右的各个类别按从小到大排列，因变量从上到下的各个类别按从小到大排列。

三、百分比化列联表

根据列联表的数据可以进行描述性分析，分析的方法是对列联表进行百分比化。首先在自变量的各个类别内分别计算因变量的频数分布，即在某一列内，计算该列各单元格频数占列合计的百分比。百分比化列联表可用来对变量间的关系进行直观判断，在自变量的各个类别内分别计算因变量的频数分布，实质上是在计算给定自变量下因变量的条件分布；而通过计算行合计占总频数的百分比，可以得到因变量的无条件分布。通过比较，就可以直观地判断两个变量是否有关。为了便于还原原始频数的信息，应当将自变量每一类别的频数，即列边际频数，放在百分比化列联表各列的最后一行。

四、Stata 案例分析

表 5-4 为 2017 年中国同部分国家和地区海关货物进出口总额的部分数据，根据该表数据，编制列联表及百分比化列联表。

表 5-4　2017 年中国同各国家和地区海关货物进出口总额（部分）

单位：万元

国家（地区）	进出口总额（万元）	大洲
中国	89583650	亚洲
阿富汗	369021	
巴林	696664	
孟加拉国	10880442	
不丹	4362	
文莱	669741	
……	……	⋮
阿尔及利亚	4920782	非洲
安哥拉	15572473	
贝宁	1368394	
博茨瓦那	180572	
布隆迪	35325	
喀麦隆	1283093	
……	……	⋮
比利时	15770874	欧洲
丹麦	7257589	
英国	53542276	
德国	113620028	
法国	36841618	
爱尔兰	7475292	
……	……	⋮
安提瓜和巴布达	30443	拉丁美洲
阿根廷	9349589	
阿鲁巴岛	16457	
巴哈马	204058	
巴巴多斯	89458	
伯利兹	59395	
……	……	⋮
澳大利亚	92465575	大洋洲和太平洋岛国
库克群岛	8930	

（续）

国家（地区）	进出口总额（万元）	大洲
斐济	259129	大洋洲和太平洋岛国
盖比群岛	20	
瑙鲁	476	
新喀里多尼亚	596848	
……	……	⋮

注：资料来源于《2018 中国统计年鉴》。

（一）二维频数分析

列联分析主要是分类变量之间的关联性分析，因此，先按照大洲分布分析进出口额总量，变量 place 表示国家和地区，total 表示进出口总额，continent 表示大洲。

输入下列命令：

sort total

gen iae = group（5）

命令含义：变量 total 按大小顺序排序，同时新建分类定序变量 iae，按 total 大小分为 5 个等级。

输入下列命令：

table continent iae

命令含义：创建变量 continent 和 iae 的二维列联表。

结果如图 5-1 所示，变量 continent 默认为行变量，iae

. table continent iae

continent	iae 1	2	3	4	5
AF	9	17	18	14	3
AS	2	4	7	12	24
EU	6	8	11	13	12
NA	1	2			2
OP	12	4	2	2	2
SA	18	12	10	6	5

图 5-1　变量 continent 与 iae 的二维列联表（1）

默认为列变量，二维列联表显示了各洲进出口总额 5 个等级的地区频数。

（二）含统计的二维频数分布分析

输入下列命令：

tabulate continent iae

命令含义：以二维列联表分析统计变量 continent 和变量 iae 的频数分布。

结果如图 5-2 所示，除了与图 5-1 重复的部分外，在最右侧新增了一列行统计值，最下方新增一行列统计值。

图 5-2 变量 continent 与 iae 的二维列联表（2）

. tabulate continent iae

continent	iae 1	2	3	4	5	Total
AF	9	17	18	14	3	61
AS	2	4	7	12	24	49
EU	6	8	11	13	12	50
NA	1	2	0	0	2	5
OP	12	4	2	2	2	22
SA	18	12	10	6	5	51
Total	48	47	48	47	48	238

（三）百分比化列联分析

有时需要对各分类变量的百分比进行比较，可以对上述命令进行补充。

输入下列命令：

tabulate continent iae，column

命令含义：以二维列联表分析统计变量 continent 和变量 iae 的频数分布，同时按列变量占比计算各频数百分比。

结果如图 5-3 所示，在频数的下方，增加了每个频数的列百分比（将 column 改为 row 则结果将显示为按行变量计算频数百分比）。

```
. tabulate continent iae,column

Key: frequency / column percentage
```

continent	iae 1	2	3	4	5	Total
AF	9 18.75	17 36.17	18 37.50	14 29.79	3 6.25	61 25.63
AS	2 4.17	4 8.51	7 14.58	12 25.53	24 50.00	49 20.59
EU	6 12.50	8 17.02	11 22.92	13 27.66	12 25.00	50 21.01
NA	1 2.08	2 4.26	0 0.00	0 0.00	2 4.17	5 2.10
OP	12 25.00	4 8.51	2 4.17	2 4.26	2 4.17	22 9.24
SA	18 37.50	12 25.53	10 20.83	6 12.77	5 10.42	51 21.43
Total	48 100.00	47 100.00	48 100.00	47 100.00	48 100.00	238 100.00

图5-3　二维列联表分析统计变量continent和变量iae的频数分布及列百分比

五、卡方检验

通过列联表只能对变量之间的相关性给出大致的判断，变量之间相关性的准确把握还需要进行更深入的列联表分析，简称为列联分析。在对两变量进行列联表分析时，首先要检验它们的独立性，或总体中的变量是否存在显著的关联性，常用的检验统计量有卡方统计量（pearson chi - square），因此常常使用卡方检验。

（一）卡方检验的一般步骤

卡方检验的一般步骤，具体如下：

（1）设立统计假设。

H_0：在总体的两个变量之间不存在任何关系。

H_1：在总体的两个变量之间存在统计关联关系。

（2）给出检验统计量，即卡方统计量：

$$\chi_p^2 = \sum_{i=1}^{k}\sum_{j=1}^{r}\frac{(E_{ij} - n_{ij})^2}{E_{ij}}$$

式中 E_{ij}——每个单元格频数的期望频数；

n_{ij}——每个单元格频数的实际频数。

该统计量应服从自由度为 $(k-1)(r-1)$ 的卡方分布。

(3) 将计算的卡方值与卡方分布的临界值进行比较，从而做出决策。

卡方检验有一定的局限性，其依据的仅仅是观察到的列联表与原假设的偏离，对变量间关联的性质与方向则完全不敏感。如果卡方统计量对应的伴随概率 $P<\alpha$，只能说明行变量与列变量存在关联，但不能具体说明某行与某列有关联。另外，卡方检验要求列联表中的 20% 以上的单元期望频数大于 5，否则就不能使用卡方检验。

(二) Stata 卡方检验

以表 5-4 的数据进行分析，输入下列命令：

tabulate continent iae，chi2

命令含义：变量 continent 与变量 iae 关联性的卡方检验。

结果如图 5-4 所示，P 值为 0.0000，因此拒绝原假设，变量 continent 与变量 iae 之间的关联性非常显著。

图 5-4 卡方检验

```
. tabulate continent iae,chi2

           |                         iae
 continent |         1          2          3          4          5 |     Total
-----------+-------------------------------------------------------+----------
        AF |         9         17         18         14          3 |        61 
        AS |         2          4          7         12         24 |        49 
        EU |         6          8         11         13         12 |        50 
        NA |         1          2          0          0          2 |         5 
        OP |        12          4          2          2          2 |        22 
        SA |        18         12         10          6          5 |        51 
-----------+-------------------------------------------------------+----------
     Total |        48         47         48         47         48 |       238 

          Pearson chi2(20) =  78.9392   Pr = 0.000
```

六、几种常用的关联度测量方法

为了度量变量的关联强度，可以考察各种相关测量统计量。

（一）Cramer's 统计量

由于分类变量数据没有大小和顺序，变量间的关系只有程度大小，而没有方向差异。常用的分类变量关联度统计量有 Cramer's 统计量 V，其表达式为

$$V=\sqrt{\frac{\chi^2}{n(m-1)}}$$

式中　χ^2——卡方检验中根据列联表计算的卡方值；

m——列联表的行数减 1 与列联表的列数减 1 中的较小者；

n——样本容量。

V 取值介于 0 和 1。当两个变量完全无关时，$V=0$；当两个变量完全关联时，$V=1$。

（二）γ 统计量

定序变量关联度不仅有大小，而且有方向。常用的定序变量关联度度量的统计量有 γ 统计量，该统计量通常是基于观测中的一致对和不一致对的个数。假定给定一对观察值（x_1，y_1）和（x_2，y_2），如果 $x_1<x_2$ 且 $y_1<y_2$，则称（x_1，y_1）和（x_2，y_2）是一致的，如果 $x_1<x_2$ 且 $y_1>y_2$，或 $x_1>x_2$ 且 $y_1<y_2$，则称（x_1，y_1）和（x_2，y_2）不是一致的。统计量的表达式如下：

$$\gamma=\frac{P-Q}{P+Q}$$

式中　P——所有观测对中一致对的个数；

Q——所有观测对中不一致对的个数。

γ 统计量取值在 -1 到 1 之间，越接近于 1 表明变量之间的正关联性越强，越接近于 -1 则表明变量之间的负关联

性越强。对于同一个样本数据，γ 统计量一般都大于其他关联统计量。

（三）Stata 关联度测量

继续以表 5-4 的数据为例，对变量进行关联度测量。

1. 已知原始数据

输入下列命令：

tabulate continent iae，all

命令含义：输出 continent 和 iae 所有的统计量和关联系数。

结果如图 5-5 所示，处理卡方统计量为 78.9392 拒绝原假设，Cramer's 统计量为 0.288，γ 即 gamma 统计量为 -0.1777，均显示两变量之间有显著的关联性。

图 5-5 变量关联性的所有统计量和关联系数的测度

```
. tabulate continent iae,all

           |                         iae
 continent |         1          2          3          4          5 |     Total
-----------+-------------------------------------------------------+----------
        AF |         9         17         18         14          3 |        61
        AS |         2          4          7         12         24 |        49
        EU |         6          8         11         13         12 |        50
        NA |         1          2          0          0          2 |         5
        OP |        12          4          2          2          2 |        22
        SA |        18         12         10          6          5 |        51
-----------+-------------------------------------------------------+----------
     Total |        48         47         48         47         48 |       238

          Pearson chi2(20) =  78.9392   Pr = 0.000
 likelihood-ratio chi2(20) =  78.2831   Pr = 0.000
               Cramér's V =   0.2880
                     gamma =  -0.1777  ASE = 0.060
           Kendall's tau-b =  -0.1442  ASE = 0.049
```

2. 未知原始数据

上述分析是基于获得原始数据的情况下实现的，如果原始数据未知，仅仅知道表 5-5 的二维列联表，则可以利用下列命令实现关联度的检验与测量。

表 5-5 通信公司服务满意度

服务满意度	A 公司	B 公司	C 公司	合计
差评	69	33	50	152
一般	40	54	92	186
好评	24	96	42	162
合计	133	183	184	500

输入下列命令：

tabi 69 33 50 \ 40 54 92 \ 24 96 42

命令含义：使用 tabi 命令，根据已知列联表数据直接进行卡方检验，数据按照频数的行分布顺序依次输入。

结果如图 5-6 所示，卡方统计值为 79.2418，P 值为 0，拒绝原假设，说明不同通信公司的通信服务满意度有很大的不同。

```
. tabi 69 33 50\40 54 92\24 96 42

           |              col
       row |         1          2          3 |     Total
-----------+---------------------------------+----------
         1 |        69         33         50 |       152
         2 |        40         54         92 |       186
         3 |        24         96         42 |       162
-----------+---------------------------------+----------
     Total |       133        183        184 |       500

          Pearson chi2(4) =  79.2418   Pr = 0.000
```

图 5-6　通信公司服务满意度关联度检验

第三节　方 差 分 析

方差分析（analysis of variance，ANOVA）是基于样本方差对总体均值进行统计推断的方法，它通过实验观察某一种或多种因素的变化对实验结果是否带来显著影响，进而鉴别各种因素的效应，从而选取一种最优方案。从形式上看，方差分析是比较多个总体的均值是否相同，但在本质上，它是研究一个（或多个）定性自变量与定量因变量之间的统计关联性的主要方法之一，其推断工具是 F 检验。方差分析包括单因素方差分析、多因素方差分析和协方差分析。

一、方差分析的基本知识

（一）基本思想

方差分析是通过研究数据的变异来源判断各总体均值间

是否存在差异。方差分析中的自变量通常被称为“因子”或“因素”，因子的不同取值（类别）则被称为“处理”或“水平”，用 k 表示，而 n 则为每个水平下的样本容量。例如，如果要分析税收优惠政策对企业利润的影响，则因变量是企业利润，因子是税收优惠政策；如果有三种不同的优惠政策，则称有三个水平。在实际研究中，因变量影响因素往往不止一个，只分析一个因子与因变量关系的方差分析称为单因素方差分析，分析两个因子与因变量关系的方差分析称为双因素方差分析。

（二）基本原理

方差分析通过对数据误差来源的分析来判断不同总体均值是否相等，将总误差分解为由研究因素所造成的部分和由抽样误差所造成的部分，通过比较来自不同部分的误差，借助 F 分布做出统计推断。在方差分析中，数据误差用平方和来表示，反映全部数据误差大小的平方和称为总平方和（total sum of squares），记为 SST，表达式为

$$
\begin{aligned}
\text{SST} &= \sum_{i=1}^{k}\sum_{j=1}^{n}(x_{ij}-\bar{x}_{..})^2 \\
&= \sum_{i=1}^{k}\sum_{j=1}^{n}(x_{ij}-\bar{x}_{.}+\bar{x}_{.}-\bar{x}_{..})^2 \\
&= \sum_{i=1}^{k}\sum_{j=1}^{n}(x_{ij}-\bar{x}_{.})^2+\sum_{i=1}^{k}\sum_{j=1}^{n}(\bar{x}_{.}-\bar{x}_{..})^2
\end{aligned}
$$

该误差可以分解为两项，第 1 项反映各组内部的观测值离散情况，在同一处理组内，虽然同属相同类型，但测量值之间各有不同，反映了纯粹由随机抽样而导致的数据变异，这种变异称为组内变异（误差），称为组内离差平方和或残差平方和（sum of squares within treatment），记为 SSE，组内误差只含有随机误差：

$$
\text{SSE}=\sum_{i=1}^{k}\sum_{j=1}^{n}(x_{ij}-\bar{x}_{.})^2
$$

第 2 项反映各组均值的差异程度，即不同水平间数据的离差平方和，由于各处理组的样本均数大小不等，它既包含了由于随机抽样而导致的数据变异，也包含了水平间数据存在的系统性差异所导致的数据变异。这种差异反映了由抽样本身形成的随机误差和由研究因素的影响造成的系统误差之和，称为组间离差平方和（sum of squares between treatments），记为 SSA：

$$SSA = \sum_{i=1}^{k} \sum_{j=1}^{n} (\bar{x}_{i.} - \bar{x}_{..})^2$$

SST = SSE + SSA，SSE 与 SSA 的自由度分别为 $N-k$ 和 $k-1$，其中，$N=kn$ 是总的样本容量。

SST 可以用总均方来度量，SSA 和 SSE 分别用处理间均方和处理内均方来度量。总均方的拆分是通过将总均方的分子分成 SSE、SSA 两部分，将总均方的分母（即总自由度 N）分成组内自由度（$N-k$）与组间自由度（$k-1$）两部分来实现的。

处理内均方（误差均方）为

$$MSE = \frac{SSE}{N-k}$$

处理间均方（处理均方，MSA）为

$$MSA = \frac{SSA}{k-1}$$

从而得到 F 统计量为

$$F = \frac{MSA}{MSE}$$

这样，可以采用均方来比较组内变异和组间变异的大小，均方的大小与观测值的多少有关。为了消除观测值的多少对 SST 大小的影响，将 SST 进行平均，用 SST 除以自由度。如果组间误差中只包含随机误差，而没有系统误差，组间均方和组内均方应该比较接近，其比值就会接近 $F=1$，这说明研究因素所造成的误差不存在；如果它们的比值大于

1，说明组间误差中除了包含随机误差，还包含系统误差，当比值大到一定程度，则可以认为研究因素造成的影响存在，即因素的不同水平之间存在显著的差异。

（三）方差分析的基本假定

方差分析中有三个基本的假定：①每个总体都应服从正态分布，即对于因素的每一个水平，其观测值是来自正态分布总体的简单随机样本；②各个总体的方差 σ 必须相同；③观测值是独立的。

由于正态分布是由均值和方差两个参数确定的，如果前述假定成立，则易知多个总体的分布完全相同等价于它们的均值都相同，即 $\mu_1 = \mu_2 = \cdots = \mu_k = \mu$。此时，自变量与因变量无关。若均值不完全相同，则自变量与因变量有关。从这个角度来理解，方差分析就是利用样本信息来检验关于 k（$k>2$）个总体的均值是否相等的方法。

（四）方差分析的基本步骤

方差分析的基本步骤是：

第一步，设立统计假设：

H_0：$\mu_1 = \mu_2 = \cdots = \mu_n$（或自变量与因变量无关）

H_1：μ_i（$i=1, 2, 3, \cdots, k$）不全相等（或自变量与因变量有关）

第二步，构造 F 统计量，在原假设成立的条件下，该统计量服从 F 分布。根据样本数据计算 F 统计量的观察值。

第三步，将计算的 F 值与 F 分布的临界值进行比较，从而做出决策。在前面的阐述中，方差分析是一个右侧检验，临界值为 $F_\alpha(\mathrm{df}_1, \mathrm{df}_2)$，其中，$\mathrm{df}_1$ 和 df_2 分别是 F 分布的两个自由度（分子的自由度和分母的自由度）。

二、单因素方差分析

单因素方差分析是方差分析类型中最基本的一种，研究的是一个因素对于试验结果的影响和作用，这一因素可以有不同的取值或者是分组。单因素方差分析所要检验的问题就是，当因素选择不同的取值或者分组时，对结果有无显著的影响。

单因素方差分析的基本原理在上一节已做详细说明，通过建立 F 统计量来考察自变量与因变量之间的相互关系，其分析结果见表 5-6。

表 5-6　方差分析表

方差来源	SS	df	MS	F	F 临界值
组间	SSA	$k-1$	MSA	MSA/MSE	
组内	SSE	$N-k$	MSE		
总合	SST	$N-1$			

［**例 5-1**］　在夏季到来之时，某饮料企业针对其生产的碳酸饮品 A、B、C，推出了两种不同规格的包装，并同时测量了各大超市一周的日总销量，以分析两种不同规格的包装对 A、B、C 饮品的销售水平的影响是否相同。销售数据见表 5-7。

表 5-7　包装差异比较

序号	总销量（瓶）sale	包装类别 type	品牌 brand	序号	总销量（瓶）sale	包装类别 type	品牌 brand
1	90	1	A	15	86	2	A
2	121	1	B	16	90	2	B
3	78	1	C	17	88	2	C
4	95	1	A	18	70	2	A
5	88	1	B	19	100	2	B
6	104	1	C	20	89	2	C
7	75	1	A	21	83	2	A
8	69	1	B	22	76	2	B
9	74	1	C	23	79	2	C
10	78	1	A	24	80	2	A
11	93	1	B	25	85	2	B
12	86	1	C	26	76	2	C
13	67	1	A	27	66	2	A
14	74	1	B	28	75	2	B

（1）输入下列命令：

oneway sale type，tabulate scheff

命令含义：对变量 sale 和 type 进行单因素方差分析，以列联表列示。

结果如图 5-7 所示，第 1 种包装销售的平均数是 85.142857，第 2 种包装销售的平均数是 81.642857，差值为 -3.5，差值统计上的零假设无法拒绝，因此认为两种包装的销售没有差异。同时由于 oneway 不能消除同方差假定，利用 Bartlett's 概率验证，p 值为 0.076，拒绝了同方差的假定。

图 5-7　变量 sale 和 type 的单因素方差分析结果（1）

```
. oneway sale type,tabulate scheff

            |          Summary of sale
       type |        Mean   Std. Dev.       Freq.
------------+------------------------------------
          1 |   85.142857   14.873089          14
          2 |   81.642857   8.9064121          14
------------+------------------------------------
      Total |   83.392857   12.160468          28

                        Analysis of Variance
    Source              SS         df      MS            F     Prob > F
------------------------------------------------------------------------
Between groups         85.75        1         85.75      0.57     0.4568
 Within groups    3906.92857       26    150.266484
------------------------------------------------------------------------
    Total         3992.67857       27    147.876984

Bartlett's test for equal variances: chi2(1)= 3.1568  Prob>chi2 = 0.076

                          Comparison of sale by type
                                  (Scheffe)
Row Mean-|
Col Mean |          1
---------+-----------
       2 |       -3.5
         |      0.457
```

（2）输入下列命令：

oneway sale type if sale<90，tab

命令含义：生成方差分析表，限定条件为 sale 变量的取值小于 90。

结果如图 5-8 所示。

```
. oneway sale type if sale<90,tab

            |            Summary of sale
      type  |       Mean   Std. Dev.       Freq.
------------+------------------------------------
         1  |  76.555556   6.9661882           9
         2  |  79.416667   7.1663143          12
------------+------------------------------------
     Total  |  78.190476   7.0542118          21

                        Analysis of Variance
    Source              SS         df      MS            F     Prob > F
------------------------------------------------------------------------
Between groups      42.0992063      1   42.0992063      0.84     0.3711
 Within groups      953.138889     19   50.1652047
------------------------------------------------------------------------
    Total           995.238095     20   49.7619048

Bartlett's test for equal variances: chi2(1) = 0.0070 Prob>chi2 = 0.933
```

图 5-8 变量 sale 和 type 的单因素方差分析结果（2）

如果方差分析的原假设 H_0 被拒绝，则说明不同总体之间的均值不同。但究竟哪些均值之间不相等呢？这种差异到底出现在哪些总体之间呢？为了考察哪些总体的均值有显著性差异，通常的做法是将不同总体进行两两比较，但是这种做法不能保证在所有检验完成后，将犯第Ⅰ类错误的总的概率控制在规定的显著性水平之下。因此要做进一步的分析，所使用的方法就是多重比较方法（multiple comparison procedures），它通过对总体均值之间的配对比较来进一步检验到底哪些均值之间存在差异。多重比较方法有多种，常用的方法是 Bonferroni 方法，是为了将犯第Ⅰ类错误的概率控制在规定的显著性水平以下，而倒推出每两两检验中的显著性水平的方法。

继续利用表 5-7 的数据进行多重比较分析。

输入下列命令：

oneway sale brand，bonferroni

命令含义：生成方差分析表，并利用 Bonferroni 方法做多重比较。

结果如图 5-9 所示。

```
. oneway sale brand,bonferroni

                        Analysis of Variance
    Source              SS         df      MS            F     Prob > F
------------------------------------------------------------------------
Between groups      336.278571      2   168.139286     1.15     0.3329
 Within groups          3656.4     25      146.256
------------------------------------------------------------------------
    Total           3992.67857     27   147.876984

Bartlett's test for equal variances: chi2(2)= 2.3935 Prob>chi2= 0.302

                      Comparison of 总销量(瓶)by brand
                                 (Bonferroni)
Row Mean-|
Col Mean |          A          B
---------+----------------------
       B |        8.1
         |      0.440
         |
       C |       5.25      -2.85
         |      1.000      1.000
```

图 5-9 单因素方差的 Bonferroni 多重比较

由结果可知，没有充分证据表明三个品牌的销量存在明显差异。

三、双因素方差分析

单因素方差分析只是考虑一个分类型自变量对数值型因变量的影响。在对实际问题的研究中，有时需要考虑几个因素对试验结果的影响。例如，分析影响彩电销售量的因素时，需要考虑品牌、销售地区、价格、质量等多个因素的影响。当方差分析中涉及两个分类型自变量时，称为双因素方差分析（twoway analysis of variance）。双因素方差分析的原理与单因素方差分析相同，也是对 SST 进行分解。在双因素方差分析中，由于有两个影响因素，如果这两个因素对因变量的影响是相互独立的，可以分别判断其影响的显著性，则称为无交互效应（interaction）的双因素方差分析，或无重复双因素（two - factor without replication）分析；如果双因素的搭配还会对因变量产生一种新的影响效应，这时的双因素方差分析称为有交互效应的双因素方差分析，或称为可重复双因素（two - factor with replication）分析。

（一）无交互效应的双因素方差分析

1. 基本原理

在无交互作用的双因素方差分析中，由于有两个因素，将一个因素安排在“行”的位置，称为行因素 A_p；另一个因素安排在“列”的位置，称为列因素 B_q。设行因素有 p 个水平，列因素有 q 个水平，两个因子各水平的所有组合共有 pq 个，每个组合的样本容量为 1，则总的样本容量为 pq；观察它们对试验指标的影响，其数据结构见表 5-8。

表 5-8　数据结构

列因素 / 行因素	B_1	B_2	…	B_q
A_1	x_{11}	x_{12}	…	x_{1q}
A_2	x_{21}	x_{22}	…	x_{2q}
⋮	⋮	⋮	x_{ij}	⋮
A_p	x_{p1}	x_{p2}	…	x_{pq}

其中，$x_{ij}(i=1,2,\cdots,p;j=1,2,\cdots,q)$ 为行因素 A_p 取第 i 个水平、列因素 B_q 取第 j 个水平时的因变量取值。每一个观测值 x_{ij} 可看作由行因素的 p 个水平和列因素的 q 个水平所组合成的 pq 个总体中抽取的容量为 1 的独立随机样本。这 pq 个总体中的每一个总体都服从正态分布，且有相同的方差。

$\bar{x}_{i.}$ 是行因素的第 i 个水平下各观测值的均值，$i=1,2,\cdots,p$

$$\bar{x}_{i.} = \frac{1}{q}\sum_{j=1}^{q} x_{ij}$$

$\bar{x}_{.j}$ 是列因素的第 j 个水平下的各观测值的均值，$j=1,2,\cdots,q$

$$\bar{x}_{.j} = \frac{1}{p}\sum_{i=1}^{p} x_{ij}$$

$\bar{x}_{..}$ 为因变量的样本总均值，即

$$\bar{x}_{..} = \frac{1}{pq}\sum_{i=1}^{p} x_{ij} = \frac{1}{q}\sum_{j=1}^{q} \bar{x}_{.j} = \frac{1}{p}\sum_{j=1}^{p} \bar{x}_{i.}$$

2. 分析步骤

双因素方差分析包括提出假设、构造检验的统计量、统计决策等步骤。无交互效应的双因素方差分析分别对两个因子与因变量的关系进行检验，因此有两组统计假设，即对行因素提出的假设，μ_i 为行因素的第 i 个水平的均值：

H_0：$\mu_1 = \mu_2 = \cdots = \mu_i = \cdots = \mu_p$　　A 因子对因变量没有影响

H_1：$\mu_i(i = 1, 2, \cdots, p)$不完全相等　　A 因子对因变量有影响

对列因素提出的假设，μ_j 为列因素的第 j 个水平的均值：

H_0：$\mu_1 = \mu_2 = \cdots = \mu_j = \cdots = \mu_q$　　B 因子对因变量没有影响

H_1：$\mu_j(j = 1, 2, \cdots, q)$不完全相等　　B 因子对因变量有影响

为检验 H_0是否成立，需要分别确定检验行因素和列因素的统计量。与单因素方差分析构造统计量的方法一样，双因素方差分析也需要从 SST 的分解入手。SST 是全部样本观测值 x_{ij}与总的样本平均值 $\bar{x}_{..}$ 的误差平方和：

$$\begin{aligned}
\text{SST} &= \sum_{i=1}^{p}\sum_{j=1}^{q} (x_{ij} - \bar{x}_{..})^2 \\
&= q\sum_{i=1}^{p} (\bar{x}_{i.} - \bar{x}_{..})^2 + p\sum_{j=1}^{q} (\bar{x}_{.j} - \bar{x}_{..})^2 + \\
&\quad \sum_{i=1}^{p}\sum_{j=1}^{q} (x_{ij} - \bar{x}_{i.} - \bar{x}_{.j} + \bar{x}_{..})^2 \\
&= \text{SSA} + \text{SSB} + \text{SSE}
\end{aligned}$$

式中　SSE——组内离差平方和；

SSA——A 因子对应的组间离差平方和；

SSB——B 因子对应的组间离差平方和。

SSE、SSA 和 SSB 的自由度分别为 $(p-1)$ $(q-1)$、$p-1$和 $q-1$。用组内离差平方和与组间离差平方和分别除以相应的自由度，得到均方，即随机误差项的均方为

$$\text{MSE}=\frac{\text{SSE}}{(p-1)(q-1)}$$

行因素 A 的均方为

$$\text{MSA}=\frac{\text{SSA}}{p-1}$$

列因素 B 的均方为

$$\text{MSB}=\frac{\text{SSB}}{q-1}$$

检验行因素 A 对因变量的影响是否显著，则统计量 F_{A} 为

$$F_{\text{A}}=\frac{\text{MSA}}{\text{MSE}}\sim F(p-1,(p-1)(q-1))$$

检验列因素 B 对因变量的影响是否显著，则统计量 F_{B} 为

$$F_{\text{B}}=\frac{\text{MSB}}{\text{MSE}}\sim F(q-1,(p-1)(q-1))$$

计算出检验的统计量后，根据给定的显著性水平 α 和两个自由度，查 F 分布表得到相应的临界值，然后将其和 F_{A} 与 F_{B} 进行比较，若 $F_{\text{A}}>F_{\alpha}$，则拒绝原假设 H_0，说明 μ_i 之间的差异是显著的，所检验的行因素对观测值有显著影响。F_{B} 的比较与 F_{A} 完全相同。

3. Stata 案例分析

表 5-9 为 2013 年与 2017 年高校毕业生工资情况，其中：变量“理工”，取值“1”表示为理工类院校，取值“0”表示为非理工类院校；变量“985”，取值为“1”表示为 985 院校，取值“0”表示非 985 院校。

表 5-9　2013 年与 2017 年高校毕业生工资情况

（单位：元）

地点 place	理工 science	2017 salary17	2013 salary13	985	地点 place	理工 science	2017 salary17	2013 salary13	985
北京	1	9065	12614	1	上海	1	8038	11287	0
北京	0	9042	13790	1	上海	1	7876	11622	0
北京	0	9020	12242	0	上海	1	7763	11084	0
北京	0	8998	12316	0	上海	1	7714	11570	0
北京	0	8956	12669	0	上海	1	7689	10615	0
北京	0	8771	11902	0	上海	0	7331	10727	0
北京	0	9737	12258	1	上海	0	7254	10708	0
北京	0	8669	12786	0	上海	0	6718	9039	0
北京	1	8629	11813	1	上海	1	6569	9448	0
北京	1	8534	12281	0	上海	0	6264	9788	0
北京	1	8416	11910	1	其他城市	0	8810	12369	1
北京	0	8399	12081	0	其他城市	1	8639	11813	1
北京	0	8355	11727	0	其他城市	0	8620	11899	1
北京	1	8353	12329	0	其他城市	0	8462	12693	1
北京	0	8253	11674	0	其他城市	0	8434	12125	0
北京	1	8147	11152	0	其他城市	0	8399	12081	1
北京	1	8105	11477	0	其他城市	0	8356	11243	1
北京	1	8014	11157	0	其他城市	1	8316	11865	1
北京	0	7976	1288	0	其他城市	0	8283	12226	0
北京	1	7944	11174	0	其他城市	0	8131	11610	0
上海	0	9010	12861	1	其他城市	1	8051	10832	1
上海	0	8842	13594	1	其他城市	0	7953	11932	1
上海	1	8742	13616	1	其他城市	1	7919	10837	1
上海	0	8746	12587	0	其他城市	1	7854	10658	1
上海	0	8705	11814	0	其他城市	1	7851	11397	0
上海	0	8500	12755	0	其他城市	1	7780	11579	0
上海	1	8485	11710	0	其他城市	1	7973	11325	1
上海	0	8448	11464	1	其他城市	0	7528	10837	0
上海	1	8423	12125	0	其他城市	1	7494	10616	0
上海	0	8364	11255	0	其他城市	0	7418	10657	1
上海	0	8235	11269	0	其他城市	0	7412	10320	0

注：数据来源于根据中国薪酬网数据整理。

在方差分析之前，先了解变量关联性的基本信息。

输入下列命令：

table place science，contents（mean salary13 ）row col

命令含义：做二维列联表，分别以高校所在地和高校类型（是否为理工类）为分类指标，显示不同类别的2013年工资均值，并且显示行列变量对应的类别均值。

结果如图5-10所示，北京非理工类院校的薪酬均值最高，为8743.27元，上海理工类院校的薪酬均值最低，为7922.11元。

```
. table place science ,contents(mean salary13 ) row col
```

place	science 0	1	Total
beijing	8743.27	8356.33	8569.15
other	8150.5	7986.33	8080.14
shanghai	8034.75	7922.11	7986.48
Total	8297.11	8088.26	8206.16

图5-10　变量place和science的二维列联表

接下来使用方差分析，检验工资均值之间的差异是否可以显著地归结为高校的地点差异和高校类型的差异。

输入下列命令：

anova salary13 science type

命令含义：检验工资差异是否由高校的地点及高校类型决定。

结果如图5-11所示：变量science对应P值为0.1486，说明高校是不是理工类对工资的影响不显著；变量type对应的P值为0.0066，说明高校是不是985对工资的影响显著。

图 5-11　双变量的方差分析

```
. anova salary13 science type

                    Number of obs =         62    R-squared     =  0.1431
                    Root MSE      =    589.225    Adj R-squared =  0.1141

       Source | Partial SS         df         MS        F    Prob>F
    ----------+----------------------------------------------------
        Model |  3421905.9          2  1710952.9     4.93  0.0105
              |
      science |  743731.81          1  743731.81     2.14  0.1486
         type |  2757046.2          1  2757046.2     7.94  0.0066
              |
     Residual |   20483960         59  347185.77
    ----------+----------------------------------------------------
        Total |   23905866         61  391899.45
```

（二）有交互效应的双因素方差分析

1. 基本原理

如果两个因素搭配会对因变量产生一种新的效应，这时就需要考虑交互作用对因变量的影响，这就是有交互作用的双因素方差分析。

在有交互效应的方差分析中，两个因子之间有相互影响，即一个因子与因变量的关系会随着另一个因子的水平不同而变化，因此不仅需要研究两个因子与因变量的关系，而且需要研究它们的不同组合与因变量的关系。其中，两个因子与因变量的关系称为主效应，而其组合与因变量的关系称为交互效应。此时，两个因子的每个组合都应视为一个总体，因此各个组合就不能只有一个观测值，而应抽取一定的样本容量。有交互效应的双因素方差分析的数据结构见表 5-10。

表 5-10　有交互效应的双因素方差分析

列因素 / 行因素	B_1	B_2	…	B_q
A_1	x_{11r}	x_{12r}	…	x_{1qr}
A_2	x_{21r}	x_{22r}	…	x_{2qr}
⋮	⋮	⋮	x_{ijr}	⋮
A_p	x_{p1r}	x_{p2r}	…	x_{pqr}

$$
\begin{aligned}
\mathrm{SST} &= \sum_{i=1}^{p}\sum_{j=1}^{q}\sum_{r=1}^{n}(x_{ijr}-\bar{x})^2 \\
&= \mathrm{SSA}+\mathrm{SSB}+\mathrm{SSR}+\mathrm{SSE}
\end{aligned}
$$

式中　SSE——组内离差平方和；

SSA——A 因子的主效应对应的组间离差平方和；

SSB——B 因子的主效应对应的组间离差平方和；

SSR——两个因子的交互效应所对应的组间离差平方和。

SSE、SSA、SSB 和 SSR 的自由度分别为 $pq(n-1)$、$p-1$、$q-1$ 和 $(p-1)(q-1)$。用组内离差平方和与组间离差平方和分别除以相应的自由度，得到均方，从而建立相应的 F 统计量。

组内离差平方和的均方为

$$\mathrm{MSE}=\frac{\mathrm{SSE}}{pq(n-1)}$$

行因素 A 的均方为

$$\mathrm{MSA}=\frac{\mathrm{SSA}}{p-1}$$

列因素 B 的均方为

$$\mathrm{MSB}=\frac{\mathrm{SSB}}{q-1}$$

交互效应所对应的组间离差平方和为

$$\mathrm{MSR}=\frac{\mathrm{SSR}}{(p-1)(q-1)}$$

检验行因素 A 对因变量的影响是否显著，则统计量 F_{A} 为

$$F_{\mathrm{A}}=\frac{\mathrm{MSA}}{\mathrm{MSE}}\sim F(p-1,pq(n-1))$$

检验列因素 B 对因变量的影响是否显著，则统计量 F_{B} 为

$$F_{\mathrm{B}}=\frac{\mathrm{MSB}}{\mathrm{MSE}}\sim F(q-1pq(n-1))$$

检验行因素 A 与列因素 B 的交互效应对因变量的影响

是否显著，则统计量 F_R 为

$$F_R = \frac{MSR}{MSE} \sim F((p-1)(q-1), pq(n-1))$$

2. Stata 案例分析

继续表 5-9 的数据进行有交互作用的方差分析。

输入下列命令：

anova fisrt science type science# type

命令含义：检验工资差异是否由高校所属地及高校类型决定，或者由两者的交互效应造成。

结果如图 5-12 所示，变量 science 对应的 P 值为 0. 1652，说明高校是不是理工类对工资的影响不显著；变量 type 对应的 P 值为 0. 0075，说明学校是不是 985 对工资的影响显著；变量 science 与变量 type 的交互效应对应的 P 值为 0. 9609，说明双因素的交互影响不显著。

图 5-12 有交互效应的方差分析结果

```
. anova fisrt science  type science# type

                         Number of obs =         62    R-squared     =  0.1432
                         Root MSE      =     594.27    Adj R-squared =  0.0989

              Source | Partial SS         df         MS        F    Prob>F
          -----------+----------------------------------------------------
               Model |  3422760.9          3   1140920.3      3.23  0.0288
                     |
             science |  697665.58          1   697665.58      1.98  0.1652
                type |  2711613.2          1   2711613.2      7.68  0.0075
        science#type |  855.04848          1   855.04848      0.00  0.9609
                     |
            Residual |   20483105         58   353156.99
          -----------+----------------------------------------------------
               Total |   23905866         61   391899.45
```

四、协方差分析

协方差分析是将回归分析同方差分析结合起来，以消除混杂因素的影响，是对样本数据进行分析的一种分析方法。不论是单因素方差分析还是多因素方差分析，控制因素都是可控的，其各个水平可以通过人为得到控制和确定。回归分析是从数量因子的角度出发，通过建立回归方程来研究实验指标与一个（或几个）控制因素之间的数量关系，在许多实际问题中，这些控制因素很难人为控制，它们的不同水平对观测变量产生了较为显著的影响。如果忽略不可控因素的存在而单纯分析其他可控因素对观测变量的影响，则往往会扩大或缩小可控因素的影响作用，使分析结论不准确。协方差分析将那些难以通过人为控制的因素作为协变量，并在排除协变量对观测变量影响的条件下，分析可控变量对观测变量的作用，从而更加准确地对控制因素进行评价。

（一）基本原理

协方差的分析思路就是尽量排除不可控因素对分析结论的影响。协方差分析的原假设为，协变量对观测变量的线性影响是不显著的；同时在协变量影响去除的条件下，控制变量各个水平下观测变量的总体均值无显著差异。可以通过建立 F 统计量考察各个方差与随机因素之间的相互关系。如果 F 值较大，说明协方差是引起观测变量变动的主要因素之一，观测变量的变动可以部分地由协变量进行线性解释；如果 F 值较小，说明协变量没有给观测变量带来显著的线性影响。在排除了协变量的线性影响后，控制变量对观测变量的影响分析等同于方差分析。

（二）Stata 案例分析

继续以表 5-9 的数据为例，检验工资的差异除了与高校性质及高校类型有关，是否还与四年前的起薪水平有关。其中，将每年的相同院校相同专业的毕业生起薪看成连续变量，以协变量引入。

输入下列命令：

```
anova forth science type science# type c. fisrt
```

命令含义：检验 2017 年毕业生的起始工资差异是否由高校性质（理工）、高校类型（985 院校）、性质与类型的交互影响，以及 2013 年同类毕业生的起始工资差异引起。

结果如图 5-13 所示，2013 年起始工资的差异也是造成 2017 年同类毕业生工资差异的显著原因。

图5-13 工资差异的协方差分析结果

```
. anova forth science type science# type c.fisrt

                    Number of obs =         62    R-squared     =  0.2961
                    Root MSE      =    1391.05    Adj R-squared =  0.2467

          Source | Partial SS        df       MS            F    Prob>F
    -------------+----------------------------------------------------
           Model |   46389600         4   11597400         5.99  0.0004
                 |
         science |  286660.71         1  286660.71         0.15  0.7017
            type |  391139.97         1  391139.97         0.20  0.6547
    science#type |  1711884.1         1  1711884.1         0.88  0.3509
           fisrt |   35539447         1   35539447        18.37  0.0001
                 |
        Residual |  1.103e+08        57  1935020.5
    -------------+----------------------------------------------------
           Total |  1.567e+08        61  2568619.2
```

练 习 题

1. 酒店业的发展是旅游业发展的重要支柱之一，对酒店的星级数量、空间分布进行研究，将有助于优化地区酒店的分布结构，促进地区旅游业的发展。表5-11是某市星级酒店的分布情况。

表5-11 某市星级酒店的分布情况

（单位：家）

星级 \ 行政区	A	B	C	D	E	F
五星	11	31	67	0	21	2
四星	48	65	107	10	70	6
三星	86	84	163	28	85	10
二星及以下	603	731	1752	540	854	80

注：数据来源于携程网。

要求：根据表5-11的数据，分析行政区对星级酒店的分布是否有影响。

2. 入境旅游是旅游大国向旅游强国转换的一个重要指标，也是提升国际旅游竞争力的非常重要的途径。表5-12为2017年四川、陕西和江苏部分入境旅游人数。

表 5-12　2017 年四川、陕西、江苏部分入境旅游人数

（单位：万人）

来源地＼目的地	四川	陕西	江苏
日本	21.2	15.28	46.19
马来西亚	16.12	12.43	9.87
新加坡	15.18	7.36	7.29
泰国	8.13	4.74	2.92
英国	23.16	15.4	6.03
德国	13.23	13.05	10.82
法国	10.13	11.79	5
意大利	3.48	6.82	3.99
加拿大	9.7	12.94	8.32
美国	37.97	40.15	24.91
澳大利亚	11.87	15.20	7.72

数据来源：根据四川省、陕西省和江苏省统计年鉴整理。

要求：利用表 5-12 的数据，分析国别差异与地区差异对入境旅游人数的影响。

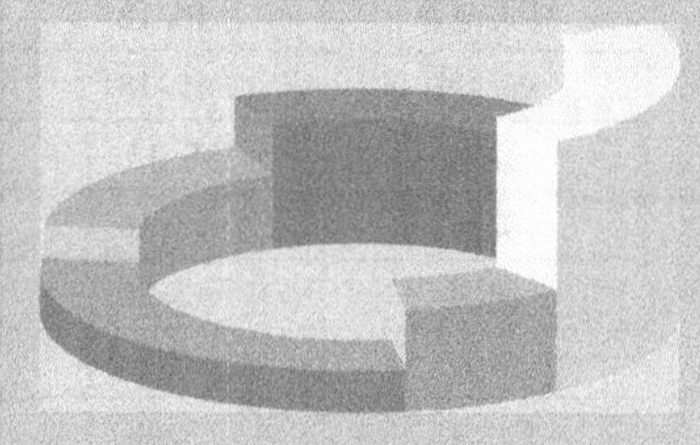

第六章

时间序列

在社会经济生活中，人们经常会接触按时间顺序记录的数据，常见的如反映经济总量的历年国内生产总值（GDP）、反映居民家庭一般所购买的消费品和服务项目价格水平变动情况的消费者价格指数、反映对外贸易发展水平的商品进出口总额等。又如，证券市场股票价格总是受各种经济和非经济因素的影响，随时间频繁变动，引起管理者、经营者、投资者的密切关注，并且分析股票市场价格变动的趋势，而这些随着时间推移而产生变动趋势的数据，即为时间序列。

如果能对经济发展的数量规律有深刻的认识，则对管理者、投资者都是很有意义的。时间顺序观测的系列数据表明了现象发展变动的过程，包含了丰富的信息。科学地分析这些信息，有利于认识事物变化的规律性。因此，可以通过采取适当的方法，对时间序列数据进行分析，最大限度地避免经济发展的误判，做出适当的政策选择。

第一节 时间序列与时间序列分析

一、时间序列及其类型

在实际分析中，经常需要研究一个事物或一种现象的动态发展变化规律，为此进行多次跟踪，从而得到某一指标在不同时间上的观察值。例如，对某品牌的家用电器销售收入逐月进行记录，得到该品牌销售收入序列；对某个旅游景区的人流量逐月进行记录，得到该地区游客数量的时间序列；对某省引入外资的数量进行记录，得到该省外商投资数量序列；对某高校大学生创业的数量逐年进行记录，得到该校大学生创业的数量序列；等等。如果时间序列中相邻数据之间的时间间隔（可以为年度、半年、季度、月度、周、天等）是相等的，称这种时间序列为规则的时间序列（regular time series）；如果时间间隔不相等，则属于不规则的时间序列（irregular time series）。

根据数据的表现形态，时间序列又可分为绝对数序列、相对数序列和平均数序列。绝对数序列是指由反映事物或现象在不同时间上的规模和水平等总量特征的指标数值构成的序列，如 GDP、财政收入等。相对数序列是指由绝对数的比值所构成的时间序列，如消费者价格指数、利润率等。平均数序列是指由一系列平均数指标数值所构成的时间序列，如人均 GDP 等。

绝对数序列又分为存量序列和流量序列。所谓存量，是指事物或现象在某一时点上的水平，因此也称为时点指标。例如，年末全国城乡居民的储蓄总额、某企业年末的固定资产总额以及某地区年末公路里程等，都属于存量。所谓流量，是指事物或现象在一定时期内连续的水平。例如，企业的销售收入、住户每月的消费支出、某地区每年的降水量等，都属于流量。

需要注意的是，在时间序列分析中，应保证不同时间上指标统计口径的一致性。如果统计口径发生了变化，则需要调整之后才能进行分析。例如，在我国的财政统计中，自2000 年起财政支出中包括国内外债务利息支出，而2000 年以前的财政支出则不包含该支出，因此在分析中国财政支出序列时，需要对数据进行调整，即在 2000 年以前的财政支出数据中加上该利息支出或者在 2000 年及以后年份的财政支出数据中减去利息支出。

二、时间序列分析及其类型

对时间序列分析大体上可以分为三个方面：①时间序列的描述统计分析，主要是均值、方差和增长率等统计特征的分析；②时间序列因素分析，即从时间序列中分离出时间序列的构成成分，包括长期趋势、季节变动和循环波动等成分；③时间序列的统计模型分析，即对平稳时间序列建立 ARMA 模型或对非平稳时间序列建立 ARIMA 模型。这三类分析从出现的时间来看，有先后之分；从分析难度来看，也有渐次提升的关系。

对时间序列进行分析的目的为：①描述事物在过去时间的状态，分析其随时间推移的发展趋势；②揭示事物发展变化的规律性；③预测事物在未来时间的数量。编制时间序列的目的，是通过对各个时间的变量数值进行对比，研究现象发展变化的过程和规律。因此，保证序列中各变量数值在所属时间、总体范围、经济内容、计算口径、计算方法等方面具有充分的可比性，是编制时间数列的基本原则。

第二节 时间序列的构成因素及趋势分析

一、时间序列的构成因素

客观事物随着时间推移而发展变化，是受多种因素共同影响的结果，包括长期影响因素、短期影响因素，或者只是偶然发挥非决定性作用的因素。例如，家用轿车的销售业绩受经济增长、技术进步、企业经营不断改进等长期稳定因素影响，同时也可能受偶然意外事故、新的税收优惠政策出台等非长期因素影响。在分析时间序列的变动规律时，研究者不可能将所有的影响因素都全部列出，并分别进行精确的分析，但是可以按照不同影响因素的类型，将众多影响因素划分为若干种时间序列的构成要素，然后对这几类构成要素分别进行分析，以揭示时间序列的变动规律。影响时间序列的构成因素通常可归纳为四种：长期趋势因素、季节变动因素、循环变动因素、不规则变动或偶然变动因素。

（一）长期趋势

长期趋势（secular trend）是指在一段较长的时期内所表现的沿着某一方向的持续发展变化。长期趋势可能呈现为不断增长、不断降低，或者为不变的水平趋势，是受某种长期的决定因素影响的结果。例如，伴随我国长期的经济持续增长，国家财政收入表现为逐年增长的态势；又如，沿海地区人口总量的变化通常呈现出向经济发达地区聚集的长期的趋势。

（二）季节变动

季节变动（seasonal fluctuation）是指受自然因素的影响，在一年中随季节的更替而发生的有规律的变动，或在社会经济活动中，受社会、政治、经济、自然因素影响，形成的以一定时期为周期的有规则的重复变动。例如，农业产品的生产有较强的季节性，羽绒类商品的销售量变动受天气影响较大，旅游交通的流量与假期密切相关，春节、国庆节、圣诞节等节假日社会消费品零售总额及旅游人数都会比平时大量增加，这都是呈现出季节性的周期变动的具体表现。

（三）循环变动

循环变动（cyclical fluctuation）是指在较长时间内呈现出波峰波谷交替的变动，通常是以若干年（或若干月、季）为一定周期的有一定规律性的周期波动。时间序列有时呈现出沿着长期趋势的上下波动，扩张与紧缩、波峰与波谷相交替，这种时间间隔超过一年的围绕长期趋势涨落相间的波动，可归结为循环变动。循环变动与长期趋势不同，它不是单一方向的持续变动，而是有涨落的交替波动。循环变动与季节变动也不同，循环变动的周期长短很不一致，不像季节变动那样有明显的按月或按季的固定周期规律。循环变动的规律性不甚明显，通常隐藏在长期趋势中，较难识别。

（四）不规则变动

不规则变动（random fluctuation）是由那些影响时间序列的短期的、不可预期的和不重复出现的众多偶然因素引起的，呈现为无规则的随机变动。

总之，时间序列的变动一般受到以上四种因素或其中一部分因素影响而形成。时间序列分析的主要目的就是对序列中的这几种影响因素进行统计测定和分析，从中划分出各影响因素的具体作用，揭示其变动的规律和特征，为认识和预测事物的发展提供依据。

时间序列影响因素分析就是要观察某种现象在一个相当长的时期内，由于各个影响因素的作用，事物发展变化中出现的长期趋势、季节变动、循环变动和不规则变动。形成时间序列变动的四类构成因素，按照它们的影响方式不同，可以设定为不同的组合模型。其中，最常用的有乘法模型和加法模型：

乘法模型：$Y=T \cdot S \cdot C \cdot T$

加法模型：$Y=T+S+C+T$

式中　Y——时间序列的指标数值；

T——长期趋势成分；

S——季节变动成分；

C——循环变动成分；

I——不规则变动成分。

乘法模型是假定四种因素对现象发展的影响是相互的，长期趋势成分选取与 Y 相同计量单位的绝对量，以长期趋势为基础，其余成分则均以比率（相对量）表示。加法模型是假定四种因素的影响是独立的，每种成分均以与时间序列变量值 Y 相同计量单位的绝对量来表示。

二、时间序列的长期趋势分析

通过测定和分析过去一段时间之内现象的发展趋势，可以认识和掌握现象发展变化的规律性，为统计预测提供必要的条件，同时也可以消除原有时间序列中长期趋势的影响，更好地研究季节变动和循环变动等问题。测定和分析长期趋势的主要方法是对时间序列进行修匀，常用方法有移动平均法、指数平滑法和时间回归法等。

（一）移动平均法

移动平均法是在原时间序列内选择连续若干期的平均数作为其某一期的趋势值，并逐项移动求得一系列的移动平均数，形成一个新的平均数时间序列。通过移动平均，在新的时间序列中偶然因素的影响被削弱，从而呈现出较长时间的基本发展趋势。移动平均法一般用来消除不规则变动的影响，对序列进行修匀，以观察序列的其他成分。如果移动平均的项数等于季节长度，则可以消除季节成分的影响；如果移动平均的项数等于平均周期长度的倍数，则可以消除循环变动的影响。

（二）指数平滑法

指数平滑法是在移动平均模型基础上发展起来的一种时间序列分析预测法，有助于预测存在趋势的序列，其原理是任一期的指数平滑值都是本期实际观察值与前一期指数平滑值的加权平均，指数平滑是对过去值和当前值进行加权平均，以及对当前的权数进行调整来抵消统计数值的摇摆影响，消除时间序列中高低突变数值，得到平滑的时间序列。指数平滑法不舍弃过去的数据，而是给予其逐渐减弱的影响程度。实际上是一种特殊的加权移动平均法，一般用于观测值具有长期趋势变动和季节变动的预测。指数平滑法也可以用于对时间序列进行修匀，以消除随机波动，找出序列的变化趋势。

（三）时间回归法（趋势拟合法）

趋势拟合法是利用回归分析来分解长期趋势的方法，以时间作为自变量，以时间序列指标作为因变量，根据时间序列的发展特点，选择一种合适的回归函数（可以是线性函数，也可以是非线性函数），利用最小二乘估计法估计出回归方程，进而以因变量的拟合值作为时间序列的趋势值。采用趋势拟合法分解长期趋势的关键在于选择合适的回归函数。

三、趋势分析与指数平滑的 Stata 实现

（一）定义时间序列

在进行时间序列的分析之前，首先要定义变量为时间序列数据。只有定义之后，才能对变量使用时间序列运算符号，也才能使用时间序列分析的相关命令。定义时间序列用 tsset 命令，其基本命令格式为

```
tsset timevar
```

其中，timevar 为时间变量，常用 t 表示，或直接用时间名表示，如 year、day 等。options 分为两类：①定义时间单位，如 daily、weekly、monthly、quarterly、halfyearly、yearly 等；②定义时间周期，即 timevar 两个观测值之间的周期数，如 detla（#），delta（#unints）等。

[例 6-1]　使用表 6-1 的数据对 tsset 命令的应用进行说明。表中是我国 1999 ~2018 年的工业产品出厂价格指数 PPI。

表 6-1　我国 1999 ~2018 年的工业产品出厂价格指数 PPI

年份	月份	ppi	年份	月份	ppi
1999	1	-4.92	……	……	……
1999	2	-4.89	2018	1	4.3
1999	3	-4.62	2018	2	3.7
1999	4	-3.86	2018	3	3.1
1999	5	-3.42	2018	4	3.4
1999	6	-3.6	2018	5	4.1
1999	7	-2.51	2018	6	4.7
1999	8	-2.3	2018	7	4.6
1999	9	-2.1	2018	8	4.1
1999	10	-0.74	2018	9	3.6
1999	11	-1.1	2018	10	3.3
1999	12	-0.83	2018	11	2.7
……	……	……	2018	12	0.9

注：数据来源于《2019 工业统计年鉴》。

首先需要对变量进行定义，生成具有时间变量格式的变量。

输入下列命令：

generate monthly = ym（year，month）

命令含义：生成新的变量 monthly，该变量由年和月构成。

根据图 6-1 所示，data 数据编辑页面出现了以 monthly 命名的序列，序列的数值表示自 1960 年 1 月以来的月份，因此，将 monthly 指定为时间指标变量并设定该变量的显示格式为% tm（其中 m 代表每个月（monthly）），可以为 monthly 提供更易理解的格式化，并设定好我们的数据以便后续分析。

图 6-1　生成时间变量数据

	year	month	ppi	monthly
1	1999	1	-4.92	468
2	1999	2	-4.89	469
3	1999	3	-4.62	470
4	1999	4	-3.86	471
5	1999	5	-3.42	472
6	1999	6	-3.6	473
7	1999	7	-2.51	474
8	1999	8	-2.3	475
9	1999	9	-2.1	476
10	1999	10	-.74	477
11	1999	11	-1.1	478
12	1999	12	-.83	479
13	2000	1	.03	480
14	2000	2	1.2	481

方法一，输入下列命令：

```
format monthly %tm
```

命令含义：生成变量名为 monthly、格式为% tm 的时间序列。

结果如图 6-2 所示。

图 6-2　变更变量格式结果

	year	month	ppi	monthly
1	1999	1	-4.92	1999m1
2	1999	2	-4.89	1999m2
3	1999	3	-4.62	1999m3
4	1999	4	-3.86	1999m4
5	1999	5	-3.42	1999m5
6	1999	6	-3.6	1999m6
7	1999	7	-2.51	1999m7
8	1999	8	-2.3	1999m8
9	1999	9	-2.1	1999m9
10	1999	10	-.74	1999m10
11	1999	11	-1.1	1999m11
12	1999	12	-.83	1999m12
13	2000	1	.03	2000m1
14	2000	2	1.2	2000m2
15	2000	3	1.87	2000m3

可以看到“monthly”的数据格式为年份加月份，如1999m12，这比原先的“479”（1960年1月以来的月份数）这样的隐含数值的可读性更强。

输入下列命令

tsset monthly

命令含义：定义变量monthly为时间变量。

结果如图6-3所示，所有变量格式发生变化。

```
. tsset monthly
        time variable:  monthly, 1999m1 to 2018m12
                delta:  1 month
```

图6-3　定义变量monthly为时间变量

主页面显示了变量“monthly”的性质是时间序列，起止时间是1999年1月至2018年12月，观察周期以月（delta：1month）为单位。

方法二，输入下列命令：

tsset monthly，monthly

命令含义：第一个“monthly”表示变量名，第二个“monthly”表示时间单位，这时可以在主页面看到与方法一同样的结果。

（二）修匀

许多时间序列都会呈现出高频率的波动，以至于很难辨别基本的模式。修匀（smoothing）这样的序列会将数据分解为两部分：一部分为逐渐的变化，另一部分为包含剩下的迅速变化的“粗糙”部分：

数据＝修匀部分＋粗糙部分

修匀常常能够帮助我们看到潜藏在不规则波动起伏的序列背后的规律。最简单的修匀方法是基于变量x当前、过去和以后的取值来计算每一数据点上的移动平均数。例如，一个“跨距为3的移动平均数”（moving average of span 3）是指x_{t-1}、x_t和x_{t+1}的均值，可以利用输入公式的方法实现。

输入下列命令：

generate x3a = (x[_n-1] + x[_n] + x[_n+1])/3

命令含义：新建变量 x3a，赋值公式为(x[_n-1]+x[_n]+x[_n+1])/3。

一个更好的办法涉及 egen 命令中的 ma（moving average，移动平均数）函数。继续使用数据 ppi 来对 tssmooth 命令的应用进行说明。

输入下列命令：

egen ppi3 = ma（ppi），nomiss t（3）

命令含义：等同于上一个命令。

命令结果如图 6-4 所示，ppi3 相对于 ppi 的数值有所调整。

图 6-4 修匀时间序列变量

	year	month	ppi	monthly	ppi3
1	1999	1	-4.92	1999m1	-4.905
2	1999	2	-4.89	1999m2	-4.81
3	1999	3	-4.62	1999m3	-4.456666
4	1999	4	-3.86	1999m4	-3.966666
5	1999	5	-3.42	1999m5	-3.626667
6	1999	6	-3.6	1999m6	-3.176666
7	1999	7	-2.51	1999m7	-2.803333
8	1999	8	-2.3	1999m8	-2.303333
9	1999	9	-2.1	1999m9	-1.713333
10	1999	10	-.74	1999m10	-1.313333
11	1999	11	-1.1	1999m11	-.89
12	1999	12	-.83	1999m12	-.6333333
13	2000	1	.03	2000m1	.1333334
14	2000	2	1.2	2000m2	1.033333
15	2000	3	1.87	2000m3	1.886667

此 egen 命令中的 nomiss 选项要求在序列两端计算更短跨距的移动平均数，否则新变量 ppi3 的第一个和最后一个值将为缺失值。选项 t（3）要求按跨距为 3 来计算移动平均数。跨距可以设定为任何大于或等于 3 的奇数。对于时间序列（tsset）数据，tssmooth 命令提供了强大的修匀工具。tssmooth nl 之外的所有修匀工具都能处理缺失值。

tssmooth ma： 移动平均数过滤器，未加权的或加权的

tssmooth exponential： 单指数过滤器

tssmooth dexponential： 双指数过滤器

tssmooth hwinters： 非季节性的 Holt – Winters 修匀

tssmooth shwinters： 季节性的 Holt – Winters 修匀

tssmooth nl： 非线性过滤器

如果希望修匀的方法是利用非奇数跨距，如之前的 1 个月和之后的 2 个月及本月进行平均，修匀后的数据变量用 ppi4 来表示，则输入下列命令（见图 6-5）：

```
. tssmooth ma ppi4=ppi,window(1 1 2)
The smoother applied was
     (1/4)*[x(t-1) + 1*x(t) + x(t+1) + x(t+2)]; x(t)= ppi
```

图 6-5 修匀时间序列代码

tssmooth ma ppi4 = ppi，window （1 1 2）

命令含义：对时间序列 ppi 的数据进行加权移动平均修匀，新的时间序列 ppi4 为本月 ppi 以及前一月 ppi 和后两月 ppi 的平均数，命令中 window 后的第一个 "1" 表示前 1 个月，第二个 "1" 表示当月，"2" 表示后 2 个月。

结果如图 6-6 所示。

	year	month	ppi	monthly	ppi3	ppi4
1	1999	1	-4.92	1999m1	-4.905	-4.81
2	1999	2	-4.89	1999m2	-4.81	-4.5725
3	1999	3	-4.62	1999m3	-4.456666	-4.1975
4	1999	4	-3.86	1999m4	-3.966666	-3.875
5	1999	5	-3.42	1999m5	-3.626667	-3.3475
6	1999	6	-3.6	1999m6	-3.176666	-2.9575
7	1999	7	-2.51	1999m7	-2.803333	-2.6275
8	1999	8	-2.3	1999m8	-2.303333	-1.9125
9	1999	9	-2.1	1999m9	-1.713333	-1.56
10	1999	10	-.74	1999m10	-1.313333	-1.1925
11	1999	11	-1.1	1999m11	-.89	-.66
12	1999	12	-.83	1999m12	-.6333333	-.175
13	2000	1	.03	2000m1	.1333334	.5675
14	2000	2	1.2	2000m2	1.033333	1.4225
15	2000	3	1.87	2000m3	1.886667	2.04
16	2000	4	2.59	2000m4	2.32	2.4775

图 6-6 修匀时间序列运行结果

修匀后的数据可以计算残差，可以通过输入以下命令来实现：

generate rough = ppi - ppi4

命令含义：生成残差序列 rough。

结果如图 6-7 所示。

图 6-7　时间序列修匀后的残差

	ppi	monthly	ppi3	ppi4	rough
3	-4.62	1999m3	-4.456666	-4.1975	-.4225001
4	-3.86	1999m4	-3.966666	-3.875	.0150001
5	-3.42	1999m5	-3.626667	-3.3475	-.0725002
6	-3.6	1999m6	-3.176666	-2.9575	-.6424999
7	-2.51	1999m7	-2.803333	-2.6275	.1175001
8	-2.3	1999m8	-2.303333	-1.9125	-.3875
9	-2.1	1999m9	-1.713333	-1.56	-.54
10	-.74	1999m10	-1.313333	-1.1925	.4525
11	-1.1	1999m11	-.89	-.66	-.44
12	-.83	1999m12	-.6333333	-.175	-.655
13	.03	2000m1	.1333334	.5675	-.5375
14	1.2	2000m2	1.033333	1.4225	-.2225
15	1.87	2000m3	1.886667	2.04	-.17
16	2.59	2000m4	2.32	2.4775	.1125

对时间序列修匀后，可以通过作图的方式观察修匀的效果，最终决定修匀的方法。

输入下列命令：

graph twoway line ppi monthly

命令含义：绘制 ppi 序列的二维曲线标绘图。

结果如图 6-8 所示。

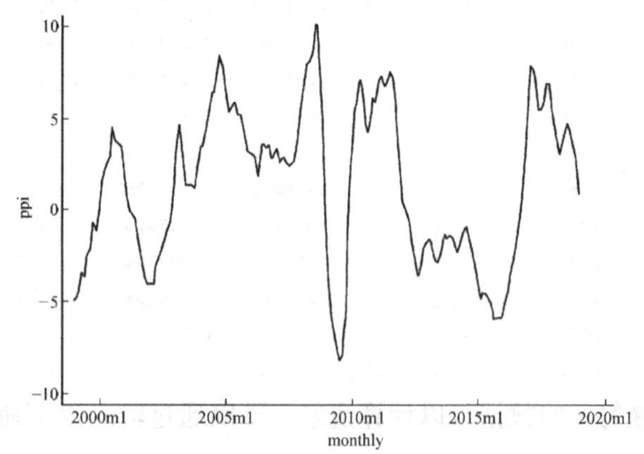

图 6-8　ppi 月度数据曲线标绘图

输入下列命令：

graph twoway line ppi4 monthly

命令含义：绘制 ppi4 序列的二维曲线标绘图。

结果如图 6-9 所示，与图 6-8 的走势类似。

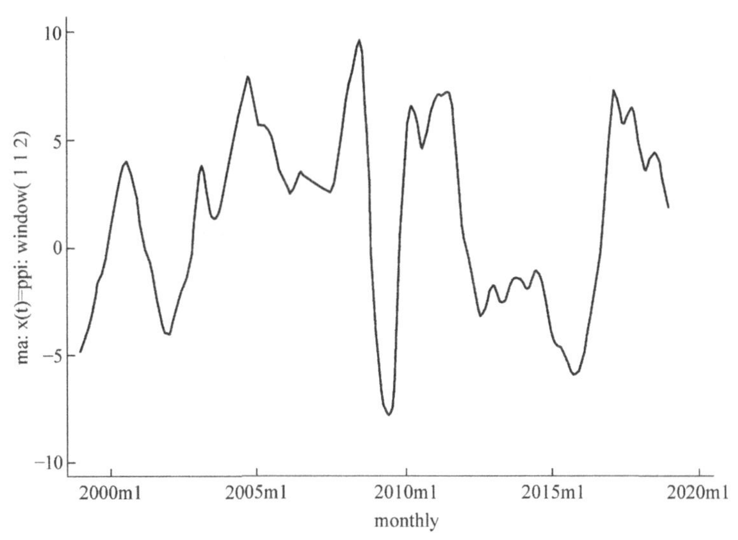

图 6-9　修匀后的 ppi 月度曲线标绘图

为了方便比较，将图 6-8 与图 6-9 数据合并在一张图里。

输入下列命令：

graph twoway line ppi monthly‖line ppi4 monthly

命令含义：同时绘制序列 ppi 和序列 ppi4 的曲线标绘图。如果需要将多个序列的数据变化放在同一图里分析对比，可以利用“‖”追加命令。

结果如图 6-10 所示。

可以同时绘制残差图，观测修匀的效果。

输入下列命令：

graph twoway line rough monthly

命令含义：绘制残差序列的折线图。

结果如图 6-11 所示。残差序列呈不规则变动，可以判断残差序列平稳，说明修匀的结果良好。

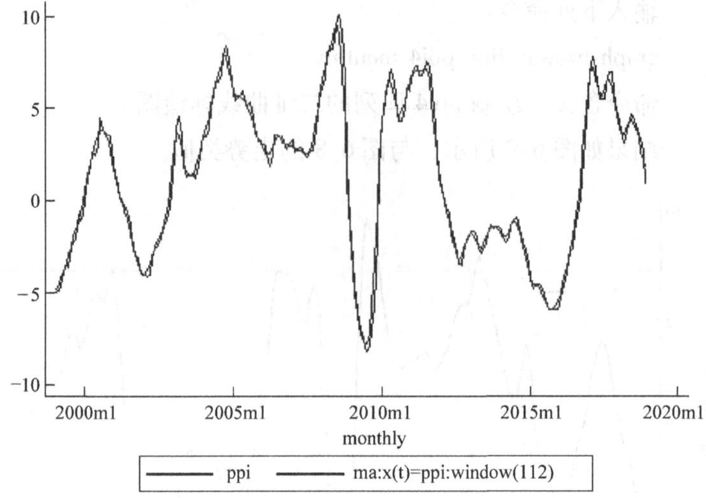

图 6-10　ppi 与 ppi4 的月度变化曲线标绘图

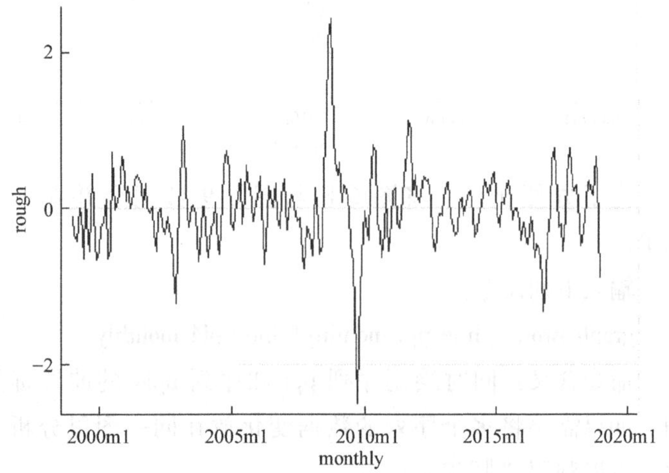

图 6-11　残差序列折线图

第三节　ARIMA 模型

自回归整合移动平均数（auto regressive integrated moving average，ARIMA）模型可以使用 arima 命令来进行估计。这个命令包含对自回归（AR）、移动平均（MA）以及 ARIMA 模型的估计。如包含一个或多个自变量以及 ARIMA 扰动项的结构模型，这些被称为 ARMAX 模型，即包含外生变量的自回归移动平均数。

时间序列模型中，Y_t 可由其滞后值以及随机误差项来解释，而不像回归模型那样，是用 k 个解释变量 X_1，X_2，…，X_k 去解释 Y_t。本节中强调单变量 ARIMA 模型，即只包含一个时间序列的 ARIMA 模型，但这一分析可推广到多变量 ARIMA 模型。

一、随机过程

随机过程是对随机事件动态关系的一种描述，也简称为过程。通常把由一组随机变量组成的一个有序的序列称为随机过程。研究随机过程的目的是要透过表面的偶然性，探究出必然的内在的规律，并用概率的形式来描述这些规律。随机过程一般分为两类：离散型随机过程和连续型随机过程。离散型随机过程分为平稳的过程和非平稳的过程两类。如果一个随机过程中随机变量的任何子集的联合分布函数与时间无关，则称为严平稳过程；如果随机过程 m 阶矩以下的矩的取值与时间无关，则称该随机过程为 m 阶平稳过程；如果一个随机过程中随机变量的任何子集的联合分布函数与时间有关，则被称为非平稳过程。但非平稳过程通过转化可以变为平稳或者次平稳的过程。

依赖于时间 t 的一组随机变量称为时间序列，记为 x_t，对于每一个时间 t，x_t 也称为随机过程。经济时间序列是对随机事件的记录，如历年 GDP 数据汇总就是最常见的时间序列数据。如果时间序列 x_t 的联合分布和条件分布均不随时间变化而发生改变，则为平稳的时间序列，即 $E(x_t)=\mu$，$\mathrm{Var}(x_t)=\sigma^2$，$\mathrm{Cov}(x_t,x_{t+s})=\varepsilon_s$，即对于所有的时间 t，时间序列 x_t 的均值、方差和协方差都是稳定的。

常见的随机过程有白噪声（white noise）过程和随机游走（random walk）过程两种。

对于随机过程 $\{x_t, t \in T\}$，如果 $E(x_t)=0$，$Var(x_t)=\sigma^2<+\infty$，$Cov(x_t,x_{t+s})=0$，其中，$t\in T$，$(t+s)\in T$，$s\neq 0$，则$\{x_t\}$为白噪声过程。白噪声过程是平稳的随机过程，其均值为0，方差为常数，随机变量间不相关。白噪声源于物理学，是指功率谱密度在整个频域内均匀分布的噪声。

随机游走过程是指时间序列中下一个时期的值等于本期值加上一个独立的（或至少是不相关的）误差项。在最简单的随机游走过程中，x_t 的每一次变化均来自于前期 x_{t-1} 的变化，其表达式为 $x_t=x_{t-1}+\mu_t$，其中 μ_t 为平稳的随机过程，即为白噪声过程；x_t 为随机游走过程。随机游走过程是非平稳的随机过程，其均值为0，方差为无穷大，即 $E(x_t)=0$，$Var(x_t)=\sigma^2\to+\infty$。

非平稳时间序列一般可以通过差分变为平稳序列。设时间序列 x_t 为非平稳序列，则 $x_t=c+\alpha_1x_{t-1}+\mu_t$ 变为 $\Delta x_t=\alpha+\mu_t$。其中，α 为常数，μ_t 是平稳序列。若 $\{\mu_t\}$ 为一个白噪声序列，则 x_t 为含有位移项的随机过程。而其差分序列 Δx_t 是平稳的，则称 x_t 为单整序列。如果序列 x_t 通过 d 次差分后变为一个平稳序列，而 $d-1$ 次差分后的序列还是非平稳的，那么称该序列 x_t 为 d 阶单整序列，记作 $x_t\sim I(d)$，d 为使序列平稳而差分的阶数。如果序列 x_t 就是平稳的，则称为零阶单整序列，记作 $x_t\sim I(0)$。如果随机游走过程有一个单位根，则为 $I(1)$，即1阶单整。

二、自回归模型

时间序列 x_t 的 p 阶自回归（Auto Regressive，AR）模型的表达式为

$$x_t=c+\alpha_1x_{t-1}+\alpha_2x_{t-2}+\cdots+\alpha_px_{t-p}+\mu_t \qquad (t=1,2,\cdots,n)$$

式中　c——常数；

α_1，α_2，…，α_p——自回归模型的系数，是待估计参数；

p——自回归模型的阶数；

μ_t——白噪声序列，其均值为0，方差为 σ^2。

称 x_t 为 p 阶自回归过程，用 AR（p）表示。

自回归模型 AR(p) 常用来修正随机误差项 μ_t 的序列相关。AR（1）模型常用来修正一阶序列相关；如果模型存在高阶序列相关，可用 AR(p) 来修正。

假设一元线性回归模型存在一阶序列相关，即

$$y_t = \alpha_0 + \alpha_1 x_t + \mu_t$$

$$\mu_t = \beta\mu_{t-1} + \varepsilon_t$$

$$y_t - \beta y_{t-1} = \alpha_0(1-\beta) + \alpha_1(x_t - \beta x_{t-1}) + \varepsilon_t$$

令 $y_t^* = y_t - \beta y_{t-1}, x_t^* = x_t - \beta x_{t-1}$，则

$$y_t{}^* = \alpha_0(1-\beta) + \alpha_1 x_t^* + \varepsilon_t$$

一个含有序列相关性的模型转化为一个满足基本假设条件的一元线性回归模型，从而消除了误差项的序列相关。

三、移动平均模型

时间序列 $\{x_t\}$ 的 p 阶移动平均（moving average，MA）模型的表达式为

$$x_t = c + \mu_t + \beta_1\mu_{t-1} + \beta_2\mu_{t-2} + \cdots + \beta_q\mu_{t-q}(t = 1,2,\cdots,n)$$

式中　c——常数；

β_1，β_2，…，β_q——移动平均模型的系数，是模型的待估参数；

q——移动平均模型的阶数；

μ_t——白噪声序列，其均值为 0，方差为 σ^2。

称 $\{x_t\}$ 为 q 阶移动平均过程，MA（q）表示。时间序列 $\{x_t\}$ 由 1 个 μ 和 q 个 μ 的滞后项加权的和组成，“移动”是指 t 时间的变化，“平均”指的是 μ 滞后项的加权和。由上式可知，q 阶移动平均模型是 $q+1$ 个白噪声变量的加权组合，因而移动平均过程是平稳的随机过程。

四、自回归移动平均模型

自回归移动平均（Auto Regressive Moving Average，ARMA）模型是由自回归模型 AR（p）和移动平均模型 MA(q)共同组成的随机过程，记作 ARMA（p，q）。表达式为

$$x_t = c + \alpha_1 x_{t-1} + \alpha_2 x_{t-2} + \cdots + \alpha_p x_{t-p} + \mu_t + \beta_1 \mu_{t-1} + \beta_2 \mu_{t-2} + \cdots + \beta_q \mu_{t-q} \quad (t=1,\ 2,\ \cdots,\ T)$$

式中，p 和 q 分别表示自回归模型和移动平均模型的最大阶数。当 $p=0$ 时，自回归移动平均模型 ARMA$(0,q)$ = MA(q)；当 $q=0$ 时，自回归移动平均模型 ARMA$(p,0)$ = AR(p)。由前文可知，移动平均模型 MA(q)是平稳的，因而自回归移动平均模型 ARMA(p,q)是否平稳完全取决于自回归模型 AR(p）是否平稳。一般利用自相关系数（autocorrelations，AC）和偏自相关系数（partial autocorrelations，PAC）这两个统计量对 ARMA 模型进行识别。

如果 AR(p)序列的偏自相关系数在 p 期后全是0，则可确定自回归模型的阶数为 p。如果 MA(q)序列的自相关系数在 q 期后全是0，则可确定移动平均模型的阶数为 q。在 ARMA 模型的识别中，如果自相关函数（AC）在 p 期后显著趋于0，偏自相关函数（PAC）在 q 期后显著趋于0，则建立 ARMA(p,q)模型。

对于受季节因素影响的季度数据，可以使用季节自回归模型 SAR(p)和季节移动平均模型 SAM(q)。

五、自回归单整移动平均模型

自回归模型 AR(p)、移动平均模型 MA(q)和自回归移动平均模型 ARMA(p,q)用来描述平稳序列的自相关性，通过时间序列的过去值和当期值对未来进行预测。平稳时间序列的

均值、方差和协方差是不随时间的变化而变化的，而非平稳时间序列的每个时点上的均值、方差和协方差是不同的，因而难以根据当期值和过去值对未来进行预测。如果时间序列是平稳的，说明存在单整，在进行估计前需进行平稳性处理。

经过 d 次差分后变换的 ARMA(p,q)模型为 ARIMA(p, d,q)模型。ARIMA（p，d，q）模型的估计过程与 ARMA（p，q）模型基本相同，区别在于估计 ARIMA（p，d，q）模型时需确定原序列的差分阶数 d，并对 x_t 进行 d 阶差分。因而在构建模型前需通过单位根检验来确认时间序列是否平稳，以及含有的单位根的个数。

六、Stata 案例分析

标准普尔500指数是由标准普尔公司编制的，由400种工业股票、20种运输业股票、40种公用事业股票和40种金融业股票组成。它以1941 ~1942年为基期，基期指数定为10，采用加权平均法进行计算，以股票上市量为权数，按基期进行加权计算。与道琼斯工业平均股票指数相比，标准普尔500指数具有采样面广、代表性强、精确度高、连续性好等特点，被普遍认为是一种理想的股票指数期货合约的标的。因此选取1871 ~2018年美国标准普尔指数（S&P）的市盈率（PE ration）的对数，进行ARIMA模型分析，见表6-2。

（一）定义时间序列

在进行时间序列分析之前，必须先定义时间序列。

输入下列命令：

```
tsset year，year
```

命令含义：将变量year定义为以年为单位的时间序列。

结果如图6-12所示，变量year已定义为时间变量，时间间隔为“1year”。

表 6-2　1871 ~ 2018 年美国标准普尔指数的市盈率

年份	市盈率	年份	市盈率	年份	市盈率	年份	市盈率
1871	2.41	1908	2.35	1945	2.66	1982	2.05
1872	2.49	1909	2.72	1946	2.95	1983	2.44
1873	2.47	1910	2.59	1947	2.60	1984	2.44
1874	2.32	1911	2.56	1948	2.20	1985	2.34
1875	2.31	1912	2.72	1949	1.89	1986	2.66
1876	2.54	1913	2.60	1950	1.98	1987	2.89
1877	2.53	1914	2.60	1951	2.01	1988	2.64
1878	2.38	1915	2.61	1952	2.30	1989	2.47
1879	2.43	1916	2.30	1953	2.39	1990	2.72
1880	2.57	1917	1.85	1954	2.31	1991	2.73
1881	2.54	1918	1.75	1955	2.53	1992	3.26
1882	2.60	1919	2.08	1956	2.49	1993	3.11
1883	2.61	1920	2.26	1957	2.59	1994	3.06
1884	2.58	1921	2.24	1958	2.52	1995	2.70
1885	2.63	1922	3.12	1959	2.93	1996	2.89
1886	2.94	1923	2.52	1960	2.84	1997	2.97
1887	2.82	1924	2.20	1961	2.92	1998	3.19
1888	2.71	1925	2.40	1962	3.06	1999	3.49
1889	2.99	1926	2.32	1963	2.87	2000	3.37
1890	2.89	1927	2.39	1964	2.93	2001	3.32
1891	2.80	1928	2.74	1965	2.93	2002	3.83
1892	2.78	1929	2.88	1966	2.88	2003	3.45
1893	2.74	1930	2.63	1967	2.73	2004	3.12
1894	2.84	1931	2.83	1968	2.87	2005	3.00
1895	3.23	1932	2.64	1969	2.87	2006	2.89
1896	2.85	1933	2.84	1970	2.76	2007	2.85
1897	2.96	1934	3.17	1971	2.90	2008	3.07
1898	2.75	1935	2.79	1972	2.89	2009	4.26
1899	2.82	1936	2.88	1973	2.90	2010	3.03
1900	2.54	1937	2.82	1974	2.46	2011	2.79
1901	2.69	1938	2.35	1975	2.12	2012	2.70
1902	2.77	1939	2.94	1976	2.47	2013	2.83
1903	2.61	1940	2.58	1977	2.34	2014	2.90
1904	2.54	1941	2.30	1978	2.11	2015	3.00
1905	2.81	1942	2.08	1979	2.06	2016	3.10
1906	2.68	1943	2.27	1980	2.00	2017	3.16
1907	2.54	1944	2.54	1981	2.20	2018	3.22

注：数据来源于 https：//www. multpl. com/s－p－500－pe－ratio/table/by－year。

```
. tsset year,year
        time variable:  year, 1871 to 2018
                delta:  1 year
```

图 6-12 定义变量 year 为时间序列

（二）相关性分析

对时间序列进行分析，首先要确定时间序列数据是否存在自相关。

输入下列命令：

corrgram lnpe

命令含义：分析变量 lnpe 的自相关和偏自相关。

结果如图 6-13 所示，P 值均为 0，说明序列 lnpe 存在自相关及偏自相关。

```
. corrgram lnpe

                                          -1       0       1 -1       0       1
LAG     AC        PAC      Q      Prob>Q  [Autocorrelation]  [Partial Autocor]
-------------------------------------------------------------------------------
1      0.7267   0.7374  79.749  0.0000          |-----             |-----
2      0.5617   0.0778  127.72  0.0000          |----              |
3      0.4700   0.0916  161.54  0.0000          |---               |
4      0.3823   0.0030  184.07  0.0000          |---               |
5      0.3574   0.1109   203.9  0.0000          |--                |
6      0.3923   0.1693  227.96  0.0000          |---               |-
7      0.3841   0.0277  251.19  0.0000          |---               |
8      0.2784  -0.1668  263.48  0.0000          |--               -|
9      0.2256   0.0198  271.61  0.0000          |-                 |
10     0.1421  -0.0450  274.86  0.0000          |-                 |
11     0.0445  -0.1812  275.18  0.0000          |                 -|
12    -0.0297  -0.1786  275.32  0.0000          |                 -|
13    -0.0777  -0.0841  276.32  0.0000          |                  |
14    -0.1099   0.0397  278.32  0.0000          |                  |
15    -0.0969   0.1367  279.89  0.0000          |                  |-
16    -0.1067  -0.0795   281.8  0.0000          |                  |
—more—
```

图 6-13 变量 lnpe 的自相关系数和偏自相关系数分析

根据上述自相关系数（AC）和偏相关系数（PAC）的分析，可以通过绘制图形的方式，更清晰地了解滞后期数。

输入下列命令：

ac lnpe

命令含义：绘制变量 lnpe 的自相关图。

结果如图 6-14 所示，前七期的取值均超过阴影部分，说明存在自相关，超出部分也可以作为滞后期数的参考。

图 6-14　变量 lnpe 的自相关图

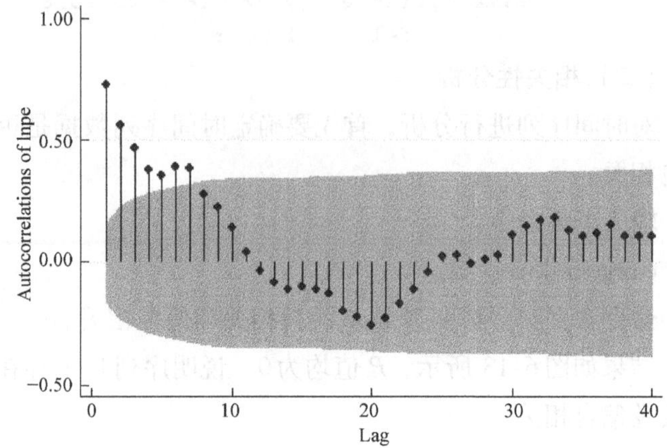

输入下列命令：

pac lnpe

命令含义：绘制变量 lnpe 的偏自相关图。

结果如图 6-15 所示，滞后一期的超出阴影部分明显，说明偏自相关显著。

图 6-15　变量 lnpe 的偏自相关图

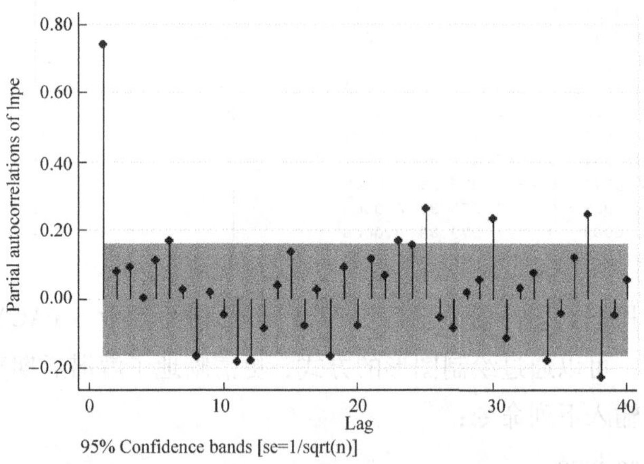

根据图 6-15 和图 6-16 可以确定时间序列 lnpe 存在自相关性和偏自相关性。为了让分析结果更可靠，可以尝试采用一阶差分的方法。

输入下列命令：

corrgram d. lnpe，lag（10）

命令含义：分析变量 lnpe 的一阶差分的自相关性和偏自相关性，其中 d. lnpe 表示一阶差分，如果要分析 lnpe 的二阶差分，则可以将“d. lnpe”修改为“d2lnpe”。

结果如图 6-16 所示，*P* 值已有所变化。

```
. corrgram d.lnpe,lag(10)

                                          -1       0       1 -1       0       1
LAG      AC        PAC        Q     Prob>Q  [Autocorrelation]  [Partial Autocor]
-------------------------------------------------------------------------------
1    -0.2002  -0.2003   6.0158  0.0142
2    -0.1367  -0.1844   8.8391  0.0120
3    -0.0063  -0.0819   8.8452  0.0314
4    -0.1146  -0.1753   10.858  0.0282
5    -0.1038  -0.2131    12.52  0.0283
6     0.0875  -0.0621   13.708  0.0331
7     0.1762   0.1280   18.565  0.0097
8    -0.1113  -0.0649   20.516  0.0085
9    -0.0013  -0.0215   20.517  0.0150
10    0.0855   0.1156   21.684  0.0168
```

图 6-16　变量 lnpe 一阶差分的自相关和偏自相关

通过绘制 lnpe 的一阶差分的自相关图和偏自相关图，确认自相关性。

输入下列命令：

ac d. lnpe，lag（10）

命令含义：绘制 lnpe 一阶差分的自相关图，其中 lag（10）表示显示滞后 10 期的结果。

结果如图 6-17 所示，第 1 阶自相关与第 7 阶相关系数在 95% 水平显著的不为 0，同时结合图 6-16 自相关系数显示存在断尾，因此考虑建立 AR（1）模型。

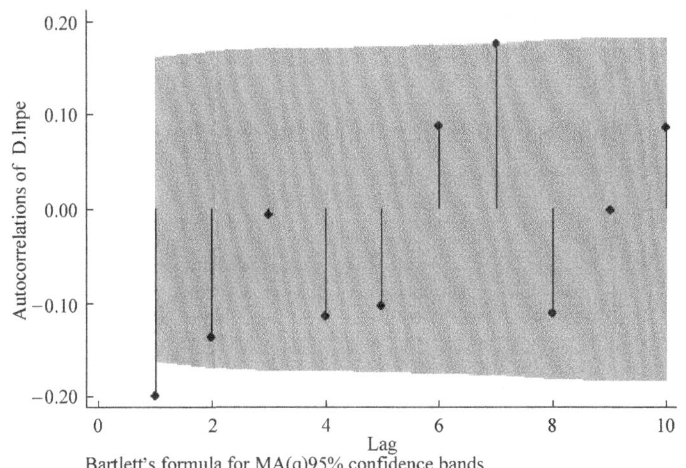

图 6-17　lnpe 的一阶差分自相关图

同时输入下列命令：

pac d. lnpe，lag（10）

命令含义：绘制 lnpe 一阶差分的偏自相关图，其中 lag（10）表示显示滞后 10 期的结果。

结果如图 6-18 所示，第 1、2、4、5 阶偏自相关在 95% 置信水平显著不为 0，同时自相关系数显示存在断尾，因此考虑建立 AR（5）模型。

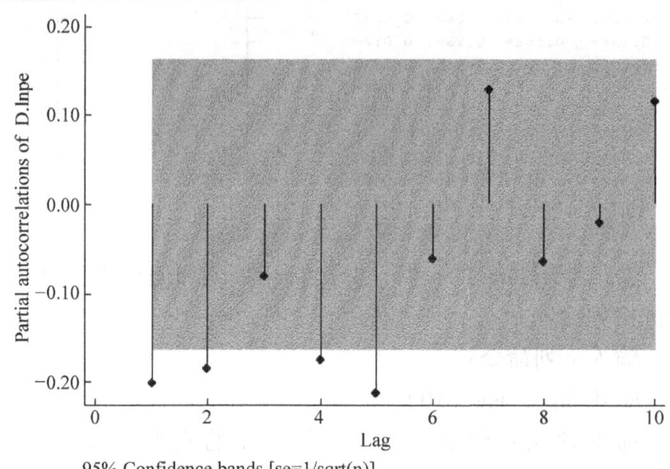

图 6-18 lnpe 的一阶差分偏自相关图

（三）平稳性检验

要对时间序列 lnpe 进行分析，必须检验 lnpe 的平稳性。

输入下列命令：

dfuller d. lnpe

命令含义：对 lnpe 的一阶差分进行 Dickey - Fuller 检验。

结果如图 6-19 所示，P 值为 0，变量 lnpe 是一阶单整。

图 6-19 变量 lnpe 一阶差分的 Dickey - Fuller 检验

```
. dfuller d.lnpe

Dickey-Fuller test for unit root                   Number of obs   =   146

                          ---------- Interpolated Dickey-Fuller ----------
                  Test        1% Critical       5% Critical      10% Critical
               Statistic          Value             Value             Value
------------------------------------------------------------------------------
 Z(t)           -14.704           -3.495            -2.887            -2.577
------------------------------------------------------------------------------
MacKinnon approximate p-value for Z(t) = 0.0000
```

输入下列命令：

pperron d. lnpe

命令含义：对 lnpe 的一阶差分进行 Phillips - Perron 检验。

结果如图 6-20 所示，P 值为 0，变量 lnpe 是一阶单整。

```
. pperron d.lnpe

Phillips-Perron test for unit root              Number of obs   =     146
                                                Newey-West lags =       4

                         ——————— Interpolated Dickey-Fuller ———————
                Test        1% Critical       5% Critical      10% Critical
              Statistic        Value             Value             Value
──────────────────────────────────────────────────────────────────────────
 Z(rho)     -147.628          -19.953           -13.792           -11.061
 Z(t)        -15.894           -3.495            -2.887            -2.577
──────────────────────────────────────────────────────────────────────────
MacKinnon approximate p-value for Z(t) = 0.0000
```

图 6-20　变量 lnpe 一阶差分的 Phillips - Perron 检验

（四）ARIMA 模型估计

表 6-3 为 ARMA 模型 p 和 q 的确定依据，结合上述分析，可以估计 ARIMA 模型。

表 6-3　ARMA(p,q) 模型的 ACF 与 PACF 理论模式

模型	ACF	PACF
AR（p）	衰减趋于零（几何型或振荡型）	p 阶后截尾
MA（q）	q 阶后截尾	衰减趋于零（几何型或振荡型）
ARMA（p，q）	q 阶后衰减趋于零（几何型或振荡型）	p 阶后衰减趋于零（几何型或振荡型）

输入下列命令：

arima lnpe，arima（1，1，1）nolog

命令含义：估计时间序列 lnpe 的 ARIMA 回归模型，nolog 表示不显示似然值。

结果如图 6-21 所示，这里的 p、d、q 全部都取值 1，仅方便操作示范，在实际研究中，可以根据相关性的滞后阶数和单整阶数，结合 AIC 值和 BIC 值确定合适的模型。

图 6-21 ARIMA 模型回归结果

```
ARIMA regression

Sample:  1872 - 2018                            Number of obs     =        147
                                                Wald chi2(1)      =     252.70
Log likelihood = -6.200941                      Prob > chi2       =     0.0000

------------------------------------------------------------------------------
             |                 OPG
      D.lnpe |      Coef.   Std. Err.      z    P>|z|     [95% Conf. Interval]
-------------+----------------------------------------------------------------
lnpe         |
       _cons |    .003138    .0015711     2.00   0.046     .0000587    .0062172
-------------+----------------------------------------------------------------
ARMA         |
          ar |
         L1. |   .7107488    .0447106    15.90   0.000     .6231176    .7983801
             |
          ma |
         L1. |         -1           .        .       .            .           .
-------------+----------------------------------------------------------------
      /sigma |   .2496193     .009154    27.27   0.000     .2316779    .2675608
------------------------------------------------------------------------------
Note: The test of the variance against zero is one sided, and the
      two-sided confidence interval is truncated at zero.
```

（五）检验 ARIMA 模型

通过利用残差的性质，对上述模型结果进行评价。

输入下列命令：

predict lnperes，resid

命令含义：得到 lnpe 的残差序列，名称为 lnperes。

结果如图 6-22 所示。

图 6-22 lnperes 残差序列

```
. predict lnperes,resid
(1 missing value generated)
```

	year	lnpe	lnperes
1	1871	2.41	.
2	1872	2.49	.076862
3	1873	2.47	-.0120217
4	1874	2.32	-.1471955
5	1875	2.31	-.0349787
6	1876	2.54	.2047492
7	1877	2.53	.0116098

输入下列命令：

corrgram lnperes

命令含义：检验残差序列的自相关和偏自相关。

结果如图 6-23 所示，残差序列不存在自相关，是平稳序列，可以判断 ARIMA 模型的拟合效果还可以。

```
. corrgram lnperes

                                          -1       0       1 -1       0       1
 LAG       AC       PAC      Q     Prob>Q  [Autocorrelation]  [Partial Autocor]
-------------------------------------------------------------------------------
1      -0.0500  -0.0501  .37511  0.5402
2      -0.0276  -0.0304  .49038  0.7826
3       0.0655   0.0630  1.1428  0.7667
4      -0.0404  -0.0349  1.3924  0.8455
5      -0.0365  -0.0377  1.5979  0.9015
6       0.1294   0.1216  4.1991  0.6497
7       0.2021   0.2255   10.59  0.1575
8      -0.0534  -0.0207  11.039  0.1995
9       0.0387   0.0277  11.276  0.2573
10      0.0906   0.1065  12.587  0.2477
11     -0.0267   0.0182  12.702  0.3133
12     -0.0562  -0.1103  13.213  0.3537
13     -0.0506  -0.1927  13.631  0.4003
14     -0.0994  -0.1928  15.259  0.3607
15      0.0083   0.0454  15.271  0.4321
16     -0.0244  -0.0699   15.37  0.4977
17      0.0844   0.0838  16.569  0.4839
18     -0.1081  -0.1644  18.555  0.4197
```

图 6-23 lnperes 的自相关分析

第四节 VAR 模型

传统的经济计量方法是以经济理论为基础来描述变量关系的模型。通常经济理论难以对变量之间的动态联系提供一个严密的说明，而且内生变量的出现容易使得估计和推断变得更加复杂。为了解决这些问题而出现了一种用非结构性方法来建立各个变量之间关系的模型。向量自回归（VAR）模型和向量误差修正（VEC）模型都是非结构化的多方程模型。该种模型不以经济理论为基础，它采用多方程联立的形式，用内生变量对全部内生变量的滞后期进行回归，从而获得全部内生变量间的动态关系。该模型解决了有些内生变量既可以置于方程式的左边、同时又可以置于方程式右边的难题。

一、向量自回归模型

向量自回归（vector autoregressive，VAR）模型是由多元时间序列变量组成的，是向量自回归移动平均模型的简化。向量自回归是指系统内每个方程都有包含相同的内生变量的滞后期。VAR是基于数据的统计性质建立模型，VAR模型把系统中每一个内生变量作为系统中所有内生变量的滞后期的函数来构造模型，从而将单变量自回归模型推广到由多元时间序列变量组成的向量自回归模型。该模型可以用来预测相关联的经济时间序列系统，并分析随机扰动对变量系统的动态冲击，进一步解释经济冲击对经济变量所产生的影响。在一定的条件下，多元MA和ARMA模型也可转化成VAR模型。

假设y_{1t}，y_{2t}之间存在关系，采用联立的形式，可以建立起两个变量之间的关系。VAR模型的结构与两个参数有关：一个是所含变量个数N，一个是最大滞后阶数p。

VAR(p)模型的一般数学表达式是

$$\boldsymbol{Y}_t=\boldsymbol{C}+\boldsymbol{A}_1\boldsymbol{Y}_{t-1}+\boldsymbol{A}_2\boldsymbol{Y}_{t-2}+\cdots+\boldsymbol{A}_p\boldsymbol{Y}_{t-p}+\boldsymbol{B}\boldsymbol{x}_t+\boldsymbol{\varepsilon}_t$$
$$(t=1,2,\cdots,n)$$

其中，$\boldsymbol{C}$表示$n\times1$阶的常数向量，$\boldsymbol{Y}_t$是$n\times1$阶时间序列列向量（内生变量列向量），$\boldsymbol{B}\boldsymbol{x}_t$是$m$阶外生变量列向量，$\boldsymbol{A}_p$表示$n\times n$阶的待估参数矩阵。为了简化分析，介绍的VAR模型都是不含外生变量的向量自回归模型，即不包含$\boldsymbol{B}\boldsymbol{x}_t$。$\boldsymbol{\varepsilon}_t$是$n\times1$阶随机扰动列向量，它们相互之间可以同期相关，但不与自己的滞后值相关且不与等式右边的变量相关。

以两个变量y_{1t}，y_{2t}滞后2期的VAR模型为例，模型的数学表达式为

$$\begin{cases}y_{1t}=c_1+\alpha_{11.1}y_{1,t-1}+\alpha_{12.1}y_{2,t-1}+\alpha_{11.2}y_{1,t-1}+\alpha_{12.2}y_{2,t-1}+\mu_{1t}\\ y_{2t}=c_2+\alpha_{21.1}y_{1,t-1}+\alpha_{22.1}y_{2,t-1}+\alpha_{21.2}y_{1,t-1}+\alpha_{22.2}y_{2,t-1}+\mu_{2t}\end{cases}$$

VAR 模型需要估计的参数较多。例如，VAR 模型含 3 个变量（$N=3$），最大滞后期为 $p=2$，则有 $2\times3^2=18$ 个参数需要估计；当样本容量较小时，多数参数估计的精度较差，因此需大样本，一般 $n>50$。

二、VAR 模型的稳定性

VAR 模型稳定的充分与必要条件是参数 A 的所有特征值都要在单位圆以内（在以横轴为实数轴，纵轴为虚数轴的坐标体系中，以原点为圆心、半径为 1 的圆即为单位圆），或特征值的根都要小于 1。整个 VAR 模型系统的平稳与否，不能根据某一个等式中的自回归系数判断，而是要考虑整个系统的平稳性条件。如果只考虑单个等式中的某个自回归系数，就会忽略 y_{1t}和 y_{2t}之间的互动关系，而整个 VAR 模型是一个互动的动态系统。平稳变量构成的一定是稳定的模型，但稳定的模型不一定由平稳变量构成，也可能由非平稳变量（存在协整关系）构成。非平稳的时间序列的线性组合可能是平稳序列，把这种组合后平稳的序列称为协整方程，并且这些非平稳的经济变量间具有长期稳定的均衡关系。而协整检验是在 VAR 模型的基础上对回归系数进行检验的方法，可以进行多变量协整检验。

三、Granger 因果检验

Granger（格兰杰）因果检验主要用来分析某个变量的所有滞后项是否对另一个或几个变量的当期值有影响，判断一个变量的变化是不是另一个变量变化的原因。通过Granger因果检验可以判断出变量 y 能在多大程度上被变量 x 的过去值所解释，即加入变量 x 的滞后期后是否提高了解释力度。如果 x 与 y 的相关系数在统计上是显著的，则说明“y 是由 x 的 Granger 引起的”。如果变量 y 受到变量 x 的滞后期影响，则 x 与 y 之间的 Granger 因果关系成立。因此 Granger 因果检验经常被解释为在 VAR 模型中，某个变量是否可以用来提高对其他相关变量的预测能力。所以，“Granger 因果关系”的实质是一种“预测”关系，而并非真正汉语意义上的“因果关系”。Granger 因果检验结果与滞后期 p 的确定有关。

例如，考虑 2001 年 1 月至 2010 年 10 月期间上海证券综合指数收益率（RS - ANGHAI）与标准普尔 500 股票价格指数收益率（RSP 500）这两个变量组成的 VAR（2）模型，可以检验二者是否互相为 Granger 因果关系。

四、VAR 模型中滞后阶数 p 的确定方法

如果在 VAR 模型中解释变量的最大滞后阶数 p 太小，残差可能存在自相关，并导致参数估计的非一致性。适当加大 p 值（即增加滞后变量个数），可消除残差中存在的自相关。但如果 p 值过大，待估参数过多，自由度将严重降低，直接影响模型参数估计的有效性。因此主要采用以下两种常用的确定 p 值的方法，既保证参数估计的有效性，又避免残差的自相关引起参数估计的非一致性。

一种方法是采用赤池信息准则（AIC）和施瓦茨准则（SC）确定 p 值。确定 p 值的方法与原则是在增加 p 值的过程中，使 AIC 值和 SC 值同时最小。具体做法是，如对年度、季度等数据，一般比较到 $p=4$，即分别建立 VAR（1）、VAR（2）、VAR（3）、VAR（4）模型，比较 AIC、SC，使它们同时取最小值的 p 值即为所求；而对月度数据，一般比较到 $p=12$。

当 AIC 与 SC 的最小值对应不同的 p 值时，只能用似然比率检验法，即 LR（likelihood ratio）检验法。LR 检验法基于最大似然估计，比较不同滞后期数对应的似然函数值，考察滞后期的增大是否导致 VAR 系统对应的似然函数出现显著性增大。首先需要给定一个最大的滞后期数，然后循环运用 LR 检验来判断最大滞后期数。有些计量软件的输出结果

会显示“sequential LR test”（循环 LR 检验）的字样，实际上就是循环地应用了以上介绍的 LR 检验过程。最大滞后期数的设定具有一定的主观性，但通常可以根据分析数据的频率来确定。例如：对于月度数据，可以考虑 12、18 或者 24 为最大滞后期数；对于季度数据，一般可以先给定一个最大的 4 或 8 滞后期数；对于年度数据，可以考虑 2、3 或者 4 期为最大滞后期数。

在很多情况下，不同的准则或检验统计量选择的最优滞后期数可能会不同，这时可以根据“多数原则”，即超过半数以上的可用判断准则指向的那个滞后期数，很可能就是一个最优的选择。如果利用这个原则仍然无法判断，则可以对不同滞后期的 VAR 模型进行回归估计，然后考察结果是否对滞后期很敏感，不同滞后期对分析的问题的结论是否影响很大。这样的过程实际上就是所谓的稳健性（robustness）检验过程。

五、脉冲响应分析与方差分解

（一）脉冲响应分析

在很多情况下，VAR 模型中的各个等式中的系数并不是研究者关注的对象，其主要原因就是 VAR 模型系统中的系数往往非常多。例如，在一个 3 个变量的 VAR（3）模型，每个回归等式都含有 $1+3\times3=10$ 个系数。所以，三个回归等式实际上一共有 $3\times10=30$ 个系数。对于一个稍微大一点的模型系统，如 5 个变量的 VAR（4）模型，一共有 $5\times(5\times4+1)=105$个系数。此外，如果考虑整个 VAR 模型系统中的互动关系，就会认识到，其实每个单个的系数只是反映了一个局部的动态关系，而并不能捕捉到全面复杂的互动过程。而研究者又常常希望获得一个变量的变化对另一个变量的全部影响情况。在这种情况下，VAR 模型中的系数作用就不是很大了。而与 VAR 模型相关的脉冲响应函数

（impulse response functions，IRF）却能够比较全面地反映各个变量之间的动态影响。

脉冲响应函数分析方法可以用来描述一个内生变量对由误差项所带来的冲击的反应，即在随机误差项上施加一个标准差大小的冲击后，对内生变量的当期值和未来值所产生的影响程度。脉冲响应函数反映了内生变量对误差变化的反应情况。如果在 VAR（1）模型中，有

$$\begin{cases} x_t = \alpha_{11} x_{t-i} + \alpha_{12} z_{t-1} + \mu_{1t} & (t = 1, 2, \cdots, n) \\ z_t = \alpha_{21} x_{t-i} + \alpha_{22} z_{t-1} + \mu_{2t} & (t = 1, 2, \cdots, n) \end{cases}$$

其中，α 是参数；随机误差项 μ 被称为新息（Innovation）。当式中的 μ_t 发生变化时，当期的 x_t 会立刻发生改变；同时，当期的 x_t 变化会对 x_t 和 z_t 未来值产生影响。

脉冲响应函数在分析现实经济、金融问题方面有广泛的应用价值。例如，货币政策对通货膨胀的动态影响是货币政策专家非常关注的一个问题。货币政策的调节过程可能是通过货币总量、总产出与通货膨胀之间的动态作用来实现的。因此，通过一个向量动态模型可能会更精确地反映出通货膨胀在一个互动的系统内受到一个随机冲击后持续的时间跨度，从而清晰地表现出通货膨胀惯性和货币政策滞后效应。

（二）方差分解

脉冲响应函数能够捕捉到一个变量的冲击因素对另一变量的动态影响路径，方差分解（variance decomposition）同样可以研究 VAR 模型的动态特征。它是通过分析每个结构冲击对内生变量变化产生影响的程度来评价不同结构冲击的重要性。方差分解提供了关于每个扰动因素影响 VAR 模型内各个变量的相对程度。其基本思想就是要知道一个冲击要素 μ_t 的方差能由其他随机扰动项解释多少。通过获得这个信息，可以获知每个特定的冲击因素对于 μ_t 的相对重要性。方差分解问题可以通过求解 Y_t 的未来 h 期预测值来理解。

因此，方差分解告诉我们，在 VAR 系统中，一个变量

序列的波动（其方差）有多少是归因于它自身的冲击因素，还有多少是由系统中其他扰动因素造成的。

六、Stata 案例分析

表6-4 为某地区 1978 ~ 2010 年通货膨胀率与失业率的统计数据，以该数据为例进行 VAR 模型分析。

表6-4 某地区1978 ~ 2010 年通货膨胀率与失业率的统计数据

年份 year	失业率（%）une	通货膨胀率（%）inf	年份 year	失业率（%）une	通货膨胀率（%）inf	年份 year	失业率（%）une	通货膨胀率（%）inf
1978	5.3	0.7	1989	2.6	18	2000	3.1	0.4
1979	5.4	2.0	1990	2.5	3.1	2001	3.6	0.7
1980	4.9	6.0	1991	2.3	3.4	2002	4.0	-0.8
1981	3.8	2.4	1992	2.3	6.4	2003	4.3	1.2
1982	3.2	1.9	1993	2.6	14.7	2004	4.2	3.9
1983	2.3	1.5	1994	2.8	24.1	2005	4.2	1.8
1984	1.9	2.8	1995	2.9	17.1	2006	4.1	1.5
1985	1.8	9.3	1996	3	8.3	2007	4.0	4.8
1986	2.0	6.5	1997	3.1	2.8	2008	4.2	5.9
1987	2.0	7.3	1998	3.1	-0.8	2009	4.3	-0.7
1988	2.0	18.8	1999	3.1	-1.4	2010	4.1	3.3

（一）绘制时间趋势图

输入下列命令：

tsset year

命令含义：定义 year 为时间序列。

tsline une inf, lpattern（solid dash）

命令含义：绘制 une 和 inf 的时间趋势图，并用实线和虚线区分。

结果如图 6-24 所示，通货膨胀率的波动相对于失业率要明显得多。

（二）估计 VAR 系统阶数

输入下列命令：

varsoc une inf

命令含义：估计 VAR 模型的系统阶数，默认显示滞后 4

阶。如果需要显示更多的滞后期，可以添加子命令，如 varsoc une inf，lags（10），lag（10）表示显示 10 阶。

图 6-24 变量 une 和 inf 的时间趋势图

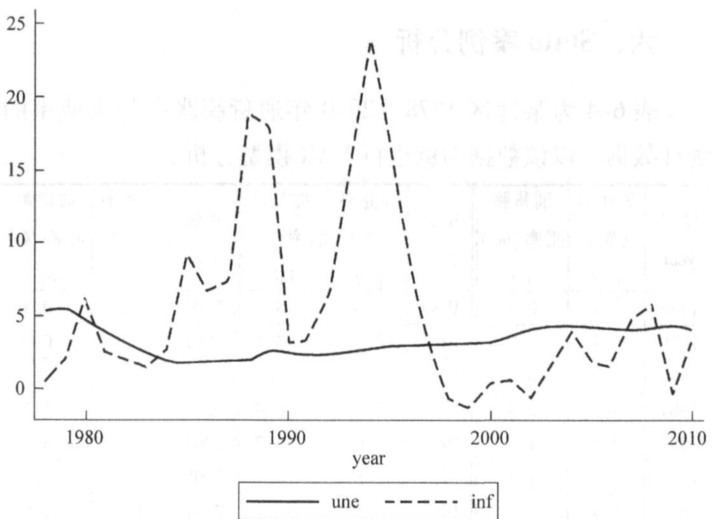

结果如图 6-25 所示，p 为 3 时 AIC 和 BIC 信息准则最小化，同时数值后边显示“＊”。

图 6-25 VAR 系统阶数估计

```
. varsoc une inf

Selection-order criteria
Sample:  1982 - 2010                         Number of obs     =     29
```

lag	LL	LR	df	p	FPE	AIC	HQIC	SBIC
0	-128.745				28.2525	9.01688	9.04641	9.11118
1	-89.5322	78.425	4	0.000	2.49468	6.58843	6.67703	6.87132
2	-76.5979	25.869	4	0.000	1.35456	5.97227	6.11993	6.44375*
3	-71.6679	9.8601*	4	0.043	1.28635*	5.90813*	6.11486*	6.5682
4	-69.9146	3.5065	4	0.477	1.53672	6.06308	6.32887	6.91174

```
Endogenous:  une inf
 Exogenous:  _cons
```

（三）VAR 模型估计

输入下列命令：

var une inf，lags（1/3）

命令含义：估计三阶 VAR 回归模型。

结果如图 6-26 所示，部分参数估计结果显著，这可能是由于样本数据量的原因导致。

```
. var une inf ,lags(1/3)

Vector autoregression

Sample:  1981 - 2010                       Number of obs =        30
Log likelihood =  -80.35225                AIC           =   6.29015
FPE            =     1.8812                HQIC          =  6.499336
Det(Sigma_ml)  =    .7269209               SBIC          =  6.944042

Equation           Parms      RMSE     R-sq      chi2     P>chi2
----------------------------------------------------------------
une                  7     .255544   0.9269   380.5548   0.0000
inf                  7     4.35757   0.6532   56.50464   0.0000
----------------------------------------------------------------

------------------------------------------------------------------------------
             |      Coef.   Std. Err.      z    P>|z|     [95% Conf. Interval]
-------------+----------------------------------------------------------------
une          |
         une |
         L1. |   1.346908   .1733692     7.77   0.000      1.00711    1.686705
         L2. |  -.3030344   .2852217    -1.06   0.288    -.8620586    .2559899
         L3. |  -.2347722   .1657829    -1.42   0.157    -.5597008    .0901563
             |
         inf |
         L1. |   .0064465   .0100519     0.64   0.521    -.0132548    .0261479
         L2. |  -.0209633   .0125951    -1.66   0.096    -.0456493    .0037227
         L3. |  -.0009772   .0102543    -0.10   0.924    -.0210752    .0191209
             |
       _cons |   .6911529   .2343585     2.95   0.003     .2318185    1.150487
-------------+----------------------------------------------------------------
inf          |
         une |
         L1. |  -5.927005   2.956313    -2.00   0.045    -11.72127   -.1327391
         L2. |   7.800815   4.863635     1.60   0.109    -1.731735    17.33336
         L3. |  -5.005248   2.826951    -1.77   0.077    -10.54597    .5354739
             |
         inf |
         L1. |   .8424519   .1714064     4.91   0.000     .5065014    1.178402
         L2. |   -.522056   .2147735    -2.43   0.015    -.9430044   -.1011075
         L3. |   .0223652   .1748574     0.13   0.898    -.3203491    .3650794
             |
       _cons |   13.61666   3.996311     3.41   0.001     5.784033    21.44928
------------------------------------------------------------------------------
```

图 6-26 VAR 回归结果

（四）稳定性检验

输入下列命令：

varstable，graph

命令含义：检验 VAR 模型的稳定性。

结果如图 6-27 所示，所有特征值均在单位圆之内，满足 VAR 模型的稳定性要求。

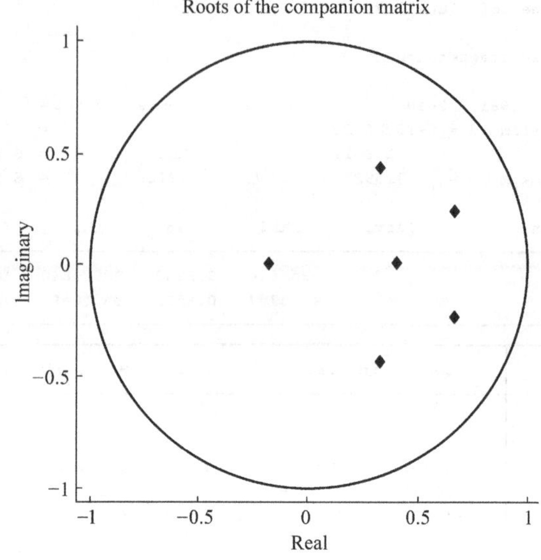

图 6-27 VAR 系统稳定性的判断图

（五）格兰杰因果检验

输入下列命令：

vargranger

命令含义：对上述模型进行格兰杰因果检验。

结果如图 6-28 所示，p 值均比较小，说明二者互为格兰杰原因。

图 6-28 格兰杰因果检验

```
. vargranger

Granger causality Wald tests
```

Equation	Excluded	chi2	df	Prob > chi2
une	inf	6.4434	3	0.092
une	ALL	6.4434	3	0.092
inf	une	9.3937	3	0.024
inf	ALL	9.3937	3	0.024

（六）脉冲分析

输入下列命令：

irf set result

命令含义：创建并激活 result. irf 文件。

结果如图 6-29 所示。

```
. irf set result
(file result.irf created)
(file result.irf now active)
```

图 6-29 创建 irf 文件

输入下列命令：

irf creat result, order (une inf)

命令含义：将名为 result 的文件进行变量顺序的安排。

结果如图 6-30 所示。

```
. irf creat result,order( une inf)
(file result.irf updated)
```

图 6-30 变量顺序安排

输入下列命令：

irf graph oirf

命令含义：绘制脉冲分析图。

结果如图 6-31 所示；其中每个小图的标题，如“result, une, inf”，依次表示脉冲结果文件名，脉冲变量“une”，响应变量“inf”。

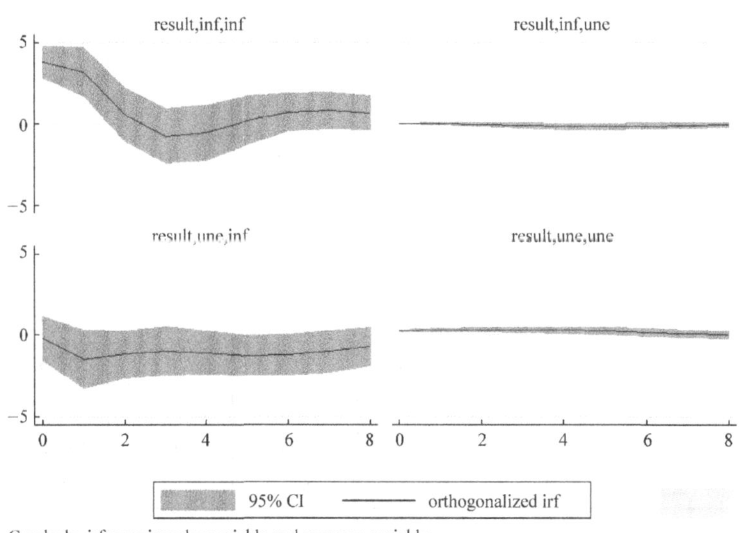

图 6-31 正交化脉冲响应图

练 习 题

1. CPI 是居民消费价格指数（consumer price index）的简称。居民消费价格指数是一个反映居民家庭一般所购买的消费品和服务项目价格水平变动情况的宏观经济指标。它是在特定时段内度量一组代表性消费商品及服务项目的价格水平随时间而变动的相对数，是用来反映居民家庭购买消费商品及服务的价格水平的变动情况。表 6-5 为 2017 ~ 2018 年我国每月 CPI。

2. 能源消费总量是一定时期内全国物质生产部门、非物质生产部门消费的各种能源的总和。是观察能源消费水平、构成和增长速度的总量指标。表 6-6 为 1991 ~ 2017 年我国能源消费总量。

表 6-5　2017 ~ 2018 年我国每月 CPI

年份 year	月份 month	CPI cpi	年份 year	月份 month	CPI cpi
2017	1	102. 5	2018	1	101. 5
2017	2	100. 8	2018	2	102. 9
2017	3	100. 9	2018	3	102. 1
2017	4	101. 2	2018	4	101. 8
2017	5	101. 5	2018	5	101. 8
2017	6	101. 5	2018	6	101. 9
2017	7	101. 4	2018	7	102. 1
2017	8	101. 8	2018	8	102. 3
2017	9	101. 6	2018	9	102. 5
2017	10	101. 9	2018	10	102. 5
2017	11	101. 7	2018	11	102. 2
2017	12	101. 8	2018	12	101. 9

要求：将表 6-5 的数据定义为时间序列，并对其进行修匀操作。

表 6-6 1991 ~ 2017 年我国能源消费总量

（单位：万 t 标准煤）

年 份	能源消费总量	年 份	能源消费总量	年 份	能源消费总量
1991	103783	2000	146964	2009	336126
1992	109170	2001	155547	2010	360648
1993	115993	2002	169577	2011	387043
1994	122737	2003	197083	2012	402138
1995	131176	2004	230281	2013	416913
1996	135192	2005	261369	2014	425806
1997	135909	2006	286467	2015	429905
1998	136184	2007	311442	2016	435819
1999	140569	2008	320611	2017	449000

要求：根据表 6-6 的数据建立 ARIMA 模型。

第七章

主成分分析与因子分析

从2013年至2018年，中国与“一带一路”沿线国家进出口总额超过6万亿美元，对“一带一路”沿线国家直接投资超过900亿美元，其中2018年中国企业对“一带一路”沿线的56个国家实现非金融类直接投资156.4亿美元，同比增长8.9%。“一带一路”倡议已经显示出了巨大的合作发展潜力。因此，当前有效识别“一带一路”沿线国家的投资风险具有必要性和迫切性。研究者为全面量化影响“一带一路”沿线国家投资风险，从经济条件、负债能力、社会稳定、执政能力与双边关系五个方面筛选可能对投资风险产生影响的主要指标，见表7-1。

表 7-1　风险评价指标体系

经济条件 X_1	市场规模	社会稳定 X_3	内部冲突
	发展水平		环境政策
	经济增速		资本和人员流动的限制
	经济波动性		劳动力市场管制
	贸易开放度		商业管制
	投资开发度		教育工作水平
	资本账户开放度		社会安全
	通货膨胀		其他投资风险
	失业率	执政能力 X_4	控制腐败
	收入分配		政府有效性
负债能力 X_2	公共债务/GDP		监管质量
	外债/GDP		法律规则
	短期外债/总外债		民主和问责制
	财政余额/GDP	双边关系 X_4	投资依存度
	外债/外汇储备		贸易依存度
	经常账户余额/GDP		签证情况
	贸易条件		投资受阻程度
	银行业不良贷款资产比重		双边政治联系

表中五个方面共 36 个因素考察投资风险的高低，由于涉及的维度较高，超出了正常直观理解的维度（常见的如一维、二维、三维），难以得出可靠的判断结果，因此如果能从这众多的信息中提炼一些综合的信息，生成若干个（较少的）综合指标，则进行投资风险的判断将会变得简单得多。㊀

同样，在社会经济生活中，常常遇到需要多方面权衡才能解决的问题，用统计的思维来看，即问题通常是多层面的，受到多个变量（影响因素）的影响，只有对这些变量的内在结构进行分析后，才能做出正确的决策。例如，高三

㊀ 资料来源：张栋，等．“一带一路”沿线主要国家投资风险识别与对策研究［J］．东北亚论坛，2019（3）．

的学生在填报高考志愿的时候，总是需要将自己的兴趣爱好与能力水平等综合考虑，才能做出最适合自己的决策；或者某外商在准备投资时，总是要考虑劳动力成本、投资政策、税收优惠等因素，最终确定投资方案；当需要对地区的经济效益或经济发展水平进行评价分析，对区域竞争力进行对比，对行业的经营绩效进行综合评估对比时，为了能够全面刻画所要研究对象的数量特征，往往会进行全方位的调查，大量的收集该研究对象的多方面统计数据。本章及第八章介绍的方法，就是利用多元统计分析方法，对多变量进行降维处理，如主成分分析、因子分析等，可以在不损失样本信息的前提下有效地简化统计分析的过程，达到进行客观分析的目的。

第一节　主成分分析

由于事物的特征是多方面的，在进行数据统计分析时，经常会遇见变量特别多的情况，而且很多时候这些变量之间还存在着很强的相关关系或者变量之间存在着很强的信息重叠，如在经济统计分析中的经济效益、地区经济发展水平、区域经济发展竞争力、人民生活水平和生活质量等变量。在这些问题的研究中，为了避免遗漏重要信息，应当考虑尽可能多地引入研究变量，但如果直接对所有数据进行分析，势必增加分析问题的复杂性。

主成分分析正是研究将多个变量转化为少数几个综合变量（主成分）的一种降维技术。这种分析方法使得转化得出的综合变量既能够代表原始变量的绝大多数信息，但又互不相关，然后利用这些新的变量来替代以前的变量进行分析。

一、主成分分析的基本思想

通过对原始变量相关矩阵或协方差矩阵内部结构关系的研究，利用原始变量的线性组合形成几个综合指标（主成分），在保留原始变量主要信息的前提下起到降维与简化问题的作用。一般来说，利用主成分分析得到的主成分与原始变量之间应当具有如下关系：

（1）每个主成分都是各原始变量的线性组合；

（2）最终提取的主成分的数目少于原始变量的数目；

（3）最终提取的主成分保留了原始变量中蕴含的绝大多数信息，并按保留信息多少排序，即第一个主成分应当保留最多的信息，第二个主成分保留的信息次之，以此类推；

（4）各个主成分之间互不相关。

因此，主成分分析的根本任务就是利用原始变量之间的相关性，实现对原始数据的降维。此外，通过主成分分析，还可以识别原始变量之间的关联模式。

二、主成分分析的基本原理

假设研究对象包含 n 个样本观察数据，p 个指标变量（$n>p$），分别用 X_1，X_2，…，X_p 表示，这 p 个指标变量构成向量 $\boldsymbol{X}=(X_1,X_2,\cdots,X_p)$，也可以矩阵形式表示：

$$\boldsymbol{X}=\begin{pmatrix} x_{11} & x_{12} & \cdots & x_{1p} \\ x_{21} & x_{22} & \cdots & x_{2p} \\ \vdots & \vdots & & \vdots \\ x_{n1} & x_{n2} & \cdots & x_{np} \end{pmatrix}$$

对 $\boldsymbol{X}$ 进行线性变换，可以形成新的综合变量，用 $\boldsymbol{Y}$ 表示，即为

$$\begin{cases} Y_1 = u_{11}X_1 + u_{12}X_2 + \cdots + u_{1p}X_p \\ Y_2 = u_{21}X_1 + u_{22}X_2 + \cdots + u_{2p}X_p \\ \vdots \\ Y_p = u_{n1}X_1 + u_{n2}X_2 + \cdots + u_{np}X_p \end{cases}$$

其中，

$$\sum_{i=1}^{p} u_{ki}^2 = u_k^{\mathrm{T}} u_k = u_{k1}^2 + u_{k2}^2 + \cdots + u_{kp}^2 = 1(k = 1,2,\cdots,p)$$

用矩阵表示为

$$\boldsymbol{Y} = \boldsymbol{XU}$$

其中，

$$\boldsymbol{Y} = \begin{pmatrix} y_{11} & y_{12} & \cdots & y_{1p} \\ y_{21} & y_{22} & \cdots & y_{2p} \\ \vdots & \vdots & & \vdots \\ y_{n1} & y_{n2} & \cdots & y_{np} \end{pmatrix}$$

$$\boldsymbol{U} = \begin{pmatrix} u_{11} & u_{12} & \cdots & u_{1p} \\ u_{21} & u_{22} & \cdots & u_{2p} \\ \vdots & \vdots & & \vdots \\ u_{n1} & u_{n2} & \cdots & u_{np} \end{pmatrix}$$

由于可对原始变量任意地进行上述线性变换，得到的综合变量 $\boldsymbol{Y}$ 的统计特性也各不相同。为了取得最好的效果，根据前述主成分分析的要求，对线性变换做出如下约束：

（1）Y_i 与 Y_j 不相关（$i \neq j$；i，$j = 1$，2，…，p），该约束是为了避免降维后的各个主成分存在信息冗余。

（2）Y_1 是 X_1，X_2，…，X_p 一切满足 $u_k^{\mathrm{T}} u_k = 1$ 的线性组合中方差最大者；Y_2 是与 Y_1 不相关的 X_1，X_2，…，X_p 所有线性组合中方差最大者；以此类推，Y_p 是与 Y_1，Y_2，…，Y_{p-1}都不相关的 X_1，X_2，…，X_p 所有线性组合中方差最大者。该约束是为了便于做出降维的选择，在实际分析中，通常保留前几个方差最大的主成分即可。

由此得到的综合变量 Y_1，Y_2，…，Y_p 分别为原始变量的第 1，2，…，p 个主成分。

三、主成分的性质

主成分就是在保留原始变量尽可能多的信息的前提下达到降维的目的，而要保留尽可能多的信息，也就是要让变换后所选择的少数几个主成分的方差之和尽可能地接近原始变量方差的总和。因此，主成分应具备以下几个性质：

（1）各个主成分的方差等于相应的特征根，即

$$Var(Y_k) = \lambda_k \quad (k = 1, 2, \cdots, p)$$

（2）各主成分的方差之和（特征根之和）等于原始变量方差之和，即

$$\sum_{i=1}^{p} \lambda_i = \sum_{j=1}^{p} \sigma_j^2$$

式中　σ_j^2——第 j 个原始变量的方差。

可见，如果保留所有的主成分，则信息毫无损失。

（3）将第 i 个主成分与第 j 个原始变量的相关系数称为载荷（loading），记为f_{ij}，其中 μ_{ji}是前文变量的参数矩阵则

$$f_{ij} = \frac{\mu_{ji} \sqrt{\lambda_i}}{\sqrt{\sigma_j^2}} \quad (i, j = 1, 2, \cdots, p)$$

根据载荷的绝对值大小可以解释主成分的含义。此外，根据主成分载荷，还可以计算出每个原始变量的变异中由前 c 个主成分所解释的部分为

$$\sum_{i=1}^{c} f_{ij}^2 (j = 1, 2, \cdots, p)$$

四、主成分分析的步骤

假定已经根据研究问题选取了分析变量，并得到由选取的变量所获得的样本观测数据矩阵 $\boldsymbol{X}$，则主成分分析步骤如下：

（1）根据研究问题选取初始分析变量。

（2）根据样本数据计算原始变量的方差和协方差，得到方差协方差矩阵 Cov（$\boldsymbol{X}$），由此判断由协方差矩阵求主成分还是由相关矩阵求主成分。

（3）求协方差矩阵或相关矩阵的特征根与相应标准特征向量。按由大到小的顺序对特征根进行排序，以相应的特征向量作为系数，顺次形成原始变量的线性组合。这就是所求的主成分，其方差为对应的特征根。

（4）判断是否存在明显的多重共线性，若存在，则回到第（2）步。

（5）根据需要保留一定数量的主成分，并根据各个主成分与原始变量的相关性对主成分进行解释。

（6）结合主成分对研究问题进行分析并深入研究。

在客观计算之后，需要研究者做出主观选择。根据主成分的性质，如果保留所有的主成分，则信息毫无损失，但这样达不到降维的目的。因此一般会根据前若干个主成分的累计方差占总方差的比重（即累计方差贡献率）来确定保留几个主成分。方差贡献率表达式如下：

$$\alpha_k = \frac{\lambda_k}{\sum_{i=1}^{p} \lambda_i} (i = 1,2,\cdots,p)$$

α_k 为第 k 个主成分 Y_k 的方差贡献率，则 $\sum_{i=1}^{m} \alpha_i (m < p)$ 为前 m 个主成分 Y_1，Y_2，…，Y_m 的累计方差贡献率。在实际应用中，m 的取值应满足 $\sum_{i=1}^{m} \alpha_i$ 超过一定的数值（如 80%）。这样既可以尽量保留信息，又可以达到降维的目的。

选取主成分还可以根据特征值的变化来确定，通常是利用碎石图来判断。碎石图是指以各个主成分的序号为横轴，以各个主成分的方差（特征根）为纵轴绘制而成的曲线图。

观察曲线的“肘部”，如果由某处开始，曲线下降的趋势开始趋于平稳，则只需保留“肘部”以上的主成分即可。实际应用中经验的做法常常是仅保留特征值大于 1 的那些主成分。

五、Stata 分析

表 7-2 为 2017 年上市公司共享经济板块公司财务数据。选取的 10 个变量分别为每股收益（x1）、每股净资产（x2）、每股净现金流量（x3）、净资产收益率（x4）、资产报酬率（x5）、营业利润/营业总收入（x6）、营业收入增长率（x7）、营业利润增长率（x8）、总资产增长率（x9）和股东权益增长率（x10）。利用表 7-2 的数据进行 Stata 主成分分析。

表 7-2　2017 年上市公司共享经济板块公司财务数据

公司代码	x1	x2	x3	x4	x5	x6	x7	x8	x9	x10
C000017	0.00	0.03	-0.01	9.62	2.95	1.32	-3.16	-56.85	36.00	10.65
C000572	-0.60	3.98	-0.26	-15.18	-8.49	-14.47	-30.29	-4542.30	-13.22	-12.69
C000936	0.22	5.10	-0.42	4.32	4.17	8.11	33.74	-71.42	27.07	-7.16
C002105	0.12	1.43	-0.14	8.67	5.82	2.91	26.30	413.90	4.38	9.22
C002285	0.49	2.48	-0.40	19.81	14.40	17.91	30.97	33.67	75.14	21.00
C002298	0.24	6.11	0.66	4.00	4.11	11.04	21.21	26.49	8.17	3.46
C002590	0.27	3.82	0.06	6.97	5.44	7.48	1.93	10.19	9.37	6.72
C002605	0.19	4.03	0.15	4.80	5.18	16.21	-7.06	-17.78	-2.52	6.45
C300198	0.07	1.60	0.02	4.32	4.64	7.24	32.48	15.41	27.99	3.87
C300317	0.37	5.76	-0.43	6.40	5.96	12.07	23.01	15.73	-0.41	8.71
C600679	0.19	3.33	0.05	5.74	6.70	8.50	126.63	79.78	8.06	5.97
C600754	0.92	13.55	3.68	6.79	3.64	9.39	27.71	49.35	-1.44	1.43
C600818	0.10	2.09	-0.15	4.66	3.17	4.62	-11.26	116.19	4.41	13.85
C601258	0.03	1.99	-0.46	1.60	2.07	0.82	6.78	4.57	-10.31	2.13
C601777	0.13	5.50	-0.45	2.37	2.59	1.37	14.07	1441.21	2.18	6.81
C603776	5.38	17.09	3.16	31.47	36.15	64.51	36.20	357.17	92.86	203.82

数据来源：锐思金融数据库。

输入下列命令：

correlate x1 - x10

命令含义：分析 10 个变量的相关性。

结果如图 7-1 所示，有部分的变量相关关系比较强，说明变量之间存在着信息的重叠，因此通过主成分分析的方法降维，整合初始变量是有利于分析的。

图 7-1 变量的相关性分析

```
. correlate x1-x10
(obs=16)
```

	x1	x2	x3	x4	x5	x6	x7	x8	x9	x10
x1	1.0000									
x2	0.8054	1.0000								
x3	0.7055	0.8792	1.0000							
x4	0.7947	0.4632	0.4651	1.0000						
x5	0.9286	0.6123	0.5230	0.9388	1.0000					
x6	0.9463	0.7086	0.6030	0.8779	0.9717	1.0000				
x7	0.2010	0.1478	0.1439	0.3346	0.3383	0.2814	1.0000			
x8	0.2463	0.0972	0.1069	0.5864	0.4273	0.3808	0.3737	1.0000		
x9	0.7111	0.3466	0.3146	0.8506	0.8371	0.7619	0.2303	0.2450	1.0000	
x10	0.9770	0.6878	0.5850	0.7809	0.9236	0.9202	0.1418	0.1992	0.7365	1.0000

输入下列命令：

pca x1 - x10

命令含义：以变量 x1，x2，…，x10 作为初始变量，通过其相关系数矩阵进行主成分分析。结果如图 7-2 所示。

图 7-2 主成分分析结果

```
Principal components/correlation          Number of obs    =        16
                                          Number of comp.  =        10
                                          Trace            =        10
Rotation: (unrotated = principal)         Rho              =    1.0000
```

Component	Eigenvalue	Difference	Proportion	Cumulative
Comp1	6.45911	4.98659	0.6459	0.6459
Comp2	1.47253	.506845	0.1473	0.7932
Comp3	.965681	.331742	0.0966	0.8897
Comp4	.633939	.363619	0.0634	0.9531
Comp5	.270321	.170858	0.0270	0.9802
Comp6	.0994631	.0344358	0.0099	0.9901
Comp7	.0650273	.0367102	0.0065	0.9966
Comp8	.0283171	.0252448	0.0028	0.9994
Comp9	.00307233	.000531944	0.0003	0.9997
Comp10	.00254039	.	0.0003	1.0000

Principal components (eigenvectors)

Variable	Comp1	Comp2	Comp3	Comp4	Comp5	Comp6	Comp7	Comp8	Comp9	Comp10	Unexplained
x1	0.3803	-0.1603	-0.0427	0.0190	-0.2647	-0.0896	0.2624	-0.0503	0.0392	-0.8225	0
x2	0.2950	-0.4174	0.3629	-0.0765	-0.0538	0.6873	0.0264	-0.3055	0.0565	0.1694	0
x3	0.2699	-0.4047	0.4305	-0.1338	0.5270	-0.4617	0.0190	0.2332	-0.1117	0.0454	0
x4	0.3571	0.2654	-0.1335	-0.1224	0.2887	-0.2008	-0.3525	-0.6145	0.3788	-0.0103	0
x5	0.3836	0.1134	-0.1315	0.0496	-0.1458	-0.0502	-0.2258	-0.1530	-0.8422	0.1128	0
x6	0.3829	0.0058	-0.0652	-0.0091	-0.2294	0.1151	-0.5902	0.6006	0.2707	0.0283	0
x7	0.1281	0.4394	0.5914	0.6528	-0.0714	-0.0450	0.0562	-0.0051	0.0655	0.0072	0
x8	0.1590	0.5593	0.2799	-0.6793	-0.0534	0.1050	0.2816	0.1650	-0.0361	0.0181	0
x9	0.3137	0.1745	-0.4164	0.2584	0.5699	0.3589	0.3421	0.2455	-0.0084	0.0099	0
x10	0.3661	-0.1288	-0.2009	0.0627	-0.3992	-0.3295	0.4549	-0.0221	0.2260	0.5279	0

第一个表是特征根和方差贡献率表。可以看到前两个成分特征值累计占了总方差的 79.32%，后面的特征值的贡献

率越来越小，一般情况下，选择特征值大于 1 作为主成分的抽取条件。因此保留前两个主成分进行分析，其特征值为 6.45911 和 1.47253，第二个表称为主成分载荷。每一列代表一个主成分作为原来变量线性组合的相关系数。例如第一个主成分作为 x1 到 x10 这 10 个变量的线性组合，系数（比例）为 0.3803、0.2950、0.2699 等。这就说明第一个主成分和 x1 的相关系数为 0.3803，和 x2 的相关系数为 0.2950，以此类推。相关系数（绝对值）越大，表明主成分对该变量的代表性也越大。可以看出，第一个主成分对各个变量解释得都很充分。

在进行主成分分析之前，需要判断原始变量数据是否适合做主成分分析，Stata 提供了主成分分析的恰当性检验，包括 KMO、SMC 等指标。在进行主成分分析之后，可通过 estat 命令显示估计的数值与矩阵变量的统计量。

输入下列命令：

estat smc

命令含义：主成分分析 SMC 检验。

结果如图 7-3 所示，大部分变量的 SMC 都在 0.7 以上，可以进行主成分分析。

```
. estat smc

Squared multiple correlations of variables with
all other variables
```

Variable	smc
x1	0.9963
x2	0.9516
x3	0.9030
x4	0.9841
x5	0.9958
x6	0.9765
x7	0.6260
x8	0.7423
x9	0.8531
x10	0.9924

图 7-3　SMC 分析结果

输入下列命令：

pca x1 - x10, component (4)

命令含义：提取前 4 个主成分进行分析。

结果如图 7-4 所示。

图 7-4　主成分分析结果

```
Principal components/correlation                  Number of obs    =        16
                                                  Number of comp.  =         4
                                                  Trace            =        10
    Rotation: (unrotated = principal)             Rho              =    0.9531
```

Component	Eigenvalue	Difference	Proportion	Cumulative
Comp1	6.45911	4.98659	0.6459	0.6459
Comp2	1.47253	.506845	0.1473	0.7932
Comp3	.965681	.331742	0.0966	0.8897
Comp4	.633939	.363619	0.0634	0.9531
Comp5	.270321	.170858	0.0270	0.9802
Comp6	.0994631	.0344358	0.0099	0.9901
Comp7	.0650273	.0367102	0.0065	0.9966
Comp8	.0283171	.0252448	0.0028	0.9994
Comp9	.00307233	.000531944	0.0003	0.9997
Comp10	.00254039	.	0.0003	1.0000

Principal components (eigenvectors)

Variable	Comp1	Comp2	Comp3	Comp4	Unexplained
x1	0.3803	-0.1603	-0.0427	0.0190	.026
x2	0.2950	-0.4174	0.3629	-0.0765	.05054
x3	0.2699	-0.4047	0.4305	-0.1338	.09788
x4	0.3571	0.2654	-0.1335	-0.1224	.04576
x5	0.3836	0.1134	-0.1315	0.0496	.01219
x6	0.3829	0.0058	-0.0652	-0.0091	.04864
x7	0.1281	0.4394	0.5914	0.6528	.001797
x8	0.1590	0.5593	0.2799	-0.6793	.007802
x9	0.3137	0.1745	-0.4164	0.2584	.1099
x10	0.3661	-0.1288	-0.2009	0.0627	.06821

输入下列命令：

predict x1f x2f x3f x4f, score

命令含义：计算前 4 个主成分得分。

结果如图 7-5 所示，可以得到因子载荷的大小。

碎石图即特征值对主成分或因子数目的标绘图，是判断保留多少个主成分的重要方法。

输入下列命令：

screeplot

命令含义：绘制碎石图。

结果如图 7-6 所示，从第 5 个变量开始特征值的变化趋势趋于平稳，所以选择前 4 个主成分是比较合适的。

```
. predict x1f x2f x3f x4f,score

Scoring coefficients
    sum of squares(column-loading) = 1
```

Variable	Comp1	Comp2	Comp3	Comp4
x1	0.3803	-0.1603	-0.0427	0.0190
x2	0.2950	-0.4174	0.3629	-0.0765
x3	0.2699	-0.4047	0.4305	-0.1338
x4	0.3571	0.2654	-0.1335	-0.1224
x5	0.3836	0.1134	-0.1315	0.0496
x6	0.3829	0.0058	-0.0652	-0.0091
x7	0.1281	0.4394	0.5914	0.6528
x8	0.1590	0.5593	0.2799	-0.6793
x9	0.3137	0.1745	-0.4164	0.2584
x10	0.3661	-0.1288	-0.2009	0.0627

图 7-5　主成分得分结果

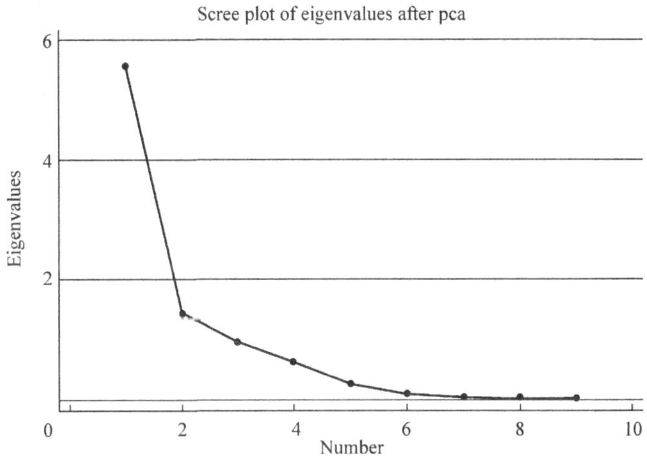

图 7-6　碎石图

输入下列命令：

screeplot，ci（asymptotic）

命令含义：做具有 95% 置信水平的渐近置信区间的碎石图。

结果如图 7-7 所示，画出了在原始特征值 95% 置信水平的渐近置信区间的特征值分布的图，表明特征值可能的取值范围。

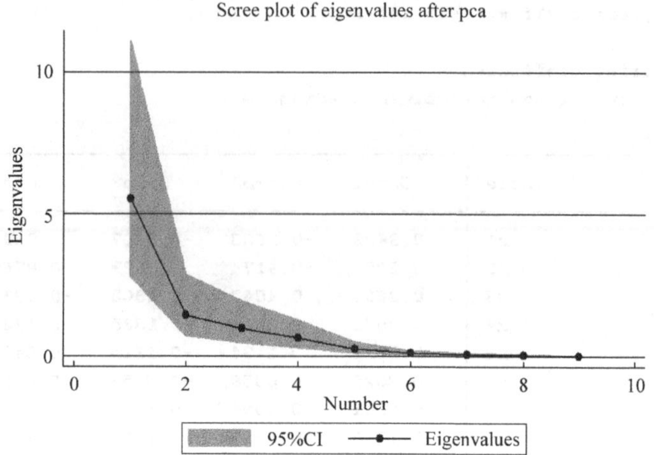

图 7-7 95% 置信水平的渐近置信区间的碎石图

输入下列命令：

scoreplot

命令含义：作得分图，即不同主成分得分的散点图。

结果如图 7-8 所示，主成分分析后所得得分图，描述了主成分分析之后各得分向量的散点图，更为直观地了解主成分得分。

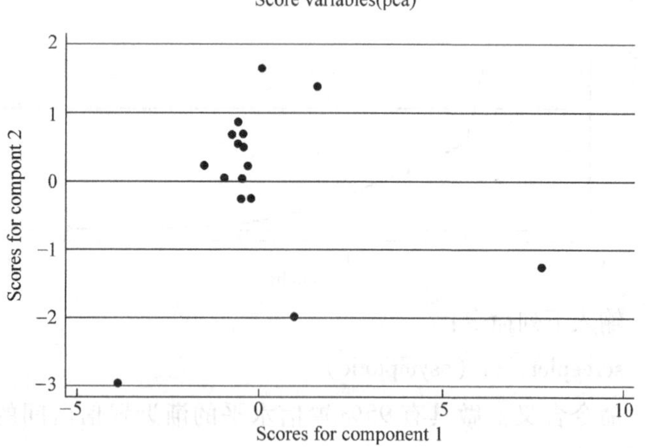

图 7-8 不同主成分得分的散点图

输入下列命令

loadingplot

命令含义：作载荷图。

结果如图 7-9 所示，从中可以看出第一个主成分和第二个主成分。

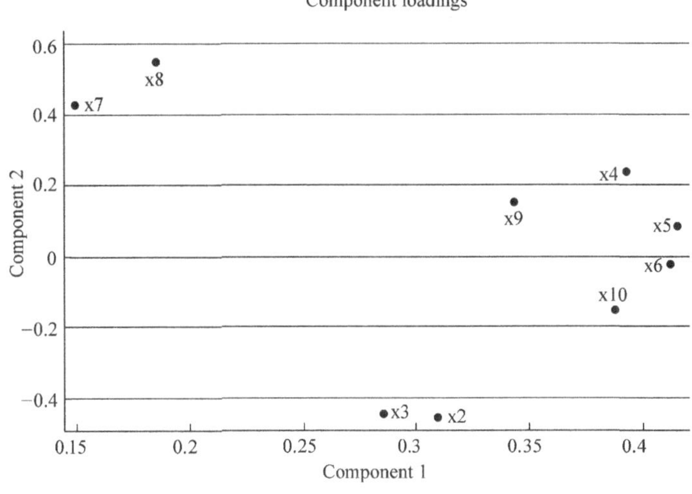

图 7-9　主成分载荷图

基于表 7-2 的数据，还可以利用命令 pca 通过协方差矩阵进行主成分分析，其他后续命令与相关系数矩阵分析一致。

输入下列命令：

pca x1 – x10，comp（2）covariance

命令含义：以 x1，x2，…，x10 为初始变量，通过它们的协方差矩阵进行主成分分析。

结果如图 7-10 所示，第一个表为特征根与方差贡献率表。由于此时从协方差矩阵入手进行主成分分析，各主成分特征值发生了明显变化。第一个成分特征值占了总方差的 99.7%，几乎完全解释总方差。图 7-10 中的第二个表称为主成分载荷。由于限制了保留两个主成分 comp（2），从相关系数可以看出，第一个主成分与 x8 很相关，第二个主成分与 x10 很相关。

图 7-10 协方差矩阵的主成分分析结果

```
Principal components/covariance                  Number of obs    =        16
                                                 Number of comp.  =         2
                                                 Trace            =   1522347
    Rotation: (unrotated = principal)            Rho              =    0.9991
```

Component	Eigenvalue	Difference	Proportion	Cumulative
Comp1	1517719	1514459	0.9970	0.9970
Comp2	3260.19	2261.09	0.0021	0.9991
Comp3	999.098	673.705	0.0007	0.9998
Comp4	325.393	296.14	0.0002	1.0000
Comp5	29.2536	21.3439	0.0000	1.0000
Comp6	7.90963	2.65295	0.0000	1.0000
Comp7	5.25668	4.6413	0.0000	1.0000
Comp8	.615379	.4914	0.0000	1.0000
Comp9	.123979	.123979	0.0000	1.0000
Comp10	0	.	0.0000	1.0000

Principal components (eigenvectors)

Variable	Comp1	Comp2	Unexplained
x1	0.0003	0.0218	0.1177
x2	0.0004	0.0507	11.44
x3	0.0001	0.0121	1.069
x4	0.0045	0.1214	10.9
x5	0.0032	0.1415	2.781
x6	0.0051	0.2510	23
x7	0.0104	0.0837	981.3
x8	0.9999	-0.0125	0.0938
x9	0.0059	0.4164	258.7
x10	0.0081	0.8476	78.23

第二节 因子分析

在实际研究中，常出现多个原始变量实质上可能是由若干个潜在的因素所控制的情况。因子分析可以通过研究原始数据相关矩阵的内部依赖关系，把一些具有错综复杂关系的多个变量综合为少数几个反映共性的因子，这也是数据降维的统计方法。因子分析是对主成分分析的扩展，只是因子分析更加倾向于描述原始变量之间的相关关系。

因子分析在经济分析中主要应用于两个方面：①寻求数据基本结构，如在经济统计中，描述一种经济现象的指标有很多，使用因子分析找出公共因子，每一个公共因子代表经济变量间相互依赖的经济作用，抓住这些主要因子进行分析和解释；②数据简化分类处理。因子分析可以根据因子分析的得分值，在因子轴所构成的空间中把变量或样品点画出来，形象直观地达到分类的目的。

一、因子分析的基本思想

因子分析的基本思想是找出存在于所有变量中具有共性的因素，并综合为少数几个新变量，把原始变量表示成少数几个综合变量的线性组合，根据相关性的大小将变量分组，使得同组内变量间的相关性较高、不同组的变量间的相关性较低，再现原始变量与综合变量之间的相关关系的统计分析方法。其中，这里的少数几个综合变量一般是不可观测指标，通常称为公共因子，而未被公共因子概括的部分，是与公共因子无关的特殊因子。通常因子分析的目的在于从一些有错综复杂关系的问题中找出少数几个主要因子，每个主要因子代表原始变量间相互依赖的一种作用。

二、因子分析的基本模型和统计量分析

（一）基本模型

因子分析的数据结构与主成分分析的数据结构相同，有 n 个样本，每个样本有 p 个观测变量，这 p 个变量之间有较强的相关性（只有这 p 个指标相关性较强才能从原始变量中提取出公共因子），由 p 个变量的 n 个观测数据所组成的数据矩阵 $\boldsymbol{X}$ 为：

$$\boldsymbol{X}=\begin{pmatrix} x_{11} & x_{12} & \cdots & x_{1p} \\ x_{21} & x_{22} & \cdots & x_{2p} \\ \vdots & \vdots & & \vdots \\ x_{n1} & x_{n2} & \cdots & x_{np} \end{pmatrix}=(\boldsymbol{X}_1,\boldsymbol{X}_2,\cdots,\boldsymbol{X}_p)$$

因子分析的数学模型为

$$\begin{cases} \boldsymbol{X}_1=\alpha_{11}\boldsymbol{F}_1+\alpha_{12}\boldsymbol{F}_2+\cdots+\alpha_{1m}\boldsymbol{F}_m+\boldsymbol{\varepsilon}_1, \\ \boldsymbol{X}_2=\alpha_{21}\boldsymbol{F}_1+\alpha_{22}\boldsymbol{F}_2+\cdots+\alpha_{2m}\boldsymbol{F}_m+\boldsymbol{\varepsilon}_2, \\ \qquad\qquad\vdots \\ \boldsymbol{X}_p=\alpha_{p1}\boldsymbol{F}_1+\alpha_{p2}\boldsymbol{F}_2+\cdots+\alpha_{pm}\boldsymbol{F}_m+\boldsymbol{\varepsilon}_p. \end{cases}$$

其矩阵形式可以表示为

$$\boldsymbol{X}=\boldsymbol{AF}+\boldsymbol{\varepsilon}.$$

其中，$\boldsymbol{A}=(\alpha_{ij})_{pm}$，$\alpha_{ij}$称为因子载荷（factor loading），矩阵 $\boldsymbol{A}$ 称为因子载荷矩阵，α_{ij}的绝对值越大，表明$\boldsymbol{A}_i$ 和 $\boldsymbol{F}_j$ 的相依程度越大，或称公共因子 $\boldsymbol{F}_j$ 对于$\boldsymbol{A}_i$ 的载荷量越大；$\boldsymbol{F}^{\mathrm{T}}=(\boldsymbol{F}_1,\boldsymbol{F}_2,\cdots,\boldsymbol{F}_m)$为公共因子，它们相互独立且不可观测，是对各个原始观测变量都起作用的因子，公共因子的含义必须结合实际问题的实际意义确定；$\boldsymbol{\varepsilon}^{\mathrm{T}}=(\boldsymbol{\varepsilon}_1,\boldsymbol{\varepsilon}_2,\cdots,\boldsymbol{\varepsilon}_p)$为特殊因子，是各个向量分量 $\boldsymbol{X}_i(i=1, 2\cdots, p)$ 所特有的因子，它们分别只对某一个原始观测变量起作用。

由此可知，因子分析必须满足以下几个假定，

（1）公共因子相互无关，且方差均为 1，即

$$\mathrm{Cov}(\boldsymbol{F})=\frac{1}{n-1}\boldsymbol{F}\boldsymbol{F}^{\mathrm{T}}=1.$$

（2）特殊因子相互无关，即

$$\mathrm{Cov}(\boldsymbol{\varepsilon})=\begin{pmatrix}\sigma_1^2 & 0 & \cdots & 0\\ 0 & \sigma_2^2 & \cdots & 0\\ \vdots & \vdots & & \vdots\\ 0 & 0 & \cdots & \sigma_p^2\end{pmatrix}.$$

（3）公共因子与特殊因子之间无关，即

$$\mathrm{Cov}(F,\varepsilon)=F\varepsilon^{\mathrm{T}}=0.$$

（二）统计量分析

在做因子分析时，必须了解载荷矩阵 $\boldsymbol{A}$ 的统计意义以及公共因子与原始变量之间的关系。

（1）因子载荷 α_{ij}。由

$$\begin{aligned}\mathrm{Cov}(\boldsymbol{X}_i,\boldsymbol{F}_j) &= \mathrm{Cov}\left(\sum_{j=1}^{m}(\alpha_{ij}\boldsymbol{F}_j+\boldsymbol{\varepsilon}_i),\boldsymbol{F}_j\right)\\ &= \mathrm{Cov}\left(\sum_{j=1}^{m}\alpha_{ij}\boldsymbol{F}_j,\boldsymbol{F}_j\right)+\mathrm{Cov}(\boldsymbol{\varepsilon}_i,\boldsymbol{F}_j)\\ &= \alpha_{ij}.\end{aligned}$$

即知α_{ij}是$\boldsymbol{X}_i$与$\boldsymbol{F}_j$的协方差，同时又是$\boldsymbol{X}_i$与$\boldsymbol{F}_j$的相关系数，反映了第i个变量在第j个公共因子上的相对重要性。

（2）变量共同度与剩余方差。变量$\boldsymbol{X}_i$的共同度指的是因子载荷矩阵$\boldsymbol{A}$中第i行元素的平方和，即

$$h_i^2 = \sum_{j=1}^{m} \alpha_{ij}^2 (i = 1,2,\cdots,p)$$

由因子模型假设可知

$$\begin{aligned}
\mathrm{Var}(\boldsymbol{X}_i) &= \mathrm{Var}(\alpha_{i1}\boldsymbol{F}_1 + \alpha_{i2}\boldsymbol{F}_2 + \cdots + \alpha_{im}\boldsymbol{F}_m + \boldsymbol{\varepsilon}_i) \\
&= \alpha_{i1}^2 + \alpha_{i2}^2 + \alpha_{im}^2 + \cdots + \mathrm{Var}(\boldsymbol{\varepsilon}_i) \\
&= \alpha_{i1}^2 + \alpha_{i2}^2 + \alpha_{im}^2 + \cdots + \sigma_i^2 \\
&= h_i^2 + \sigma_i^2 \\
&= 1
\end{aligned}$$

可以看出变量$\boldsymbol{X}_i$的方差由共同度h_i^2和特殊因子方差σ_i^2组成，共同度反映了变量$\boldsymbol{X}_i$的方差（总变异）中可由各个公共因子所共同解释的部分。h_i^2接近1，说明该变量的几乎全部原始信息都可由所选取的公共因子说明；如果$h_i^2 = 0.95$，则说明$\boldsymbol{X}_i$的95%的信息被m个公共因子说明了，从而表明原始变量空间向因子空间的转化效果更好。

（3）公共因子的$\boldsymbol{F}_j$方差贡献。即因子载荷矩阵各列元素的平方和

$$g_j^2 = \sum_{i=1}^{p} \alpha_{ij}^2 (j = 1,2,\cdots,m)$$

被称为公共因子$\boldsymbol{F}_j$的方差贡献，它反映了公共因子$\boldsymbol{F}_j$对所有原始变量的变异的解释程度。公共因子的方差贡献可用来衡量公共因子的相对重要性。g_j^2越大，表明公共因子$\boldsymbol{F}_j$对原始变量的影响和作用就越大，或贡献率越大。若将因子载荷矩阵$\boldsymbol{A}$中所有的g_j^2都计算出来，并按大小排序，就可以依次获得最有影响的公共因子。

三、因子分析的计算

（一）因子载荷求解

因子分析的关键在于求解因子载荷。因子载荷的求解方法有很多，如主成分法、主轴因子法和极大似然法等。这些方法求解因子载荷的出发点不同，所得结果也不完全相同。这里只介绍应用较为普遍的主成分法。主成分法确定因子载荷是在进行因子分析前先对数据进行一次主成分分析，比其他方法简单。这里假定原始数据已经经过了标准化，即因子分析是基于原始变量的相关系数矩阵进行的。

（1）假定从相关系数矩阵出发求解主成分，设有 p 个变量，找出 p 个主成分。将这 p 个主成分按由大到小的顺序排列为$\boldsymbol{Y}_1$，$\boldsymbol{Y}_2$，…，$\boldsymbol{Y}_p$，则主成分与原始变量之间存在以下关系：

$$\begin{cases} \boldsymbol{Y}_1 = \gamma_{11}\boldsymbol{X}_1 + \gamma_{12}\boldsymbol{X}_2 + \cdots + \gamma_{1p}\boldsymbol{X}_p \\ \boldsymbol{Y}_2 = \gamma_{21}\boldsymbol{X}_1 + \gamma_{22}\boldsymbol{X}_2 + \cdots + \gamma_{2p}\boldsymbol{X}_p \\ \vdots \\ \boldsymbol{Y}_p = \gamma_{p1}\boldsymbol{X}_1 + \gamma_{p2}\boldsymbol{X}_2 + \cdots + \gamma_{pp}\boldsymbol{X}_p \end{cases}$$

（2）γ_{ij}为随机向量 $\boldsymbol{X}$ 的相关系数矩阵的特征值所对应的特征向量的分量，由于特征向量间彼此正交，$\boldsymbol{X}$ 到 $\boldsymbol{Y}$ 之间的转换关系是可逆的，由此可以解出 Y 至 X 的转换关系为

$$\begin{cases} \boldsymbol{X}_1 = \gamma_{11}\boldsymbol{Y}_1 + \gamma_{21}\boldsymbol{Y}_2 + \cdots + \gamma_{p1}\boldsymbol{Y}_p \\ \boldsymbol{X}_2 = \gamma_{12}\boldsymbol{Y}_1 + \gamma_{22}\boldsymbol{Y}_2 + \cdots + \gamma_{p2}\boldsymbol{Y}_p \\ \vdots \\ \boldsymbol{X}_p = \gamma_{1p}\boldsymbol{Y}_1 + \gamma_{2p}\boldsymbol{Y}_2 + \cdots + \gamma_{pp}\boldsymbol{Y}_p \end{cases}$$

保留前 m 个主成分而把后面的部分用ε_i 代替，则上式变为

$$\begin{cases} \boldsymbol{X}_1 = \gamma_{11}\boldsymbol{Y}_1 + \gamma_{21}\boldsymbol{Y}_2 + \cdots + \gamma_{m1}\boldsymbol{Y}_m + \boldsymbol{\varepsilon}_1 \\ \boldsymbol{X}_2 = \gamma_{12}\boldsymbol{Y}_1 + \gamma_{22}\boldsymbol{Y}_2 + \cdots + \gamma_{m2}\boldsymbol{Y}_m + \boldsymbol{\varepsilon}_2 \\ \vdots \\ \boldsymbol{X}_p = \gamma_{1p}\boldsymbol{Y}_1 + \gamma_{2p}\boldsymbol{Y}_2 + \cdots + \gamma_{mp}\boldsymbol{Y}_m + \boldsymbol{\varepsilon}_p \end{cases}$$

这就是因子模型的形式了。

(3) 根据主成分的性质可知上式 $\boldsymbol{Y}_i$（$i=1, 2, \cdots, m$）之间相互独立，现在只需将$\boldsymbol{Y}_i$ 转换为方差为 1 的变量，即把 $\boldsymbol{Y}_i$ 除以其标准差即可。根据主成分的性质，可知$\boldsymbol{Y}_i$ 的方差为相应的特征根 $\sqrt{\lambda_i}$，令 $\boldsymbol{F}_i=\boldsymbol{Y}_i/\sqrt{\lambda_i}$，$\alpha_{ij}=\sqrt{\lambda_i}\gamma_{ij}$是因子载荷的估计。从而得到的因子模型估计为

$$\begin{cases}\boldsymbol{X}_1=\alpha_{11}\boldsymbol{F}_1+\alpha_{21}\boldsymbol{F}_2+\cdots+\alpha_{m1}\boldsymbol{F}_m+\boldsymbol{\varepsilon}_1\\ \boldsymbol{X}_2=\alpha_{12}\boldsymbol{F}_1+\alpha_{22}\boldsymbol{F}_2+\cdots+\alpha_{m2}\boldsymbol{F}_m+\boldsymbol{\varepsilon}_2\\ \vdots\\ \boldsymbol{X}_p=\alpha_{1p}\boldsymbol{F}_1+\alpha_{2p}\boldsymbol{F}_2+\cdots+\alpha_{mp}\boldsymbol{F}_m+\boldsymbol{\varepsilon}_p\end{cases}$$

这样就得到了因子载荷矩阵 $\boldsymbol{A}$ 和一组初始的公共因子（未旋转）。$\boldsymbol{\varepsilon}_1$，$\boldsymbol{\varepsilon}_2$，…，$\boldsymbol{\varepsilon}_p$之间并不独立，因此它并不完全符合因子模型的假设前提，也就是说所得的因子载荷矩阵并不完全正确。但是当共同度较大时，特殊因子所起的作用很小，因而特殊因子间的相关性所带来的影响几乎可以忽略。同时，进行因子分析时，公共因子数目 m 一般由研究者根据所研究的问题事先确定。当用主成分法进行因子分析时，也可以借鉴主成分个数的确定准则来确定 m 的数值。

（二）因子旋转

建立因子分析数学模型的目的是通过找出公共因子以及对变量进行分组，然后对公共因子进行解释，以便对实际问题做出科学的分析。如果因子载荷（即各个公共因子与原始变量之间的相关系数）的绝对值向 0 和 1 这两极靠拢，则公共因子的含义相对比较清晰，便于进行实际背景的解释。但是事实未必如此，此时根据因子载荷矩阵的旋转未定性，即因子载荷矩阵经过某种旋转变换后，仍然是符合因子分析假定的因子载荷矩阵，对初始公共因子进行线性组合，以此找到实际意义更明显的公共因子。经过旋转的公共因子对 $\boldsymbol{X}_i$ 的贡献h_i^2 并不改变，但旋转后的因子载荷向 0 或 ±1 靠拢，

即每个原始变量只与一个或少数几个公共因子高度相关，同时每个公共因子只与一个或少数几个原始变量高度相关，而且不同的公共因子有不同的载荷模式。这样，原始变量可分为不同的组，每组变量与某个公共因子高度相关，便于分析公共因子的实际含义。

因子旋转通常分为正交旋转和斜交旋转，正交旋转通常采用方差最大化旋转法，而斜交旋转常用的方法是 Promax 法。两者区别在于正交旋转后的因子是不相关的，而斜交旋转后的因子则是相关的。不同的旋转方法可能导出不同的因子载荷，但在统计意义上，并不能说一些旋转比另一些旋转更好。因此，在旋转方法的选择上，通常根据具体问题来决定。在多数应用中，通常选择最容易解释的旋转结果。

（三）因子得分

因子模型估计出来后，就可以考察每一个样本的性质和样本之间的相互关系。求出各个样本在各个公共因子上的取值，即为因子得分。根据因子得分可以将样品分类，研究各个样品间的差异等。

在因子模型中，因子得分的估计常用的方法是回归分析，设公共因子 $\boldsymbol{F}$ 由变量 $\boldsymbol{X}$ 表示的线性组合如下：

$$\boldsymbol{F}_j = \beta_{j1}\boldsymbol{X}_1 + \beta_{j2}\boldsymbol{X}_2 + \cdots + \beta_{jp}\boldsymbol{X}_p (j = 1, 2, \cdots, m)$$

式中，β_{ji} 为因子得分系数，求解因子得分就是要估计因子得分系数。$\boldsymbol{F}$ 和 $\boldsymbol{X}$ 均为标准化向量，因此回归模型中不存在常数项，可记为 $\boldsymbol{F} = \boldsymbol{BX}$。

根据因子载荷的含义

$$\begin{aligned}\alpha_{ij} &= \mathrm{Cov}(\boldsymbol{X}_i, \boldsymbol{F}_j)\\ &= E(X_i(\beta_{j1}\boldsymbol{X}_1 + \beta_{j2}\boldsymbol{X}_2 + \cdots + \beta_{jp}\boldsymbol{X}_p))\\ &= \beta_{j1}r_{i1} + \beta_{j2}r_{i2} + \cdots + \beta_{jp}r_{ip}\end{aligned}$$

式中，r_{ij} 是原始变量 $\boldsymbol{X}_i$ 与 $\boldsymbol{X}_j$ 的相关系数，从而有 $\boldsymbol{A} = \boldsymbol{RB}^{\mathrm{T}}$，由此得到 $\boldsymbol{B}$ 的估计值为 $\boldsymbol{B} = \boldsymbol{A}^{\mathrm{T}}\boldsymbol{R}^{-1}$。

四、因子分析的 Stata 操作

利用因子分析的方法，对上市公司的财务数据进行处理，可以对该类工作的竞争力水平做出判断，是投资策略安排的重要参考指标。表 7-3 的数据为 2017 年各地区经济指标，选项了 8 项指标作为因子分析的初始变量。试图利用因子分析法对这些指标提取公共因子，并分析公共因子与这些指标之间的关系。

表 7-3　2017 年各地区经济指标

地区	地区生产总值（亿元）	工业总产值（亿元）	城镇人均可支配收入（元）	城镇人均消费（元）	农村人均可支配收入（元）	农村人均消费（元）	财政收入（亿元）	固定资产投资（亿元）
北京	28015	4274	62406	40346	24240	18810	5431	8370
天津	18549	6864	40278	30284	21754	16386	2310	11289
河北	34016	13758	30548	20600	12881	10536	3234	33407
山西	15528	5771	29132	18404	10788	8424	1867	6041
内蒙古	16096	5109	35670	23638	12584	12184	1703	14013
辽宁	23409	7302	34993	25379	13747	10787	2393	6677
吉林	14945	6057	28319	20051	12950	10279	1211	13284
黑龙江	15903	3333	27446	19270	12665	10524	1243	11292
上海	30633	8393	62596	42304	27825	18090	6642	7247
江苏	85870	34014	43622	27726	19158	15612	8172	53277
浙江	51768	19474	51261	31924	24956	18093	5804	31696
安徽	27018	10916	31640	20740	12758	11106	2812	29275
福建	32182	12675	39001	25981	16335	14003	2809	26416
江西	20006	7790	31198	19245	13242	9870	2247	22085
山东	72634	28706	36789	23072	15118	10342	6099	55203
河南	44553	18452	29558	19422	12719	9212	3407	44497
湖北	35478	13060	31889	21276	13812	11633	3248	32282
湖南	33903	11880	33948	23163	12936	11534	2758	31959
广东	89705	35292	40975	30198	15780	13200	11320	37762
广西	18523	5823	30502	18349	11325	9437	1615	20499
海南	4463	528	30817	20372	12902	9599	674	4244

（续）

地区	地区生产总值（亿元）	工业总产值（亿元）	城镇人均可支配收入（元）	城镇人均消费（元）	农村人均可支配收入（元）	农村人均消费（元）	财政收入（亿元）	固定资产投资（亿元）
重庆	19425	6587	32193	22759	12638	10936	2252	17537
四川	36980	11576	30727	21991	12227	11397	3578	31902
贵州	13541	4260	29080	20348	8869	8299	1614	15504
云南	16376	4089	30996	19560	9862	8027	1886	18936
西藏	1311	102	30671	21088	10330	6691	186	1976
陕西	21899	8692	30810	20388	10265	9306	2007	23819
甘肃	7460	1763	27763	20659	8076	8030	816	5828
青海	2625	778	29169	21473	9462	9903	246	3884
宁夏	3444	1096	29472	20220	10738	9982	418	3728
新疆	10882	3254	30775	22797	11045	8713	1467	12089

注：数据来源于《中国统计年鉴 2018》。

（一）基本命令

Stata 对初始变量进行因子分析，可以要求因子分析使用的方法包括：主成分因子法和迭代因子法等。

输入下列命令：

```
factor x1 - x8
```

命令含义：以 x1，x2，…，x8 为初始变量进行因子分析。

结果如图 7-11 所示：上半部分是因子分析模型的一般情况，8 个因子参与分析，提取保留了 4 个因子，P 值为零，模型非常显著，前两个因子的累计方差贡献率是 97.81%；下半部分说明的是模型的因子载荷矩阵以及变量未被解释的部分，Uniqueness 列表示未被提取的 4 个因子对变量的解释部分，信息损失量很小。根据此结果，选择保留两个因子。

```
. factor x1-x8
(obs=31)

Factor analysis/correlation                    Number of obs    =     31
    Method: principal factors                  Retained factors =      4
    Rotation: (unrotated)                      Number of params =     26
```

Factor	Eigenvalue	Difference	Proportion	Cumulative
Factor1	5.17373	2.88084	0.6777	0.6777
Factor2	2.29289	2.10353	0.3004	0.9781
Factor3	0.18936	0.15846	0.0248	1.0029
Factor4	0.03090	0.03380	0.0040	1.0070
Factor5	-0.00291	0.00427	-0.0004	1.0066
Factor6	-0.00717	0.00753	-0.0009	1.0056
Factor7	-0.01470	0.01369	-0.0019	1.0037
Factor8	-0.02839	.	-0.0037	1.0000

```
LR test: independent vs. saturated:  chi2(28) =  477.19 Prob>chi2 = 0.0000
```

```
Factor loadings (pattern matrix) and unique variances
```

Variable	Factor1	Factor2	Factor3	Factor4	Uniqueness
x1	0.8218	0.5656	-0.0530	-0.0074	0.0019
x2	0.7534	0.6470	-0.0200	-0.0578	0.0100
x3	0.8375	-0.5069	-0.0403	0.1112	0.0277
x4	0.8085	-0.5513	-0.1269	0.0199	0.0259
x5	0.8515	-0.4405	0.1682	-0.0413	0.0509
x6	0.8462	-0.4116	0.1838	-0.0662	0.0764
x7	0.9203	0.2598	-0.2409	-0.0188	0.0271
x8	0.5362	0.7500	0.2198	0.0912	0.0933

图 7-11 因子分析基本情况表

KMO 检验统计量是用于比较变量间简单相关系数和偏相关系数的指标，主要应用于多元统计的因子分析。KMO 统计量取值在 0 和 1 之间。KMO 值越接近 1，意味着变量间的相关性越强，原有变量越适合做因子分析。当所有变量间的简单相关系数平方和接近 0 时，KMO 值接近 0。KMO 值越接近于 0，意味着变量间的相关性越弱，原有变量越不适合做因子分析。KMO 度量标准：0.9 以上表示非常适合；0.8 表示适合；0.7 表示一般；0.6 表示不太适合；0.5 以下表示极不适合。

输入下列命令：

estat kmo

命令含义：因子分析的 KMO 检验。

结果如图 7-12 所示，总体（overall）KMO 取值为 0.7904，表明可以进行因子分析。

图 7-12　因子分析 KMO 检验结果

```
. estat kmo

Kaiser-Meyer-Olkin measure of sampling adequacy
```

Variable	kmo
x1	0.7148
x2	0.7641
x3	0.7793
x4	0.8043
x5	0.8167
x6	0.8411
x7	0.8384
x8	0.7614
Overall	0.7904

输入下列命令：

screeplot

命令含义：绘制因子分析的碎石图。

结果如图 7-13 所示，横轴为系统提取的因子名称，且按特征值大小进行降序排列，纵轴表示因子特征值的大小，可以直观地看出仅前两个因子的特征值大于 1。

图 7-13　各个因子的特征值碎石图

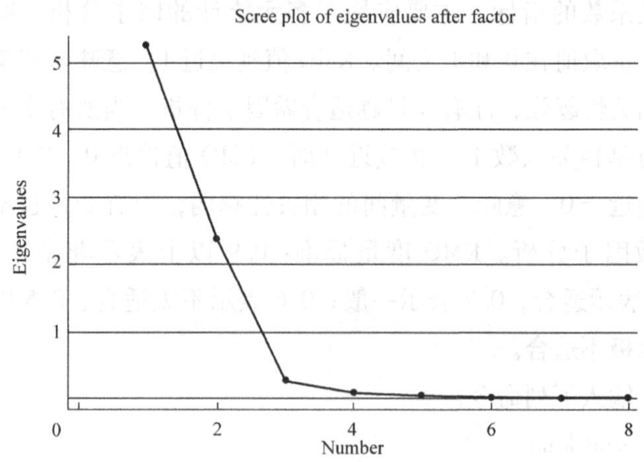

（二）主成分因子法

输入下列命令

factor x1 – x8，factors（2）pcf

命令含义：以 x1，x2，…，x8 为初始变量进行因子分析，以主成分因子法进行因子分析，对其中两个因子进行保留。

结果如图 7-14 所示。

```
. factor x1-x8, factors(2) pcf
(obs=31)

Factor analysis/correlation                    Number of obs    =        31
    Method: principal-component factors        Retained factors =         2
    Rotation: (unrotated)                      Number of params =        15
```

Factor	Eigenvalue	Difference	Proportion	Cumulative
Factor1	5.21658	2.87515	0.6521	0.6521
Factor2	2.34143	2.08855	0.2927	0.9448
Factor3	0.25288	0.16125	0.0316	0.9764
Factor4	0.09163	0.03940	0.0115	0.9878
Factor5	0.05223	0.02958	0.0065	0.9943
Factor6	0.02265	0.00498	0.0028	0.9972
Factor7	0.01767	0.01276	0.0022	0.9994
Factor8	0.00492	.	0.0006	1.0000

```
LR test: independent vs. saturated:  chi2(28) =  477.19 Prob>chi2 = 0.0000
```

Factor loadings (pattern matrix) and unique variances

Variable	Factor1	Factor2	Uniqueness
x1	0.8185	0.5648	0.0111
x2	0.7510	0.6467	0.0178
x3	0.8405	-0.5054	0.0382
x4	0.8114	-0.5504	0.0386
x5	0.8593	-0.4442	0.0643
x6	0.8578	-0.4192	0.0884
x7	0.9214	0.2641	0.0813
x8	0.5428	0.7766	0.1023

图 7-14 主成分因子法基本情况

图 7-14 说明的是因子分析模型的一般情况，从上半部分可以看到有 31 个样本参与分析（Number of obs = 31），提取保留的因子共有两个（Retained factors = 2），模型卡方检验统计量 P 值为 0，说明模型非常显著。最左列（Factor）是因子名称，模型共有 8 个因子。第二列（Eigenvalue）表示提取因子的特征值，只有前两个因子的特征值是大于 1 的，

其中第一个因子的特征值是 5.21658，第二个因子的特征值是 2.34143。第三列为因子特征值的差异（Difference）。第四列（Proportion）表示提取因子的方差贡献率，其中第一个因子的方差贡献率为 65.21%，第二个因子的方差贡献率为 29.27%。Cumulative 列表示的是提取因子的累计方差贡献率，其中前两个因子的累计方差贡献率为 94.48%，因此保留前两个因子进行分析。图 7-14 下半部分说明的是模型的因子载荷矩阵以及变量的未被解释部分。其中，Factor1、Factor2 两列分别说明提取的前两个主因子对各个变量的解释程度，Uniqueness 列表示未被提取的其他主因子对变量的解释程度，可以发现在舍弃其他主因子的情况下，信息的损失量是很小的。

输入下列命令

rotate

命令含义：对因子结构进行旋转。

结果如图 7-15 所示。

图 7-15　因子结构旋转

```
. rotate

Factor analysis/correlation                   Number of obs    =         31
    Method: principal-component factors       Retained factors =          2
    Rotation: orthogonal varimax (Kaiser off)  Number of params =         15
```

Factor	Variance	Difference	Proportion	Cumulative
Factor1	4.05301	0.54801	0.5066	0.5066
Factor2	3.50501	.	0.4381	0.9448

```
    LR test: independent vs. saturated:  chi2(28) =  477.19 Prob>chi2 = 0.0000
Rotated factor loadings (pattern matrix) and unique variances
```

Variable	Factor1	Factor2	Uniqueness
x1	0.2722	0.9564	0.0111
x2	0.1680	0.9767	0.0178
x3	0.9700	0.1447	0.0382
x4	0.9762	0.0915	0.0386
x5	0.9456	0.2039	0.0643
x6	0.9285	0.2223	0.0884
x7	0.5429	0.7899	0.0813
x8	-0.0752	0.9445	0.1023

Factor rotation matrix

	Factor1	Factor2
Factor1	0.7716	0.6362
Factor2	-0.6362	0.7716

图 7-15 上半部分说明的是因子旋转模型的一般情况，31 个样本参与了分析，提取保留的因子共有 2 个，*P* 值为 0，说明模型非常显著；前两个因子的方差贡献率为 94.48%；中间部分说明的是模型的因子载荷矩阵以及变量的未被解释部分；下半部分说明的是因子旋矩阵的一般情况，提取的两个因子存在一定的相关性，如果相关系数越小，则说明因子的相关程度越低。

输入下列命令：

loadingplot，factors（2）yline（0）xline（0）

命令含义：绘制因子旋转后的因子载荷图，且分别在 $x=0$ 和 $y=0$ 处添加一条直线。

结果如图 7-16 所示，使用户更加直观地看出各个变量被两个因子的解释情况。

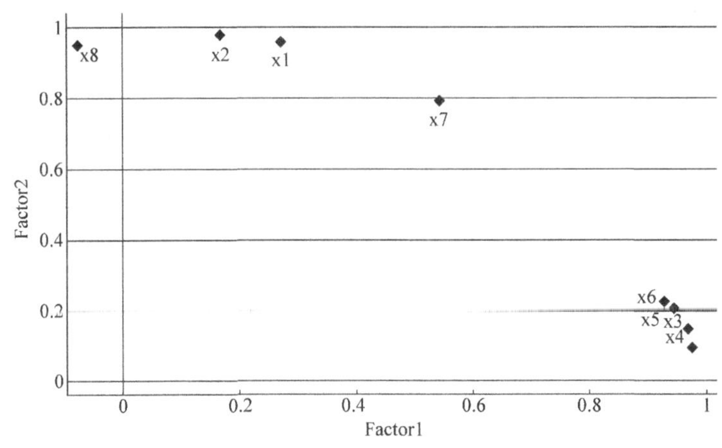

图 7-16　因子载荷图

输入下列命令：

pedict f1 f2

命令含义：显示因子得分系数矩阵。

结果如图 7-17 所示，可以根据因子得分列出各公共因子的表达式。

图 7-17　因子得分系数矩阵

```
. predict f1 f2
(regression scoring assumed)

Scoring coefficients (method = regression; based on varimax rotated factors)
```

Variable	Factor1	Factor2
x1	-0.03239	0.28591
x2	-0.06464	0.30468
x3	0.26162	-0.06405
x4	0.26958	-0.08244
x5	0.24779	-0.04159
x6	0.24077	-0.03352
x7	0.06453	0.19938
x8	-0.13070	0.32209

输入下列命令：

list place f1 f2

命令含义：估计因子分析后各个样本的因子得分情况。

结果如图 7-18 所示，可以进行直观地比较各地区的因子得分。

图 7-18　列出因子得分数据

```
. list place f1 f2
```

	place	f1	f2
1.	北　京	2.872137	-.8386691
2.	天　津	1.344477	-.7149724
3.	河　北	-.5315481	.619108
4.	山　西	-.6506941	-.5161338
5.	内蒙古	.0878311	-.5442547
6.	辽　宁	.1577453	-.4971792
7.	吉　林	-.4280003	-.4633106
8.	黑龙江	-.4484032	-.5663765
9.	上　海	3.105179	-.6466616
10.	江　苏	.6179319	2.497154
11.	浙　江	1.804628	.7171487
12.	安　徽	-.3998137	.2944054
13.	福　建	.4653711	.1692922
14.	江　西	-.4690061	-.0708632

输入下列命令：

correlate f1 f2

命令含义：分析两个因子的相关系数。

结果如图 7-19 所示，提取的两个主因子之间几乎没有任何相关关系，也说明了对因子进行旋转采用最大方差正交旋转方式是比较合适的。

```
. correlate f1 f2
(obs=31)

             |       f1       f2
-------------+------------------
          f1 |   1.0000
          f2 |   0.0000   1.0000
```

图 7-19 两个主因子的相关系数矩阵

输入下列命令：

scoreplot, mlabel (place) yline (0) xline (0)

命令含义：展示每个样本的因子得分示意图。

结果如图 7-20 所示，第一象限地区两个因子得分较高，第二象限地区因子 2 得分较高，第三象限地区两个因子得分都较低，第四象限地区因子 1 得分较高。

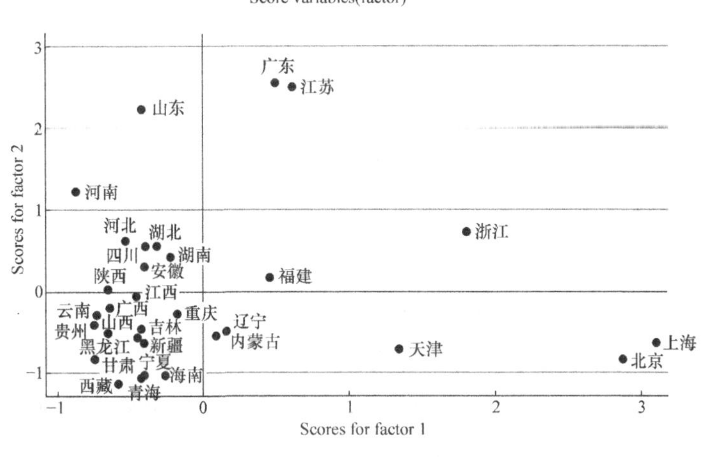

图 7-20 因子得分示意图

（三）迭代因子法

输入下列命令：

factor x1 - x8, ipf

命令含义：以 x1，x2，…，x8 为初始变量进行因子分析。

结果如图 7-21 所示：上半部分说明的是因子分析模型的一般情况，有 31 个样本参与了分析，提取保留了 7 个因子，P 值为 0，模型非常显著。提取前两个因子的累计方差贡献率为 96.17%；下半部分说明的是模型的因子载荷矩阵以及变量的未被解释部分。

图 7-21　迭代因子法分析结果

```
Factor analysis/correlation                    Number of obs    =         31
    Method: iterated principal factors         Retained factors =          7
    Rotation: (unrotated)                      Number of params =         28

    Beware: solution is a Heywood case
           (i.e., invalid or boundary values of uniqueness)
```

Factor	Eigenvalue	Difference	Proportion	Cumulative
Factor1	5.19625	2.88305	0.6654	0.6654
Factor2	2.31320	2.10262	0.2962	0.9617
Factor3	0.21058	0.15531	0.0270	0.9886
Factor4	0.05527	0.03635	0.0071	0.9957
Factor5	0.01893	0.00695	0.0024	0.9981
Factor6	0.01197	0.00907	0.0015	0.9997
Factor7	0.00291	0.00315	0.0004	1.0000
Factor8	-0.00025	.	-0.0000	1.0000

LR test: independent vs. saturated: chi2(28) = 477.19 Prob>chi2 = 0.0000

Factor loadings (pattern matrix) and unique variances

Variable	Factor1	Factor2	Factor3	Factor4	Factor5	Factor6	Factor7	Uniqueness
x1	0.8211	0.5697	-0.0552	-0.0140	0.0246	-0.0455	-0.0360	-0.0061
x2	0.7525	0.6508	-0.0204	-0.0602	-0.0187	0.0768	0.0055	-0.0001
x3	0.8414	-0.5079	-0.0516	0.1605	-0.0361	-0.0009	0.0038	0.0044
x4	0.8120	-0.5522	-0.1435	0.0151	0.0790	0.0411	-0.0096	0.0069
x5	0.8560	-0.4417	0.1851	-0.0511	-0.0767	0.0074	-0.0183	0.0290
x6	0.8500	-0.4118	0.1990	-0.0878	0.0514	-0.0285	0.0208	0.0568
x7	0.9201	0.2639	-0.2458	-0.0379	-0.0348	-0.0379	0.0246	0.0187
x8	0.5353	0.7536	0.2227	0.1171	0.0264	-0.0004	0.0101	0.0813

输入下列命令：

rotate

命令含义：对因子结构进行旋转。

结果如图 7-22 所示。共有 31 个样本参与了分析，提取保留了 7 个因子，P 值为 0，模型非常显著。前两个因子的累计方差贡献率为 95.82%。Uniqueness 表示未被提取的主因子解释部分，信息的损失量很小。

```
. rotate

Factor analysis/correlation                   Number of obs    =        31
    Method: iterated principal factors        Retained factors =         7
    Rotation: orthogonal varimax (Kaiser off)  Number of params =        28

    Beware: solution is a Heywood case
          (i.e., invalid or boundary values of uniqueness)
```

Factor	Variance	Difference	Proportion	Cumulative
Factor1	3.98578	0.48927	0.5104	0.5104
Factor2	3.49651	3.28990	0.4478	0.9582
Factor3	0.20661	0.13944	0.0265	0.9846
Factor4	0.06717	0.03203	0.0086	0.9932
Factor5	0.03514	0.02206	0.0045	0.9977
Factor6	0.01308	0.00826	0.0017	0.9994
Factor7	0.00482	.	0.0006	1.0000

```
    LR test: independent vs. saturated:  chi2(28) =  477.19 Prob>chi2 = 0.0000

Rotated factor loadings (pattern matrix) and unique variances
```

Variable	Factor1	Factor2	Factor3	Factor4	Factor5	Factor6	Factor7	Uniqueness
x1	0.2598	0.9639	0.0714	0.0083	-0.0129	0.0609	-0.0190	-0.0061
x2	0.1578	0.9824	0.0435	0.0320	0.0195	-0.0807	-0.0169	-0.0001
x3	0.9687	0.1499	0.0693	-0.1674	-0.0267	0.0264	0.0241	0.0044
x4	0.9640	0.0989	0.1910	-0.0381	-0.1240	-0.0131	-0.0246	0.0069
x5	0.9493	0.2073	-0.0589	0.0745	0.1303	-0.0222	-0.0199	0.0290
x6	0.9260	0.2263	-0.0691	0.1668	0.0351	0.0166	0.0200	0.0568
x7	0.5145	0.7940	0.2857	-0.0560	-0.0114	0.0229	0.0282	0.0187
x8	-0.0498	0.9194	-0.2617	-0.0083	0.0126	0.0264	0.0374	0.0813

```
Factor rotation matrix
```

	Factor1	Factor2	Factor3	Factor4	Factor5	Factor6	Factor7
Factor1	0.7652	0.6408	0.0613	0.0017	0.0036	0.0060	0.0034
Factor2	-0.6380	0.7676	-0.0601	0.0039	0.0095	0.0021	0.0068
Factor3	0.0784	-0.0103	-0.8973	0.3415	0.2668	-0.0083	0.0256
Factor4	0.0319	0.0013	-0.3980	-0.8467	-0.2712	0.1801	0.1330
Factor5	0.0074	0.0053	-0.1234	0.3813	-0.8973	0.1836	-0.0216
Factor6	0.0109	0.0089	-0.1081	-0.1183	-0.2176	-0.9232	-0.2729
Factor7	-0.0015	-0.0051	0.0461	0.0838	-0.0520	-0.2854	0.9522

图 7-22　因子结构旋转

输入下列命令：

loadingplot

命令含义：绘制旋转后的因子载荷图。

结果如图 7-23 所示，大部分变量位于第一象限，很好地被因子 1 和因子 2 解释。

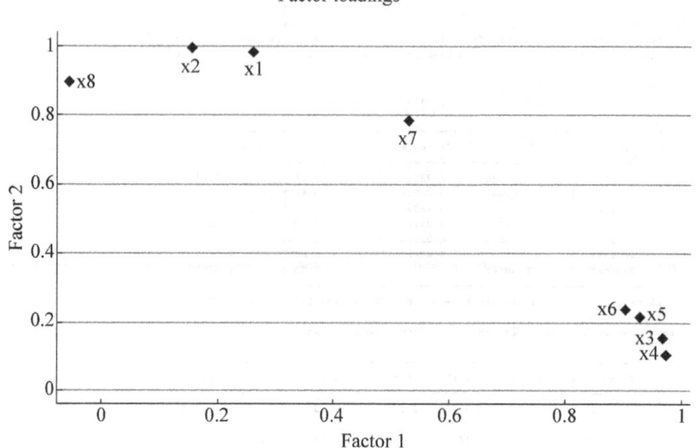

图 7-23 旋转后的因子载荷图

练 习 题

表 7-4 所示为 2017 年部分证券公司的财务年报，有 11 项指标，表 7-5 中列出了 11 项指标的含义，试利用因子分析法对这些指标提取公共因子，并分析公共因子与这些指标之间的关系。

表 7-4 2017 年部分证券公司的财务指标

code	x1	x2	x3	x4	x5	x6	x7	x8	x9	x10	x11
000166	0. 23	2. 75	0. 91	－1. 29	35. 35	35. 35	22. 72	－14. 52	5. 53	8. 88	0. 05
000686	0. 28	6. 70	2. 16	－2. 90	14. 26	14. 26	36. 33	－48. 41	0. 54	－20. 25	0. 07
000728	0. 40	7. 54	1. 48	0. 09	34. 58	34. 58	46. 73	－14. 23	22. 33	11. 15	0. 05
000750	0. 09	3. 26	0. 31	－0. 69	16. 21	16. 21	26. 56	－59. 57	－0. 02	－2. 87	0. 04
000776	1. 13	11. 13	3. 38	－3. 63	42. 10	42. 10	31. 63	8. 02	8. 05	－0. 81	0. 06
000783	0. 28	4. 79	0. 92	－1. 43	27. 36	27. 36	30. 69	－30. 38	3. 91	5. 66	0. 05
002500	0. 14	4. 42	0. 50	－0. 10	10. 07	10. 07	32. 57	－16. 15	1. 82	7. 48	0. 09
002670	0. 39	8. 60	0. 78	－1. 62	91. 25	31. 00	85. 39	16. 41	11. 33	7. 80	0. 07
002673	0. 23	5. 02	0. 55	－1. 64	23. 80	23. 80	52. 36	－32. 22	41. 73	－5. 43	0. 06
002736	0. 52	5. 72	2. 01	－1. 91	38. 40	38. 40	35. 31	0. 49	7. 63	3. 42	0. 06
002797	0. 12	2. 53	0. 48	－0. 18	22. 11	22. 11	37. 01	－26. 82	2. 84	4. 48	0. 06

（续）

code	x1	x2	x3	x4	x5	x6	x7	x8	x9	x10	x11
300059	0.15	3.14	0.61	0.62	57.07	24.93	54.03	-10.89	14.45	55.06	0.07
600030	0.94	12.36	4.29	-3.28	27.67	27.67	31.71	9.07	4.98	4.71	0.07
600061	0.68	8.59	2.00	-2.70	429.63	29.30	35.26	-15.30	12.61	3.36	0.07
600109	0.40	6.23	1.67	-2.60	27.38	27.38	81.17	-7.05	7.66	-12.23	0.10
600369	0.12	3.43	0.46	-1.02	22.57	22.57	44.41	-24.30	2.01	-10.29	0.05
600621	0.77	6.16	3.05	-1.41	33.45	20.46	62.30	90.48	30.06	-15.79	0.19
600837	0.75	10.24	2.63	-1.87	34.99	34.99	29.07	10.58	6.92	-4.66	0.05
600864	0.17	6.38	0.98	-0.53	30.20	14.15	41.54	-20.11	-0.78	55.82	0.07
600909	0.18	3.39	0.55	-0.63	34.01	34.01	44.86	7.91	3.55	15.38	0.05
600958	0.57	7.58	1.21	-0.43	34.21	34.21	29.71	48.48	30.88	9.16	0.05
600999	0.78	9.59	2.54	-2.12	43.47	43.47	38.40	7.16	32.43	17.52	0.05
601099	0.02	1.72	0.17	-0.28	9.71	9.71	33.55	-81.10	-0.74	16.54	0.03
601108	0.45	5.65	1.42	-1.45	36.81	36.81	56.36	-16.91	36.36	5.34	0.07
601198	0.48	6.97	1.43	-1.88	36.11	36.11	32.84	-3.19	4.92	7.09	0.05
601211	1.11	14.13	4.40	-3.79	44.04	44.04	41.32	-7.66	23.17	4.83	0.06
601375	0.11	2.59	0.10	-1.07	24.27	24.27	34.82	-30.21	-3.90	0.69	0.05
601377	0.34	4.99	1.20	-1.39	29.88	29.88	28.53	12.43	5.48	12.10	0.06
601555	0.26	6.94	1.09	-2.62	19.56	19.56	28.40	-46.58	2.93	5.46	0.05
601688	1.30	12.19	2.65	-4.12	44.57	44.57	29.82	44.30	3.53	-4.97	0.05
601788	0.65	10.54	2.52	-3.09	31.78	31.78	31.17	1.64	2.92	15.89	0.05
601878	0.34	4.05	1.21	-3.29	23.07	23.07	34.29	-14.30	41.28	-1.52	0.09
601881	0.39	6.36	1.57	-1.82	35.43	35.43	33.97	-22.49	11.25	3.63	0.05
601901	0.18	4.55	0.98	-0.62	24.40	24.40	33.98	-43.75	5.64	-2.63	0.04

表7-5　变量含义

code	股票代码	code	股票代码
x1	每股收益（元/股）	x7	股东权益/负债合计
x2	每股净资产（元/股）	x8	净利润增长率（%）
x3	每股未分配利润（元/股）	x9	净资产增长率（%）
x4	每股净现金流量（元/股）	x10	总资产增长率（%）
x5	销售净利率（%）	x11	总资产周转率（次）
x6	净利润/营业总收入（%）		

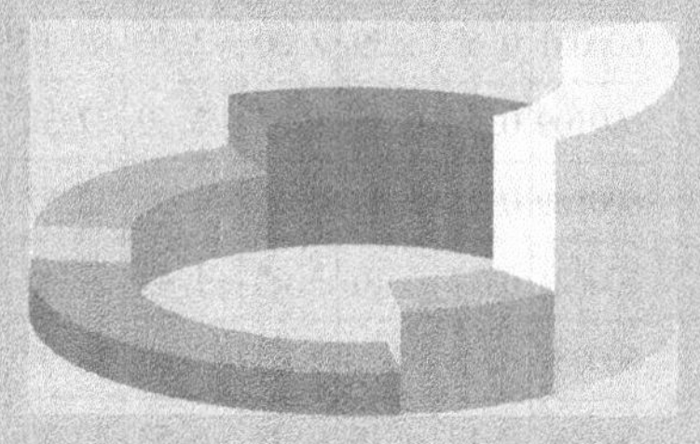

第八章

聚类分析

利用表 8-1 的数据，对能源生产率情况展开比较深入的分析，对这些省（市、区）的能源生产率情形进行划分，同时考察影响各个省（市、区）能源生产率的主要因素，对未来各个地区能源生产消费的供给侧结构性改革将有重要的意义。本章介绍的聚类分析方法，可以从多个随机变量中提取信息进行分析，根据原始数据对地区进行有标准的分类，将具有相同信息的省（市、区）聚集在一起，区别于其他省（市、区），以达到简化分析的目的。

表 8-1 1995 ~ 2003 年平均能源生产率情况

（单位：元/吨标准煤）

省（市、区）	平均能源生产率	标准偏差	省（市、区）	平均能源生产率	标准偏差
北 京	4593	889	河 南	5311	707
天 津	4855	1097	湖 北	5223	999
河 北	3953	651	湖 南	6187	1799
山 西	1903	259	广 东	8383	863
内蒙古	3109	268	广 西	7051	1009
辽 宁	3550	694	海 南	9531	1004
吉 林	3736	915	四 川	5846	445
黑龙江	4305	1027	贵 州	1916	237
上 海	6500	1086	云 南	4534	480
江 苏	8351	1760	陕 西	4062	943
浙 江	8229	1206	甘 肃	2500	469
安 徽	5650	900	青 海	2527	278
福 建	10747	1395	宁 夏	2483	339
江 西	7240	1388	新 疆	3054	443
山 东	7273	1589			

数据来源：高振宇，王益．我国能源生产率的地区划分及影响因素分析［J］．数量经济技术经济研究，2006（9）．

聚类分析（cluster analysis）也称群分析、点群分析，是基于观测样本在许多变量上的相异性，将样本划分成不同组或类的方法。聚类分析的原则是同一类中的个体有较大的相似性，不同类中的个体差异很大。它是根据研究对象特征对研究问题进行分类的多元分析方法。

第一节 聚类分析的基本思想

聚类分析实际上就是对研究的对象或者变量进行分类。在进行具体分类之前，需要了解聚类分析的原理。聚类分析的基本思想是当面临的研究对象比较复杂的时候，把相似的样本（或指标）归成类，处理起来就大为方便。将样本观测值分组，使得组内个体具有较强的相似性，而不同组的个体之间则具有较强的差异性，从而揭示数据中的异质性。聚类分析不仅可以用来对样本进行分类，也可以用来对变量进行分类。假设有 n 个个体，需要将其聚为 m 类。如果给定每类的个体数，如 n_1，n_2，…，n_m，则根据排列组合的方法，可能的聚类结果数额将非常大。例如，设 $n=12$，$m=4$，$n_1=n_2=n_3=3$，则可能的分类方法达 15400 种之多。如果每类的个体数未知，那么可能的聚类结果将多到无法想象。聚类分析就是要从如此众多的分类中选择最好的分类结果。

一、聚类分析方法

聚类分析提供了很多种分类方法，包括：

（1）系统聚类法。将 n 个样本看成 n 类，然后将性质最接近的两类合并成一个新类，就得到 $n-1$ 类，再从中找出最接近的两类加以合并变成 $n-2$ 类，……如此下去，最后所有的样本均聚为一类，将上述并类画成一张图（称为聚类图），便可决定分多少类，每类各有什么样本。

（2）动态聚类法（K 均值法）。将 n 个样本初步分类，然后根据分类函数尽可能小的原则，对初步分类进行调整优化，直到分类合理为止，这种分类方法一般称为动态聚类法，也称为调优法。

（3）模糊聚类法。该方法利用模糊数学中的模糊集理论来处理分类问题，对经济领域中具有模糊特征的两态数据或多态数据具有明显的分类效果。该方法多用于定性变量的分类。

（4）图论聚类法，该方法是利用图论中最小支撑树的概念来处理分类问题，是一种独具风格的方法。

（5）聚类预报法。该方法利用聚类方法处理预报问题，主要应用于处理一些出现异常数据的情况。例如气象中的灾害性天气的预报。通常这些异常数据采用回归分析或判别分析处理的效果不好，而聚类预报可以弥补回归分析及判别分析方法的不足，这是一个很值得重视的方法。

按照分析对象不同，聚类分析可以分为 R 型和 Q 型两大类。R 型聚类分析法是对变量进行的分类处理，Q 型聚类分析法是对样品进行的分类处理。R 型聚类分析的目的在于可以了解变量之间以及变量组合之间的亲疏程度。Q 型聚类分析法的主要目的是对样本进行分类处理，以揭示样本之间的亲疏程度。该方法分类的结果是直观的，且比传统定性分类更细致、更全面、更合理。对任何观测数据都不会存在唯一“正确”的分类方法，不同的分类方法会得到不同的结果。实际应用中，常常采用不同的分类方法对数据进行分析并根据实际研究问题，判断分类数及分类情况。

二、聚类分析中距离的度量

聚类分析就是要从众多复杂的数据中产生一个相当简单的类结构，使得类内个体尽可能相似，类间个体的差异性尽可能大，这就必须进行“相关性”或者“相似性”度量。在相似性度量的选择中，常常包含许多主观上的考虑，但最重要的考虑是指标性质或观测的尺度以及有关的知识。

对于已知的观测数据矩阵，则每个样本 x_i（$i=1, 2, \cdots, n$）都可以看成是 p 维空间上的一个点，n 个样本就是 p 维空间上的 n 个点。聚类分析对样本进行分类时，通常采用距离来表示样本之间的相似性或差异性。因此，必须定义样本之间的距离，即第 i 个样本 x_i 与第 j 个样本 x_j 之间的距离，记为d_{ij}。所定义的距离必须满足以下三个条件：

（1）正定性：$d_{ij} \geqslant 0$，对于一切 i，j 都成立；当且仅当 $x_i = x_j$ 时，$d_{ij} = 0$。

（2）对称性：$d_{ij} = d_{ji}$，对于一切 i，j 都成立。

（3）三角不等式：$d_{ij} \leqslant d_{ik} + d_{kj}$，对于一切 i，j，k 都成立。

同时聚类分析中样本之间的距离分为两类距离：一是个体与个体（即点和点）之间的距离，又称点间距离；二是类与类之间的距离，又称类间距离。

（一）点间距离

对于定量变量数据，测量点间距离的方法有多种，而且对于不同测量尺度的变量，方法也不相同。几种主要的测量方法均来源于明氏距离的计算公式。

第 i 个样本与第 j 个样品之间的明氏距离公式为

$$d_{ij}(q) = \left(\sum_{k=1}^{p} |x_{ik} - x_{kj}|^q\right)^{\frac{1}{q}} (i,j = 1,2,\cdots,n)$$

其中 q 为某一自然数。

当 $q=1$ 时，称为绝对值距离，如下式：

$$d_{ij}(1) = \sum_{k=1}^{p} |x_{ik} - x_{kj}| (i,j = 1,2,\cdots,n)$$

当 $q=2$ 时，称为欧式距离，如下式：

$$d_{ij}(2) = \left[\sum_{k=1}^{p} |x_{ik} - x_{kj}|^2\right]^{\frac{1}{2}} (i,j = 1,2,\cdots,n)$$

当 $q=+\infty$时，称为切比雪夫距离，如下式：

$$d_{ij}(+\infty) = \max_{1\leqslant k\leqslant p} |x_{ik} - x_{jk}| (i,j = 1,2,\cdots,n)$$

其中，欧氏距离是聚类分析中用得最广泛的距离，但该距离与各变量的量纲有关，没有考虑指标间的相关性，也没有考虑各变量间方差的不同。而使用明氏距离，应该先对各变量的数据进行标准化处理，然后再用标准化后的数据计算距离。

当全部数据大于零，即 $x_{ij}\geqslant 0$ 时，可以定义第 i 个样本与第 j 个样本之间的兰氏距离为

$$d_{ij} = \sum_{k=1}^{p} \frac{|x_{ik} - x_{jk}|}{x_{ik} + x_{jk}} (i,j = 1,2,\cdots,n)$$

兰氏距离是一个无量纲的量，克服了明氏距离与各指标的量纲间有关的缺点，它受极端值的影响较小，因此适合应

用于具有高度偏倚的数据。然而，兰氏距离没有考虑变量间的相关性。明氏距离和兰氏距离共同的特点是，假定变量之间相互独立，即均没有考虑变量之间的相关性。

除此之外，对于定性变量，通常采用匹配比例的方法来测量点间距离。其中，最常用的匹配比例方法的定义为

$$\text{匹配比例}=\frac{\text{两个体拥有的共同属性的个数}}{\text{全部属性个数}}$$

（二）相似系数

聚类分析方法不仅用来对样本进行分类，而且有时用来对变量进行分类。在对变量进行聚类分析时，通常采用相似系数来表示变量之间的相关性程度。设C_{ij}表示变量 x_i 与变量 x_j 之间的相似系数，则C_{ij}应满足下列条件：

（1）$C_{ij}=\pm 1 \Leftrightarrow x_i=\alpha x_j$（$\alpha$ 为非零常数）。

（2）$|C_{ij}| \leqslant 1$，对一切 i，j 成立。

（3）$C_{ij}=C_{ji}$，对一切 i，j 成立。

其中，$|C_{ij}|$越接近于 1，则表示变量 x_i 与变量 x_j 之间关系越密切；$|C_{ij}|$越接近于 0，表示变量 x_i 与变量 x_j 之间关系越疏远。聚类时，关系密切的变量应归于同一类，关系疏远的变量归于不同类。常用的相似系数有夹角余弦和相关系数等。

1. 夹角余弦

在 p 维空间中，变量 x_i 与变量 x_j 观测值形成的向量 x_i 与向量 x_j 的夹角为α_{ij}，则夹角余弦为

$$\cos\alpha_{ij}=\frac{\sum_{k=1}^{n}x_{ki}\,k_{kj}}{\sqrt{\sum_{k=1}^{n}x_{ki}^2}\sqrt{\sum_{k=1}^{n}x_{kj}^2}}$$

它是向量 x_i 与向量 x_j 在原点处的夹角α_{ij}的余弦。当向量 x_i 与向量 x_j 平行或重合时，夹角为 0，故夹角余弦为 1，说明两个变量极相似；当向量 x_i 与向量 x_j 正交（垂直）时，夹

角90°，故夹角余弦为0°，说明两者不相似。

2. 相关系数

相关系数是数据做中心化或标准化处理后的夹角余弦，设r_{ij}表示变量x_i与变量x_j之间的相关系数，则

$$r_{ij} = \frac{\sum_{k=1}^{n}(x_{ki} - \bar{x}_i)(x_{kj} - \bar{x}_j)}{\sqrt{\sum_{k=1}^{n}(x_{ki} - \bar{x}_i)^2}\sqrt{\sum_{k=1}^{n}(x_{kj} - \bar{x}_j)^2}}$$

相关系数r_{ij}的取值在-1到1之间。相关系数的绝对值越接近1，表示两变量之间的相关程度越大。由于剔除了量纲的影响，相关系数能更准确地揭示变量间的关系，因此在实际应用中更为广泛。

（三）距离以及相似系数的选择原则

一般说来，同一批数据采用不同的相似性尺度，就会得到不同的分类结果。产生不同分类结果的原因，主要是不同指标代表了不同意义上的相似性。因此在进行数值分类时，应注意相似性尺度的选择，应根据研究对象的不同做具体的分析，在多次进行聚类分析过程中，逐步总结经验以选择合适的距离或相似系数。在初次进行聚类分析处理时，不妨多试探性地选择几个距离进行聚类，从而做出对比、分析，以确定合适的距离或相似系数。表8-2为Dissimilarity命令相似性测度方法。

表8-2 Dissimilarity命令相似性测度方法

测度方法	内容
L2	欧氏距离，默认
L1	绝对值距离
Canberra	兰氏距离
Jaccard	定量（二项）相似系数
Correlation	相似性测度的相关系数
Angular	相似性测度的角度（余弦）

（四）数据分析

接下来将通过 Stata 中关于矩阵相似性（similarity）或相异性（dissimilarity）的测度方法，对表 8-3 的统计数据进行分析比较。

表 8-3　2018 亚太国家和地区营商环境得分

（单位：分）

国家和地区	DWEC（办理许可证）	EC（执行合同）	GC（获得信贷）	GE（获得电力）	PMI（保护少数投资者）	PT（纳税）	RI（办理破产）	RP（财产登记）	SAB（开办企业）	Tab（跨境贸易）
澳大利亚（AUS）	84.39	79	90	80.14	60	85.62	78.79	74.17	96.47	70.65
巴林（BRN）	73.62	60.95	95	70.18	65	69.41	55.11	51.48	90.23	58.7
柬埔寨（KHM）	41.86	31.75	80	54.39	50	61.28	48.25	55	51.91	67.28
中国（CHN）	41.21	78.97	60	65	55	62.9	55.82	74.99	85.47	69.91
斐济（FJI）	67.69	57.05	25	61.11	51.67	71.11	43.72	71.86	73.26	77.57
中国香港（HKG）	88.19	69.13	75	84.18	78.33	99.71	65.69	73.54	98.14	95.04
印度尼西亚（IDN）	66.08	47.23	65	66.54	63.33	68.04	67.61	59.01	77.93	67.27
日本（JPN）	74.94	65.26	55	75.6	60	70.9	93.44	73.93	86.1	86.51
基里巴斯（KIR）	65.72	53.39	20	48.74	46.67	71.42	0	49.12	77.47	62.08
韩国（KOR）	84.41	84.15	65	84.15	73.33	86.92	83.08	76.34	95.83	92.52
老挝（LAO）	67.57	41.99	60	51.15	31.67	54.18	0	64.92	60.88	77.67
马来西亚（MYS）	82.19	68.23	75	78.03	81.67	76.07	62.51	76.06	80.14	84.11

（续）

国家和地区	DWEC（办理许可证）	EC（执行合同）	GC（获得信贷）	GE（获得电力）	PMI（保护少数投资者）	PT（纳税）	RI（办理破产）	RP（财产登记）	SAB（开办企业）	Tab（跨境留易）
马绍尔群岛（MHL）	70.93	55.93	50	51.61	26.67	76.75	9.19	0	88.49	78.86
蒙古（MNG）	78.19	58.48	80	67.47	68.33	77.32	29.48	74.13	86.89	66.89
缅甸（MMR）	70.33	24.53	10	44.21	25	63.94	20.39	52.3	75.42	47.67
新西兰（NZL）	86.36	71.48	100	86.59	81.67	91.08	71.85	94.88	99.96	84.63
帕劳（PLW）	68.38	52.21	50	55.58	26.67	69.22	16.38	75.16	81.96	60.98
巴布亚新几内亚（PNG）	64.42	36.21	70	58.93	53.33	71.71	32.31	55.38	79.93	60.47
菲律宾（PHL）	66.67	45.96	5	56.32	40	69.27	55.22	57.55	67.12	72.05
萨摩亚（WSM）	68.68	58.59	45	63.76	56.67	75.71	33.38	69.51	92.54	57.81
新加坡（SGP）	84.69	83.61	75	84.97	80	91.58	74.31	83.16	96.49	89.57
所罗门群岛（SLB）	73.57	43.49	50	58.84	50	83.81	31.95	47.37	85.42	53.45
中国台湾（TWN）	86.32	75.11	50	80.66	73.33	85.22	77.06	83.89	94.43	84.94
泰国（THA）	71.79	67.91	70	77.39	75	76.73	75.64	69.35	92.34	84.1
东帝汶（TLS）	55.29	6.13	20	39.89	51.67	60.32	0	0	72.65	69.9
汤加（TON）	80.86	57.32	70	63.56	41.67	70.56	33.97	44.64	90.81	72.64
瓦努阿图（VUT）	57.58	49.27	75	63.08	50	77.85	43.04	65.63	81.23	59.13
越南（VNM）	79.03	60.22	75	66.77	55	61.12	35.16	70.61	82.02	70.83

注：数据来源于 https：//chinese. doingbusiness. org/。

分别输入下列命令：

matrix dissimilarity DB = dwec ec gc geb pmi pt ri rp sab tab

命令含义：创建矩阵 DB，并在 DB 中保存变量 dwec、ec、gc、geb、pmi、pt、ri、rp、sab、tab 所有观测值的欧氏距离，即使用该命令，默认的距离是欧氏距离。

mat list DB

命令含义：列出矩阵 DB 中的内容。

结果如图 8-1 所示，为各观测值欧氏距离矩阵的输出结果。

symmetric DB[28,28]

	obs1	obs2	obs3	obs4	obs5	obs6	obs7	obs8	obs9	obs10	obs11	obs12
obs1	0											
obs2	45.946485	0										
obs3	93.776291	65.024979	0									
obs4	64.689816	58.914236	66.033651	0								
obs5	86.311029	80.014705	73.09817	53.510862	0							
obs6	40.710728	62.870658	101.44628	75.416502	80.850699	0						
obs7	56.432866	40.008639	49.901685	46.982025	52.322496	63.261718	0					
obs8	48.105475	66.637525	86.161741	56.959479	63.40751	53.085759	43.950595	0				
obs9	120.58002	98.798735	88.467004	84.686963	53.912891	115.15835	85.819387	111.21239	0			
obs10	36.72603	68.566074	105.37157	67.536776	78.524578	29.161833	62.954462	36.026039	120.13437	0		
obs11	113.10831	88.119782	64.634666	82.199043	65.958479	113.16972	80.566047	108.75278	55.039296	120.23827	0	
obs12	40.342625	48.132346	80.560133	57.88071	67.13375	33.235002	44.029206	44.340609	103.66642	36.37602	96.296464	0
obs13	121.62794	95.360557	95.624013	102.63435	89.295067	119.62093	95.435085	120.31517	65.348914	126.76953	76.831113	115.5508
obs14	58.272722	39.763525	68.85304	57.312817	63.25847	57.874486	48.714836	73.039193	79.010319	70.233073	68.389217	43.172801
obs15	131.94958	111.41701	90.659358	100.05366	64.524305	132.35432	90.599079	115.71831	46.237722	134.80695	68.460261	120.27698
obs16	37.230662	65.159642	107.9064	82.130159	101.06322	36.473737	74.731957	65.516187	135.89738	45.069942	124.804	42.261754
obs17	93.579401	77.107569	70.678749	64.289827	49.166435	97.857321	68.276649	91.441377	48.247796	102.20688	39.64865	85.529981
obs18	78.792669	47.265442	43.070349	60.344419	56.714582	81.798538	40.374296	79.370883	63.536492	91.033858	52.668833	66.720495
obs19	107.5198	99.695906	83.181762	75.826161	33.041537	104.53709	67.435595	77.547812	60.946796	99.712752	80.867076	92.744296
obs20	73.007314	59.022628	71.98376	47.8889	36.484903	73.016942	47.23991	69.541877	52.726848	76.498794	65.432503	61.164708
obs21	34.118177	65.845883	106.10573	69.999775	83.859469	22.156772	66.418359	48.121825	122.17281	17.315036	119.97089	31.954516
obs22	82.856301	59.116714	64.875656	67.154664	49.805748	83.117097	49.345485	81.414099	49.877729	90.987192	62.681229	73.942329
obs23	45.856444	71.094016	101.72896	63.763228	64.089414	35.549699	57.439318	33.154815	108.04452	21.865477	112.22715	36.434745
obs24	34.99224	47.673753	91.053593	50.748752	66.577285	33.920553	38.431596	29.777513	105.99973	28.064475	103.13241	23.342184
obs25	160.19799	127.53753	102.18016	129.05772	102.33679	152.66109	113.2453	145.66222	71.175726	160.85651	89.525064	141.98024
obs26	68.095678	44.366378	66.087885	61.755943	58.933225	72.348873	48.605768	73.575148	66.734825	79.300074	69.332034	63.503508
obs27	63.206229	39.590905	44.66963	44.859557	56.193128	72.167285	34.452388	68.150819	74.257426	78.440549	63.460073	57.518891

	obs13	obs14	obs15	obs16	obs17	obs18	obs19	obs20	obs21	obs22	obs23	obs24
obs13	0											
obs14	94.86523	0										
obs15	82.536877	98.853778	0									
obs16	143.27309	63.874315	160.78076	0								
obs17	78.459291	56.656781	57.345591	109.582	0							
obs18	75.059596	39.549954	72.019052	93.152198	45.26869	0						
obs19	91.280821	90.890579	82.930781	126.88228	66.382634	73.098216	0					
obs20	83.439461	40.232914	69.082333	88.227696	38.958114	39.514378	60.060422	0				
obs21	130.73765	63.5796	139.39607	30.991021	102.63138	90.130973	108.40041	76.903953	0			
obs22	65.0012	50.03622	59.120047	101.8172	44.205664	28.947161	61.011869	31.195448	92.216656	0		
obs23	124.15169	65.159865	120.37897	53.205635	91.631163	84.094866	85.447889	64.16402	28.934362	81.401468	0	
obs24	113.18994	53.40982	119.19536	46.739398	87.828047	68.409081	88.289753	61.003917	31.319055	73.470938	31.097017	0
obs25	71.222159	121.52493	71.138633	175.47216	101.1369	90.752281	93.934146	104.28623	164.61261	85.099907	151.81833	141.17016
obs26	59.644819	42.643464	81.151992	88.705361	48.244123	35.485312	76.105656	43.224006	80.809926	36.338469	76.273732	63.366278
obs27	86.137898	35.192541	83.845062	79.774402	47.231677	23.066017	76.10084	37.394913	76.983424	38.390386	73.195214	56.823721
obs28	86.047035	23.521171	90.137266	72.489391	47.606876	36.648437	80.33186	38.975194	68.658379	49.004608	65.533625	53.064334

	obs25	obs26	obs27	obs28
obs25	0			
obs26	100.11569	0		
obs27	109.94779	39.391186	0	
obs28	116.44414	32.714971	33.51004	0

图 8-1 各变量观测值的欧氏距离

输入以下命令

matrix dis DB1 = dwec ec gc geb pmi pt ri rp sab tab, Canberra

命令含义：创建矩阵 DB1，并在 DB1 中保存变量 dwec、

ec、gc、geb、pmi、pt、ri、rp、sab、tab 所有观测值的 Canberra（兰氏）距离。

mat list DB1

命令含义：列出矩阵 DB1 中的内容。

结果如图 8-2 所示，为各观测值兰氏距离矩阵的输出结果。

图 8-2　各变量观测值的兰氏距离

```
. mat list DB1

symmetric DB1[28,28]
            obs1       obs2       obs3       obs4       obs5       obs6       obs7       obs8       obs9      obs10      obs11
 obs1          0
 obs2  .91821788          0
 obs3  1.9838871  1.4322613          0
 obs4  1.0866098  1.1142416  1.2166732          0
 obs5  1.6237807  1.3765404  1.6171247    1.21114          0
 obs6  .66339943  1.1758367  2.2099118  1.3828761  1.7172652          0
 obs7  1.0897985  .72908834  1.1969425  .92482843  1.1314192   1.224575          0
 obs8  .76352909  1.0494782  1.9792236   .9765531  1.1867725  .90830335  .86530524          0
 obs9  2.7901876  2.2612268  2.5358321  2.5276608  1.6514607   3.065197  2.0580089  2.3956939          0
obs10  .50317541  1.3290534  2.3524421  1.2487234  1.7402483  .45391576  1.2064287  .68597947  2.9838664          0
obs11  2.7113424  2.5264978  2.0672304  2.3035265  2.1722158  2.8489869   1.929584  2.2381023  1.3562796  2.7488569          0
obs12  .70986518  .93419784  1.8633605  1.0851742  1.3568517   .4386676  .91429386   .6886426  2.7304522  .62724137  2.5194988
obs13  3.0882347  2.8631717  3.2266693  2.8824102  2.5631872  3.1752802  2.7474668  2.6457237  3.0126664  3.1074234  2.7125386
obs14  .98319044  .80245145  1.6213839  1.1760872  1.2074216  1.0997814  .96605704  1.0804083  2.4188683   1.226022    2.37682
obs15  3.3411032  2.6318072  2.4039354  2.9696817  2.1824494  3.5574484  2.5312177  3.0717195  2.3200133  3.5597583  2.7235676
obs16  .61306479  1.1985979  2.4007395   1.590324  1.9332189  .48889548  1.4532679  1.0921147  3.2188763  .64281769  3.0577773
obs17  2.0833151   1.755897  2.0125694  1.6522511  1.4158268  2.2629606  1.5078715  1.6613239  2.0601228  2.2159043  1.7955047
obs18  1.6651927    1.04754  .96242546  1.3208221  1.2070781  1.8384521  .80537931  1.5141327  2.0092239  1.8987746  1.9785513
obs19  2.2478432  1.7440648  1.7355966  1.8963392  1.2705624  2.4515064  1.4153712  2.0197894  2.0712928  2.5156648  2.3310315
obs20  1.3461143  .98627146  1.7225779  1.0819393  .81797302  1.5194284  1.0206354  1.0830654  2.0086498   1.520515  2.2616335
obs21  .53137241  1.3061861   2.327639  1.3665915  1.8454133  .33383607  1.3240033  .91375258  3.1313595  .26887197  2.9133702
obs22  1.7417905  1.1719704   1.492438  1.5338651  1.2488297  1.9140046  1.1361087  1.5055749  1.9369064  1.9057535  2.1687945
obs23  .60294073  1.3366766  2.3749793  1.2334436  1.5172634  .60562715  1.2235763  .62692315  2.8055931  .36422019  2.7271037
obs24  .62726083  .88282731  1.9072062  1.0833665   1.370535  .53112843  .81025924  .51000581  2.6241978  .50107737  2.4037224
obs25  4.4301514  4.2661343  3.7783089  3.8745398   3.366279  4.7552065  3.8547251  4.1011675  2.2065233  4.5896682  2.9032565
obs26  1.3876343  .92331772  1.4990674  1.3135657  1.1943084  1.5227131  1.0660236  1.3198454  2.0944056  1.5956098   2.112554
obs27  1.2981438  .88684196  1.0295435   .9820505  .97104964  1.4572313  .73315932  1.2982303  2.0827713  1.6046886  2.0630268
obs28  1.0497563  .84985642  1.3321225  .87244208  .97447492   1.212406  .86385819  1.0002378  2.3206011  1.3570753  2.0654562

           obs12      obs13      obs14      obs15      obs16      obs17      obs18      obs19      obs20      obs21      obs22
obs12          0
obs13   2.913894          0
obs14  .83016875   2.493103          0
obs15  3.2081945   2.966646  2.6003243          0
obs16  .62540162  3.2689919  1.2834854  3.7063301          0
obs17  1.9089007   1.588687  1.3127408  1.5798003  2.4735056          0
obs18  1.4818145  2.6021279  .90962006   1.950013  2.0888229  1.2530489          0
obs19  2.0912507  3.1388943  2.0835723  1.8256231  2.5936579  1.9593346  1.6407178          0
obs20  1.3051943  2.3087145  .67627233  2.2920646  1.7639011  1.0537071  .80736912  1.8239746          0
obs21  .51653281  3.2058083  1.2135756  3.6457946  .38202321  2.3464829  1.9509476  2.5767381  1.6443877          0
obs22  1.7166698   2.320052  1.0523938  1.9673713  2.1522957  1.1912414  .61349591  1.7551247   .6788784  2.0289307          0
obs23  .63958609  2.8392476  1.2464408  3.4089026  .60756834  1.9892995  1.9263715  2.3649101  1.2836778  .42843923  1.6699619
obs24  .36736463  2.7815441  .91961598  3.1861564  .70231729  1.9156445  1.4455403  2.0937915  1.1308016  .54060765  1.6345395
obs25  4.4149329  3.0805371  4.2123052  3.6893305  4.7789675  4.0048115  3.7570591  3.8797992  3.9078505  4.6986517  3.9088415
obs26  1.2853355  2.2377685  .79371685  2.3280279  1.7661947  1.3356006  .79505746  1.6815796  .84885996  1.6416415  .80941735
obs27  1.1346934  2.6124586  .80452826  2.4214425  1.7164005   1.277125  .59700321  1.5921196  .73763992  1.5835007  .84095197
obs28  .87832331  2.5564215  .45220796  2.4971256  1.4707718  1.3146652  .79776358  1.8317292  .67373151  1.3389375    1.06937

           obs23      obs24      obs25      obs26      obs27      obs28
obs23          0
obs24  .51362185          0
obs25  4.4068397  4.3550215          0
obs26  1.6127088   1.248077  4.0946413          0
obs27  1.6238215  1.1531035  3.8856729  .88828532          0
obs28   1.376092  1.0024426  3.9279219  .61083636  .68563486          0
```

输入下列命令：

mat dis DB1vars =, Canberra variables

命令含义：创建矩阵 DB1vars，并在 DB1vars 中保存所有变量间的 Canberra 距离（注意该命令的结果是变量间的兰氏距离，而非观测值间的距离）。

结果如图 8-3 所示，为各变量间的兰氏距离（注意区别于图 8-2）。

symmetric DBlvars[12,12]

	dwec	ec	gc	geb	pmi	pt	ri	rp	sab	tab
dwec	0									
ec	4.5132053	0								
gc	5.6320721	5.6936488	0							
geb	2.1255822	3.1496684	4.6360605	0						
pmi	4.2220261	3.496986	5.4494646	2.9003398	0					
pt	1.5459088	4.6883462	5.4542727	2.0811052	4.4191884	0				
ri	8.7562139	6.9442773	9.41517	7.6943205	6.4958551	8.9225851	0			
rp	4.1953912	4.751755	6.6959445	3.4998638	4.8748393	4.1629452	7.2008571	0		
sab	2.3915885	6.0052697	6.4209283	3.5269263	5.9251137	1.863123	9.9964001	5.0746923	0	
tab	2.0921742	4.2763404	5.6717204	1.9940811	4.0357046	1.9291779	8.3119405	3.8857109	2.7649557	0
L2slnk_id	18.917955	17.066992	16.908443	18.006133	16.262362	19.155817	16.034124	19.177937	20.010019	18.835827
L2slnk_ord	18.756677	17.090078	16.74378	18.062205	16.394012	19.115277	15.809913	19.082334	19.990664	18.721413

	L2slnk_id	L2slnk_ord
L2slnk_id	0	
L2slnk_ord	9.0311366	0

图 8-3　各变量间的兰氏距离

由图可以看出，不同的距离测量方法，结果差异也较大，图 8-1 为所有观测值的欧氏距离矩阵，图 8-2 为所有观测值的兰氏距离矩阵，图 8-3 为所有变量间的兰氏距离矩阵。

三、系统聚类分析

系统聚类法是一种比较直观的方法，也是实际应用中使用最多的一类方法。常用的系统聚类方法有最短距离法、最长距离法、重心法、类平均法、离差平方和法。由于每种方法的归类步骤基本一样，所不同的主要是对类与类之间的距离的定义不同。设d_{ij}表示样本 x_i 与 x_j 之间的距离，D_{ij}表示类G_i 与G_j 之间的距离。

（一）最短距离法

最短距离法是把两个类之间的距离定义为一个类中的所有样本与另一个类中所有样本之间距离中最近者。即类G_p与G_q之间的距离D_{pq}定义为

$$D_{pq} = \min_{x_i \in G_p, x_j \in G_q} d_{ij}$$

（二）最长距离法

最长距离法与最短距离法在定义类与类之间的距离时是相反的，类与类之间的距离定义为两类之间所有样本间的距离最大者，即类G_p与G_q之间的距离D_{pq}定义为

$$D_{pq} = \max_{x_i \in G_p, x_j \in G_q} d_{ij}$$

（三）重心法

重心法是在定义类与类之间的距离时，把每一类中所包括的样本数目考虑进去，并把两个类重心之间的距离定义为类与类之间的距离，所谓每一类的重心就是该类样本的均值，其中单个样本的重心就是它本身，两个样本的类的重心就是两点连线的中点。

$$D_{pq}=d(\bar{x}_p,\bar{x}_q)$$

式中 $\bar{x}_p$，$\bar{x}_q$——类G_p与类G_q的重心，即各类内所含个体的均值。

（四）类平均法

类平均法定义类与类的距离时，不仅把每一类中所包括的样本数目都考虑进来，而且把各样本的信息都充分地考虑进来。把两个类之间的距离平方定义为两类元素两两之间距离平方的平均。

$$D_{pq}=\frac{1}{n_1n_2}\sum_{x_i\in G_p}\sum_{x_j\in G_q}d(x_i,x_j)$$

式中 n_1与n_2——类G_p与类G_q所含个体的数目。

类平均法是一种使用比较广泛、聚类效果较好的方法。

（五）离差平方和法

离差平方和法的基本思想是基于方差分析的思想。如果类分得合理，则同类样本之间的离差平方和应当较小，类与类之间的离差平方和应当较大。

$$D_{pq}=\sum_{x_k\in G_p\cup G_q}(x_k-\bar{x})^{\mathrm{T}}(x_k-\bar{x})-\sum_{x_i\in G_p}(x_i-\bar{x}_p)^{\mathrm{T}}(x_i-\bar{x}_p)-\sum_{x_j\in G_q}(x_j-\bar{x}_q)^{\mathrm{T}}(x_j-\bar{x}_q)$$

式中 $\bar{x}$——类G_p与类G_q合并之后形成的大类的重心。

实际应用中，离差平方和法应用比较广泛，分类效果比较好。离差平方和法要求样本之间的距离必须是欧氏距离。距离的测量方法见表8-4。

表 8-4 距离的测量方法

测量方法	内容
singlelinkage	最短距离法
averagelinkage	未加权的类间平均法
completelinkage	最长距离法
waveragelinkage	加权的类间距离法
medianlinkage	加权的类间重心法
centroidlinkage	未加权的类间重心法
wardslinkage	离差平方和法

系统聚类的优点是无须事先知道或猜测类别数，研究者可以根据谱系图的输出结果来确定将个体划分为几类。但是，系统聚类的结果依赖于类间距离的测量方式。如果系统聚类过程中，以某种距离测量方法计算的类间距离总是大于另一种距离测量方法计算的类间距离，则称前者比后者扩张或称后者比前者浓缩。一般来说，太浓缩的方法对数据变化不够灵敏，而太扩张的方法则过于灵敏。相对而言，类平均法是一种扩张性适中的方法。

（六）数据分析

1. 基本命令

继续利用营商环境的数据，输入下列命令：

cluster singlelinkage dwec ec gc geb pmi pt ri rp sab tab , name（L2slnk）

命令含义：采用最短距离法进行分类，并将所得分类结果保存在 L2slnk 中。

结果如图 8-4 所示，在数据编辑器里可以看到新增了三个变量，_id 表示系统对该观测样本的初始编号，_ord 表示系统对该观测样本进行聚类分析处理后的编号，_hgt 表示系统对该观测样本进行聚类计算后的值。

图 8-4　最短距离法分类结果

tab	L2slnk_id	L2slnk_ord	L2slnk_hgt
70.65	1	15	52.658986
58.7	2	25	55.517155
67.28	3	4	53.353072
69.91	4	3	44.218356
77.57	5	1	31.882975
95.04	6	16	32.006118
67.27	7	8	29.56544
86.51	8	6	25.829917
62.08	9	10	18.079356
92.52	10	21	22.706014
77.67	11	23	28.900271
84.11	12	12	22.598545
78.86	13	24	43.003336
66.89	14	9	42.768165
47.67	15	11	39.704484

输入下列命令：

cluster dendrogram L2slnk，xlabel（，angle（90）labsize（*.75））

命令含义：对分类结果作树状图。

结果如图 8-5 所示，10 和 21、12 和 24 等先聚为一类，然后再以此找到能聚为一类的，以此类推。

图 8-5　树状图

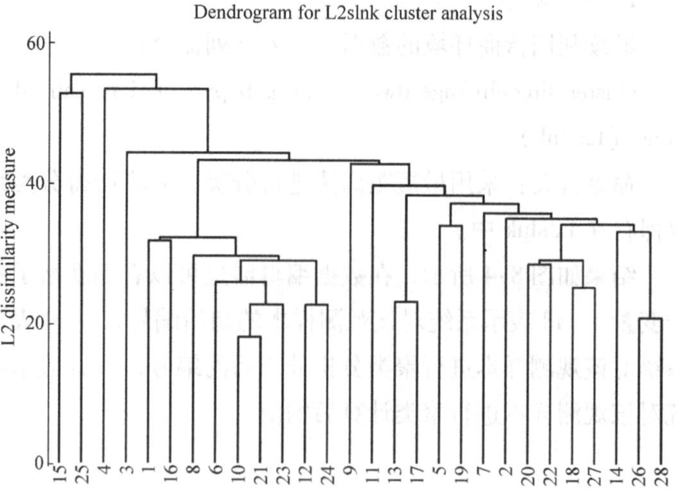

同时可以根据表 8-4，将上述命令中的“singlelinkage”替换为其他距离的测量方法，为了消除量纲的影响，均可以先对数据进行标准化处理。

2. 距离测度命令比较

表 8-5 的数据为 2017 年分地区居民人均可支配收入来源，包括工薪收入、经营性收入、财产性收入和转移性收入四个方面，用上述系统聚类方法，对各地收入来源结构进行分类说明，并通过图形比较聚类差异。

表 8-5　2017 年分地区居民人均可支配收入来源

（单位：元）

地区 place	工薪收入 x1	经营性收入 x2	财产性收入 x3	转移性收入 x4	地区 place	工薪收入 x1	经营性收入 x2	财产性收入 x3	转移性收入 x4
北京	35217	1408	9306	11299	湖北	11831	5157	1502	5267
天津	23165	3262	3505	7090	湖南	11837	4484	1627	5156
河北	13004	3211	1467	3803	广东	23053	4421	3602	1928
山西	11957	2624	1228	4611	广西	9819	5014	1172	3900
内蒙古	13900	6364	1288	4661	海南	13371	4286	1365	3531
辽宁	14596	4882	1343	7015	重庆	12604	4017	1526	6007
吉林	10631	4713	899	5126	四川	10014	4264	1363	4940
黑龙江	10319	4499	993	5395	贵州	8643	3842	903	3315
上海	34365	1533	9030	14060	云南	8468	4771	1851	3258
江苏	20399	4994	3239	6392	西藏	7840	4482	753	2382
浙江	24137	7123	4742	6043	陕西	11254	2630	1180	5571
安徽	11921	4879	1228	3836	甘肃	8798	2982	1044	3187
福建	17380	5600	2885	4182	青海	11351	2861	949	3840
江西	12553	3761	1397	4320	宁夏	12270	3628	820	3843
山东	15532	5893	1831	3674	新疆	10907	4744	739	3585
河南	10108	4574	1237	4250					

在聚类分析之前，先对该原始数据的四个变量（工薪收

入、经营性收入、财产性收入、转移性收入）做标准化处理。

输入下列命令：

```
egen zx1 = std（x1）
egen zx2 = std（x2）
egen zx3 = std（x3）
egen zx4 = std（x4）
```

命令含义：分别对变量 x1、x2、x3、x4 进行标准化处理。

结果如图 8-6 所示，标准化处理使所有变量的平均数为 0，且标准差为 1，消除了原始数据量纲的影响，可以避免结果受到方差差异的影响。

图 8-6 对变量做标准化处理

x3	x4	zx1	zx2	zx3	zx4
9306	11299	2.995413	-2.221039	3.406811	2.60305
3505	7090	1.248103	-.7580628	.6529803	.8595186
1467	3803	-.2250478	-.7983065	-.314492	-.5020841
1228	4611	-.3768427	-1.261504	-.4279493	-.1673792
1288	4661	-.0961449	1.6897	-.3994663	-.1466672
1343	7015	.0057618	.5202662	-.3733569	.8284507
899	5126	-.5690874	.3869096	-.5841311	.0459538

输入下列命令：

```
sum zx1 zx2 zx3 zx4
```

命令含义：对 zx1、zx2、zx3、zx4 这四个变量进行描述性统计分析。

结果如图 8-7 所示，有效观测样本共有 31 个，如变量 zx1 的平均值为 -4.45×10^{-9}，标准差是 1，最小值是 -0.973729，最大值是 2.995413。

图 8-7 标准化变量的统计描述

Variable	Obs	Mean	Std. Dev.	Min	Max
zx1	31	-4.45e-09	1	-.973729	2.995413
zx2	31	-2.64e-09	1	-2.221039	2.288621
zx3	31	-5.77e-09	1	-.6600857	3.406811
zx4	31	9.61e-10	1	-1.278782	3.746763

保存标准化数据后，分别输入以下命令：

cluster singlelinkage zx1 zx2 zx3 zx4，name（sl）

命令含义：采用最短距离法进行分类，并将所得结果保存在 sl 中。

cluster completelinkage zx1 zx2 zx3 zx4，name（cl）

命令含义：采用最长距离法进行分类，并将所得结果保存在 cl 中。

cluster averagelinkage zx1 zx2 zx3 zx4，name（al）

命令含义：采用未加权的类平均法进行分类，并将所得结果保存在 al 中。

cluster medianlinkage zx1 zx2 zx3 zx4，name（ml）

命令含义：采用加权的类间重心法进行分类，并将所得结果保存在 ml 中。

cluster wardslinkage zx1 zx2 zx3 zx4，name（wl）

命令含义：采用离差平方和法进行分类，并将所得结果保存在 wl 中。

结果如图 8-8 所示，上述五个命令，每个命令分别生成了对应变量名为 sl、cl、al、ml、wl，后缀为_ id、_ ord 和_ hgt共 15 个变量。上述五种距离测量聚类分析的结果有一定的差异。另外，加权的类间重心法多生成了一个后缀为_ pht的变量 ml _ pht，表示对该类_ hgt 的大小排序结果，同时加权的类间重心法聚类分析无法绘制树状图。

	zx4	sl_id	sl_ord	sl_hgt	cl_id	cl_ord	cl_hgt	al_id	al_ord	al_hgt	ml_id
9	3.746763	9	15	1.0003734	9	30	.56051476	9	4	.40278765	9
10	.57038	10	6	.85510123	10	38	1.0878684	10	29	.57962488	10
11	.4258107	11	26	.65041414	11	4	.40278765	11	27	.78715886	11
12	-.4884142	12	24	.5953313	12	29	.74806803	12	28	1.2806189	12
13	-.3450876	13	28	.47044686	13	27	2.0412801	13	7	.21206053	13
14	-.2879227	14	3	.44092362	14	12	.3125029	14	8	.35189789	14
15	-.5555208	15	27	.41118173	15	31	.35993351	15	10	.35171565	15
16	-.3169194	16	4	.40278765	16	20	.40396295	16	23	.60182591	16
17	.1043614	17	29	.4628279	17	16	.65000272	17	17	.69889237	17
18	.0583809	18	14	.38604466	18	25	.8472183	18	22	.80134889	18
19	-1.278782	19	30	.54105308	19	21	.98898351	19	12	.3125029	19
20	-.4619029	20	21	.5323021	20	24	.65041414	20	31	.34247069	20
21	-.614787	21	22	.52414631	21	26	2.995592	21	20	.39310937	21
22	.4108981	22	25	.49975552	22	5	1.1100098	22	16	.59067494	22

图 8-8　聚类分析结果（部分）

输入下列命令：

cluster dendrogram sl

命令含义：做最短距离法聚类分析树状图。

结果如图 8-9 所示，根据变量 sl _ id 的编号，样本 7 号和样本 8 号首先聚合在一起，7 号样本代表吉林，8 号样本代表黑龙江，以此类推，最后聚合的为样本 1 号（北京）和样本 9 号（上海）。

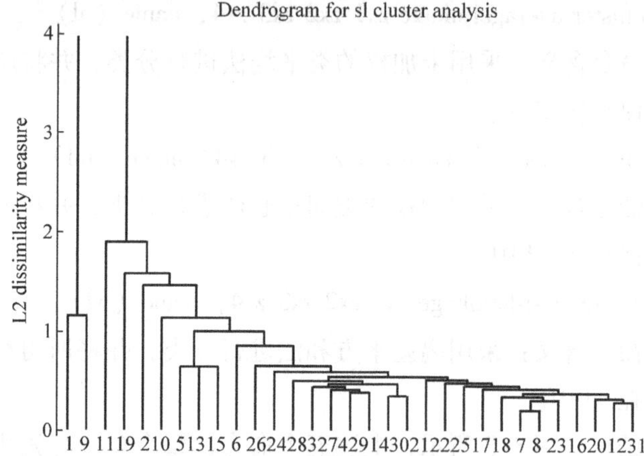

图 8-9　最短距离法聚类分析树状图

输入下列命令：

cluster dendrogram cl

命令含义：绘制最长距离法聚类分析树状图。

结果如图 8-10 所示，根据变量 cl _ id 的编号，样本 12 号和样本 31 号首先聚合在一起，12 号样本代表安徽，31 号样本代表新疆，以此类推，最后聚合的为样本 1 号（北京）和样本 9 号（上海）。

输入下列命令：

cluster dendrogram al

命令含义：绘制未加权的类平均法聚类分析树状图。

结果如图 8-11 所示，根据变量 al _ id 的编号，样本 7 号和样本 8 号首先聚合在一起，7 号样本代表吉林，8 号样本代表黑龙江，以此类推，最后聚合的为样本1号（北京）和样本9号（上海）。

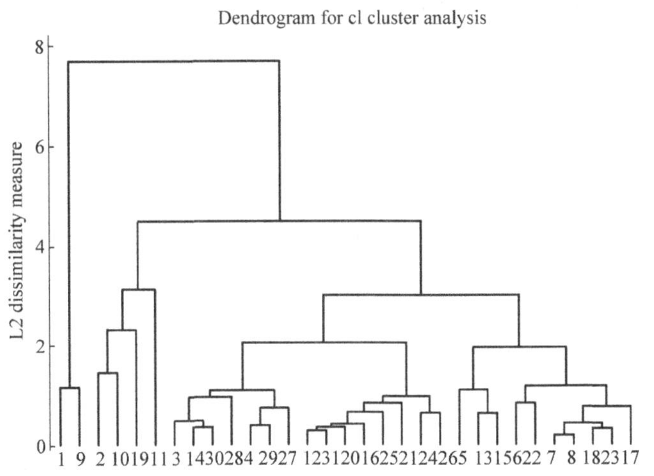

图8-10　最长距离法聚类分析树状图

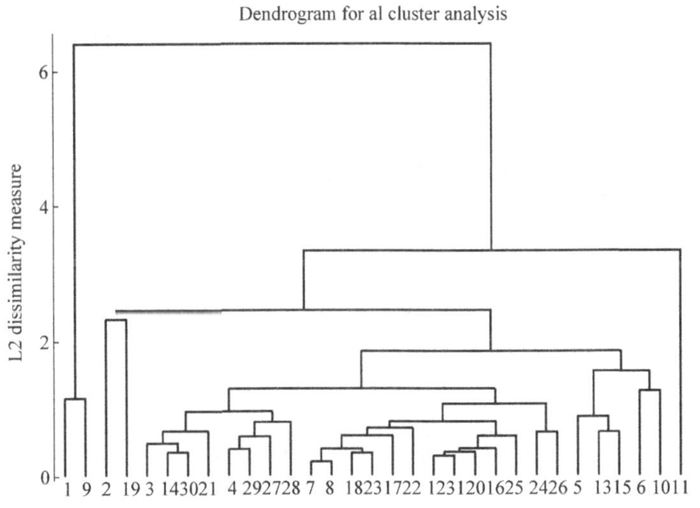

图8-11　未加权的类平均法聚类分析树状图

输入下列命令：

cluster dendrogram wl

命令含义：绘制离差平方和法聚类分析树状图。

结果如图8-12所示，根据变量wl_id的编号，样本

12 号和样本 31 号首先聚合在一起，12 号样本代表安徽，31 号样本代表新疆，以此类推，最后聚合的为样本 1 号（北京）和样本 9 号（上海）。

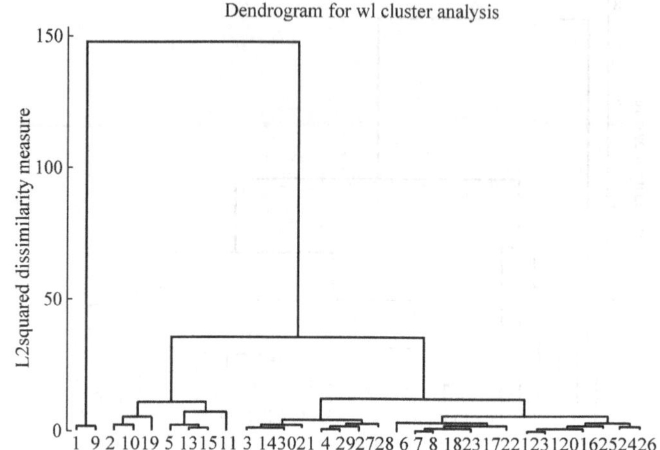

图 8-12 离差平方和法聚类分析树状图

将样本进行聚类分析，如果样本较多，树状图显示比较杂乱，如图 8-12 由于距离差异，导致分类显示不清晰，不易比较，可以使用产生聚类变量的方法对样本进行指定分类数的聚类，如分别把所有观测样本分为 4 类。

输入下列命令：

```
cluster generate type = group（4）
```

命令含义：产生聚类变量 type，把样本分为 4 类。这一命令可以在上述任意一种聚类法命令之后执行。

第二节 动态聚类法

系统聚类法要求分类方法准确，一个个体一旦划入某一群就不能改变了，并且它在聚类过程中需要存储距离矩阵。当聚类变量太多时，占内存太多，运行速度较慢。动态聚类法则是先给出一个粗糙的初始分群，然后根据某种原则修改，直至找到合理的分群为止。由于类数事先被确定，因此

这种聚类方法又称 k - 均值聚类法。

动态聚类法的迭代步骤如下，其中 k 为事先规定的类数：

（1）将数据初步分为 k 类。通过确定 k 个凝聚点（“种子”），将各个点分到距离最近的凝聚点所规定的类中。

（2）计算每类的重心，即均值。

（3）进行修改，逐个分派样本到其最近均值的类中去（通常用标准化数据或非标准化数据计算欧氏距离），重新计算接受新样本的类和失去样本的类的均值。

（4）修改直到各类成员没有变化，则聚类程序收敛。

在动态聚类分析中，初始凝聚点的选择会影响聚类分析的结果。初始凝聚点的选择可以是随机的，也可以是人为规定的，还可以参考系统聚类的分析结果。

一、动态聚类分析中应注意的问题

要想获得好的聚类分析结果，需要注意以下几个问题：

（一）聚类变量的选择

聚类结果主要受所选择的变量的影响，如果去掉一些变量或者增加一些变量，结果会不同。因此，聚类分析的前提是深入理解所分析问题的内涵，选择恰当的聚类变量。相比之下，聚类方法的选择则不那么重要。

（二）类别数的确定

从系统聚类的分析结果可以得到任意可能数量的类，而快速聚类需要事先指定分类数。聚类的目的是使各类之间的距离尽可能远，而类中点的距离尽可能近，分类结果还要有令人信服的解释。这就需要研究者具有对不同聚类结果的判断和甄别能力。

（三）距离测量方法的选择

在聚类时，各类点间距离和类间距离的选择一般借助软件实现。距离的测量方法不同，分析结果也会不同，但一般不会差太多。研究者可以多方尝试，根据分析聚类结果的实际含义，从中选择最优的距离测量方法。

二、动态聚类分析步骤

表 8-6 所示为 2017 年各地部分经济指标利用动态聚类分析法，考察各地经济发展水平的差异。

表 8-6　2017 年各地部分经济指标

地区	耗电量/亿 kW·h x1	铁路货运/万 t x2	贷款发放/万元 x3	地区	耗电量/亿 kW·h x1	铁路货运/万 t x2	贷款发放/万元 x3
北京	1067	736	141014	湖北	1869	4253	38155
天津	806	8736	29746	湖南	1582	4185	46729
河北	3442	17100	35608	广东	5959	8606	184780
山西	1991	74616	22464	广西	1442	6634	27900
内蒙古	2892	65835	21456	海南	305	963	7377
辽宁	2135	17740	41279	重庆	993	2012	27872
吉林	703	5097	17960	四川	2205	6982	43543
黑龙江	929	11161	19208	贵州	1385	5279	20860
上海	1527	488	67182	云南	1538	4568	25399
江苏	5808	5949	102113	西藏	58	56	4041
浙江	4193	4071	88606	陕西	1495	39162	37784
安徽	1921	8940	34481	甘肃	1164	6052	19866
福建	2113	3175	40485	青海	687	3052	6222
江西	1294	4871	25900	宁夏	978	6528	6333
山东	5430	22295	70874	新疆	2001	9635	13041
河南	3166	10087	59069				

数据来源：《中国统计年鉴 2018》。

（一）原始数据的聚类分类

输入下列命令：

```
sum x1 x2 x3
```

命令含义：对变量 x1、x2、x3 进行基本统计分析。

结果如图 8-13 所示。

图 8-13 变量 x1、x2、x3 的基本统计分析

```
. sum x1 x2 x3
```

Variable	Obs	Mean	Std. Dev.	Min	Max
x1	31	2034.774	1520.399	58	5959
x2	31	11898.84	17400.38	56	74616
x3	31	42817.65	39926.32	4041	184780

输入下列命令：

cluster kmeans x1 x2 x3 ，k （6）

命令含义：采用动态聚类法对变量 x1，x2，x3 进行聚类分析，并创建 6 个组，默认为欧氏距离。

聚类分类结果保存在名称为“_clus_1”的变量中。

输入下列命令：

list 地区 if _clus_1 = =1

命令含义：列出“_clus_1”的第一类地区。

结果如图 8-14 所示，山西和内蒙古被分为第一类。

图 8-14 聚类结果 1

```
. cluster kmeans x1 x2 x3 , k(6)
cluster name: _clus_1

. list 地区 if _clus_1==1
```

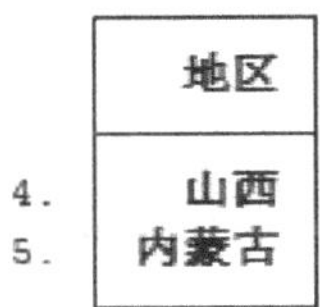

	地区
4.	山西
5.	内蒙古

输入下列命令

cluster kmeans x1 x2 x3，k （6） measure （L1） name（k8abs）

命令含义：采用动态聚类法对变量 x1，x2，x3 进行聚类分析，创建 6 个组，命名为 k8abs，采用最大绝对值距离。

聚类分类结果保存在名称为“k8abs”的变量中。

输入下列命令：

list 地区 if k8abs = =1

命令含义：列出“k8abs”的第一类地区。

结果如图 8-15 所示，广东被分为第一类。

图 8-15 聚类结果 2

```
. cluster kmeans x1 x2 x3, k(6) measure(L1) name(k8abs)

. list 地区 if k8abs ==1
```

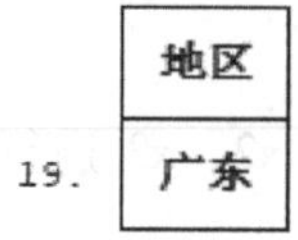

	地区
19.	广东

输入下列命令：

cluster kmedians x1 x2 x3 , k (4) measure (Canberra)

命令含义：采用 k 中位数分类法对变量 x1，x2，x3 进行聚类分类，并创建 4 个组，采用兰氏距离测度。

聚类分类结果保存在名称为“_ clus _ 2”的变量中。

输入下列命令：

list 地区 if _ clus _ 2 = = 1

命令含义：列出“_ clus _ 2”的第一类地区。

结果如图 8-16 所示，北京、上海、浙江、福建、湖北和湖南被分为第一类。

输入下列命令：

cluster kmedians x1 x2 x3 , k (4) start (firstk)

命令含义：采用 k 中位数分类法对变量 x1，x2，x3 进行聚类分类，并创建 4 个组，采用前 4 个观测作为初始中心点，前 4 个观测进行分类。

聚类分类结果保存在名称为“_ clus _ 3”的变量中。

输入下列命令：

list 地区 if _ clus _ 3 = = 1

命令含义：列出“_ clus _ 3”的第一类地区。

结果如图 8-17 所示，北京、江苏、浙江和广东被分为第一类。

```
. cluster kmedians x1 x2 x3 , k(4) measure(Canberra)
cluster name: _clus_2

. list 地区 if _clus_2 ==1
```

	地区
1.	北京
9.	上海
11.	浙江
13.	福建
17.	湖北
18.	湖南

图 8-16　聚类结果 3

```
. cluster kmedians x1 x2 x3 , k(4) start(firstk)
cluster name: _clus_3

. list 地区 if _clus_3 ==1
```

	地区
1.	北京
10.	江苏
11.	浙江
19.	广东

图 8-17　聚类结果 4

输入下列命令：

cluster kmedians x1 x2 x3 , k（4）start（firstk，exclude）

命令含义：采用 k 中位数分类法对变量 x1，x2，x3 进行聚类分类，并创建 4 个组，采用前 4 个观测作为初始中心点，前 4 个观测不进行分类。

聚类分类结果保存在名称为“_ clus _4”的变量中。

输入下列命令：

list 地区 if _ clus _4 = =1

命令含义：列出“_ clus _4”的第一类地区。

结果如图 8-18 所示，江苏、浙江和广东被分为第一类。

图 8-18 聚类结果 5

```
. cluster kmedians x1 x2 x3 , k(4) start(firstk, exclude)
cluster name: _clus_4

. list 地区 if _clus_4 ==1
```

	地区
10.	江苏
11.	浙江
19.	广东

聚类结果汇总如图 8-19 所示。不同的聚类分类，结果可能相似也可能有一定的差异。

图 8-19 聚类结果汇总

	地区	x1	x2	x3	_clus_1	k8abs	_clus_2	_clus_3	_clus_4
1	北京	1067	736	141014	3	2	1	1	.
2	天津	806	8736	29746	5	4	2	2	.
3	河北	3442	17100	35608	5	3	3	3	.
4	山西	1991	74616	22464	1	6	2	4	.
5	内蒙古	2892	65835	21456	1	6	3	4	4
6	辽宁	2135	17740	41279	5	3	3	3	3
7	吉林	703	5097	17960	4	4	2	2	2
8	黑龙江	929	11161	19208	4	4	2	2	2
9	上海	1527	488	67182	6	5	1	3	3
10	江苏	5808	5949	102113	6	2	3	1	1
11	浙江	4193	4071	88606	6	2	1	1	1
12	安徽	1921	8940	34481	5	5	3	3	3
13	福建	2113	3175	40485	5	5	1	3	3
14	江西	1294	4871	25900	5	4	2	2	2
15	山东	5430	22295	70874	6	3	3	3	3

（二）标准化数据聚类分类

由于聚类分类通常要求同一类的样本有较大的相似性，不同类的样本有较大的差异性。判断的标准是点与点之间的距离是不是很近或者有相关性，但只要是用距离来判断，就涉及不同指标的运算，而量纲和数量级上的差异对距离的判断有很大的影响，为了消除这种影响，因此在聚类前需要对数据进行标准化处理。

输入下列命令：

egen zx1 = std（x1）

egen zx2 = std（x2）

egen zx3 = std（x3）

命令含义：对变量 x1，x2，x3 分别做标准化处理。

结果如图 8-20 所示，数据表里新增了 zx1，zx2，zx3 三个变量。

	地区	x1	x2	x3	zx1	zx2	zx3
1	北京	1067	736	141014	-.6365264	-.6415282	2.459439
2	天津	806	8736	29746	-.8081919	-.1817683	-.3273942
3	河北	3442	17100	35608	.9255635	.2989107	-.1806737
4	山西	1991	74616	22464	-.0287913	3.604355	-.5097802
5	内蒙古	2892	65835	21456	.5638163	3.099711	-.5350267
6	辽宁	2135	17740	41279	.0659207	.3356916	-.0385371
7	吉林	703	5097	17960	-.8759372	-.3909016	-.622588
8	黑龙江	929	11161	19208	-.7272921	-.0424036	-.5913303
9	上海	1527	488	67182	-.3339743	-.6557809	.6102329
10	江苏	5808	5949	102113	2.481734	-.3419372	1.485119
11	浙江	4193	4071	88606	1.419513	-.4498658	1.146821

图 8-20 数据的标准化处理

输入下列命令：

sum zx1 zx2 zx3

命令含义：对变量 zx1，zx2，zx3 进行基本统计分析。

结果如图 8-21 所示。

```
. sum zx1 zx2 zx3

    Variable |       Obs        Mean    Std. Dev.       Min        Max
-------------+---------------------------------------------------------
         zx1 |        31   -3.55e-09           1  -1.300168    2.58105
         zx2 |        31    4.33e-09           1  -.6806079   3.604355
         zx3 |        31    6.73e-09           1  -.9712051   3.555609
```

图 8-21 变量 zx1，zx2，zx3 基本统计分析

输入下列命令：

cluster kmeans zx1 zx2 zx3，k（8）

命令含义：采用动态聚类法对变量 zx1，zx2，zx3 进行聚类分析，并创建 8 个组，默认为欧氏距离。

聚类分类结果保存在名称为“_ clus _ 1”的变量中。

输入下列命令：

list 地区 if _ clus _ 1 = =1

命令含义：列出“_ clus _ 1”的第一类地区。

结果如图 8-22 所示，山西和内蒙古被分为第一类。

图 8-22　标准化聚类分类结果 1

```
. cluster kmeans zx1 zx2 zx3 , k(8)
cluster name: _clus_1

. list 地区 if _clus_1 ==1
```

	地区
4.	山西
5.	内蒙古

输入下列命令

cluster kmeans zx1 zx2 zx3 , k（8）measure（L1）name（k8abs）

命令含义：采用动态聚类法对变量 zx1，zx2，zx3 进行聚类分析，创建 8 个组，命名为 k8abs，采用最大绝对值距离。

聚类分类结果保存在名称为“k8abs”的变量中。

输入下列命令：

list 地区 if k8abs = =1

命令含义：列出“k8abs”的第一类地区。

结果如图 8-23 所示，广东被分为第一类。

图 8-23　标准化聚类分类结果 2

```
. cluster kmeans zx1 zx2 zx3 , k(8) measure(L1) name(k8abs)

. list 地区 if k8abs ==1
```

	地区
19.	广东

输入下列命令：

cluster kmedians zx1 zx2 zx3 , k（6）measure（Canberra）

命令含义：采用 k 中位数分类法对变量 zx1，zx2，zx3 进行聚类分类，并创建 6 个组，采用兰氏距离测度。

聚类分类结果保存在名称为“_ clus _ 2”的变量中。

输入下列命令：

list 地区 if _ clus _ 2 = =1

命令含义：列出“_ clus _ 2”的第一类地区。

结果如图 8-24 所示，辽宁和福建被分为第一类。

```
. cluster kmedians zx1 zx2 zx3 , k(6) measure(Canberra)
cluster name: _clus_2

. list 地区 if _clus_2 ==1
```

	地区
6.	辽宁
13.	福建

图 8-24 标准化聚类分类结果 3

输入下列命令：

cluster kmedians zx1 zx2 zx3 , k（6）start（firstk）

命令含义：采用 *k* 中位数分类法对变量 zx1，zx2，zx3 进行聚类分类，并创建 6 个组，采用前 6 个观测作为初始中心点，前 6 个观测进行分类。

聚类分类结果保存在名称为“_ clus _ 3”的变量中。

输入下列命令：

list 地区 if _ clus _ 3 = = 1

命令含义：列出“_ clus _ 3”的第一类地区。

结果如图 8-25 所示，北京和广东被分为第一类。

```
. cluster kmedians zx1 zx2 zx3 , k(6) start(firstk)
cluster name: _clus 3

. list 地区 if _clus_3 ==1
```

	地区
1.	北京
19.	广东

图 8-25 标准化聚类分类结果 4

输入下列命令：

cluster kmedians zx1 zx2 zx3 , k（6）start（firstk，exclude）

命令含义：采用 k 中位数分类法对变量 zx1，zx2，zx3 进行聚类分类，并创建 6 个组，采用前 6 个观测作为初始中心点，前 6 个观测不进行分类。

结果如图 8-27，聚类分类结果保存在名称为“_ clus _ 4”的变量中。

输入下列命令：

list 地区 if _ clus _ 4 = = 1

命令含义：列出“_ clus _ 4”的第一类地区。

结果如图 8-26 所示，广东被分为第一类。

图 8-26 标准化聚类分类结果 5

```
. cluster kmedians zx1 zx2 zx3 , k(6) start(firstk, exclude)
cluster name: _clus_4

. list 地区 if _clus_4 ==1

     +------+
     | 地区 |
     |------|
 19. | 广东 |
     +------+
```

标准化聚类分类汇总如图 8-27 所示，经过标准化的数据聚类分类与原始数据比较相似。

图 8-27 标准化聚类分类汇总

	地区	zx1	zx2	zx3	_clus_1	k8abs	_clus_2	_clus_3	_clus_4
1	北京	-.6365264	-.6415282	2.459439	7	2	5	1	.
2	天津	-.8081919	-.1817683	-.3273942	8	6	4	2	.
3	河北	.9255685	.2989107	-.1805737	6	3	2	6	.
4	山西	-.0287513	3.604355	-.5097802	1	7	4	4	.
5	内蒙古	.5638163	3.099711	-.5350267	1	7	4	5	.
6	辽宁	.0659207	.3356915	-.0385371	3	3	1	6	.
7	吉林	-.8759372	-.3909016	-.622588	4	6	5	2	2
8	黑龙江	-.7272921	-.0424036	-.5913303	8	6	4	2	2
9	上海	-.3339743	-.6557809	.6102329	5	5	2	6	6
10	江苏	2.481734	-.3419372	1.485119	7	8	6	3	4
11	浙江	1.419513	-.4498658	1.146821	7	8	6	3	4
12	安徽	-.0748318	-.1700444	-.2088007	3	5	4	6	6
13	福建	.0514508	-.501359	-.0584237	5	5	1	6	6
14	江西	-.4872235	-.4038898	-.4237216	8	4	4	2	2
15	山东	2.233115	.5974673	.7027033	7	8	6	3	4

练 习 题

利用表 7-3 的数据，采用两种不同的方法进行聚类分析。

参考文献

[1] 汉密尔顿. 应用STATA做统计分析 更新至STATA 12（原书第8版）[M]. 巫锡炜，焦开山，李丁，等译. 北京：清华大学出版社，2017.

[2] 里斯. 数据统计与数据分析（原书第3版）[M]. 田金方，译. 北京：机械工业出版社，2011.

[3] 弗里德曼. 统计模型：理论和实践（原书第2版）[M]. 吴喜之，译. 北京：机械工业出版社，2010.

[4] 马慧慧. Stata统计分析与应用（原书第3版）[M]. 北京：电子工业出版社，2016.

[5] 卡梅伦，特里维迪. 用stata学微观计量经济学 [M]. 肖光恩，杨洋，王保双，译. 重庆：重庆大学出版社，2018.

[6] 贾俊平，何晓群，金勇进. 统计学 [M]. 7版. 北京：中国人民大学出版社，2018.

[7] 张甜，李爽. Stata统计分析与行业应用案例详解（第2版）[M]. 北京：清华大学出版社，2017.

[8] 安德森，斯威尼. 商务与经济统计 [M]. 张建华，王健，聂巧平，译. 北京：机械工业出版社，2017.

[9] 袁卫，庞皓，杨灿，等. 统计学 [M]. 北京：高等教育出版社，2014.

[10] 李静萍. 统计学 [M]. 上海：上海交通大学出版社，2012.

[11] 门登霍尔，辛西奇. 统计学（原书第6版）[M]. 关静，等译. 北京：机械工业出版社，2018.

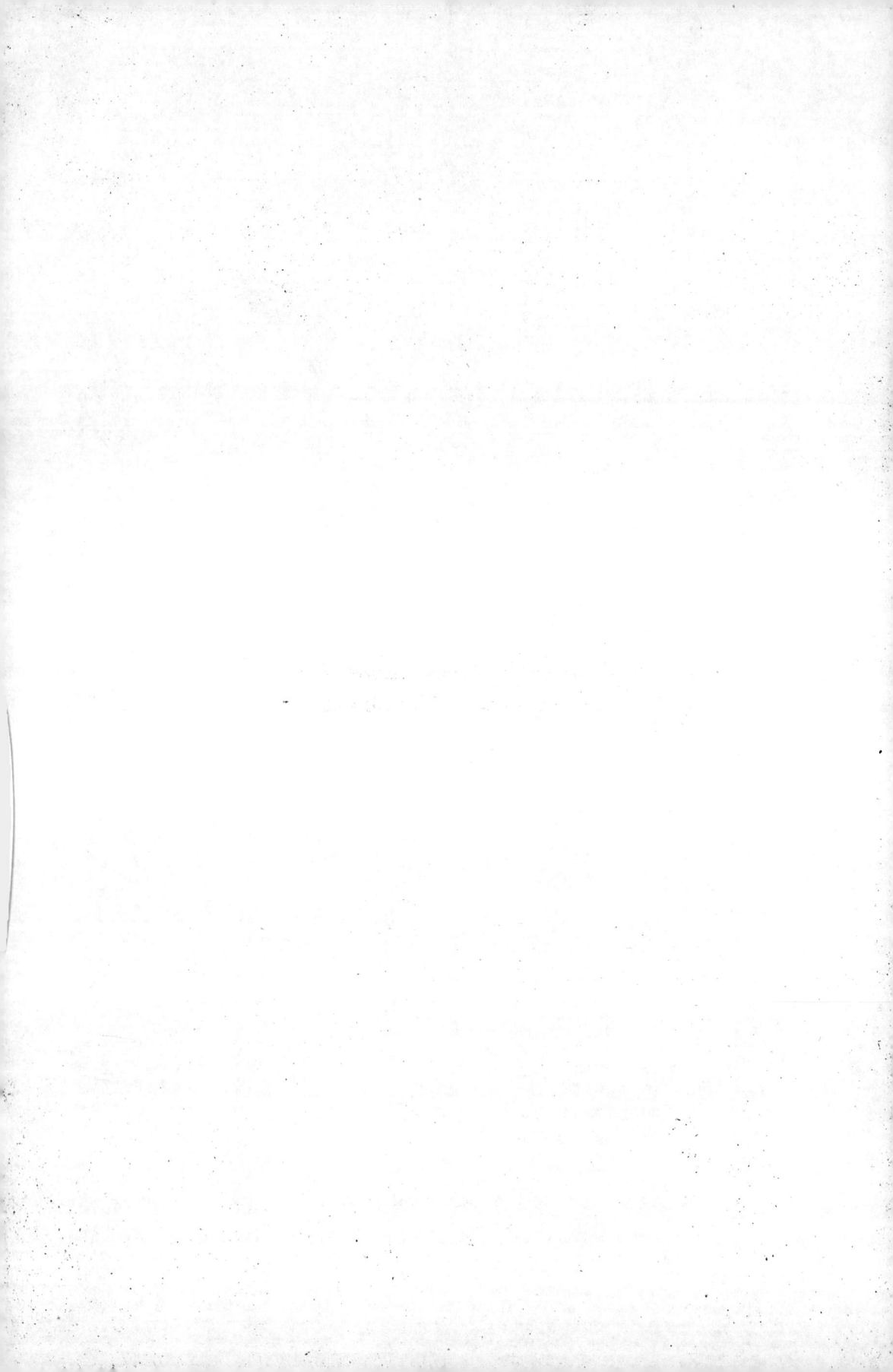